我国矿产资源犯罪刑事立法完善研究

WOGUO KUANGCHAN ZIYUAN FANZUI

XINGSHI LIFA WANSHAN YANJIU

张云霄 著

中国政法大学出版社

2023·北京

图书在版编目（CIP）数据

我国矿产资源犯罪刑事立法完善研究/张云霄著. —北京：中国政法大学出版社，2023.2
ISBN 978-7-5764-0802-7

Ⅰ.①我… Ⅱ.①张… Ⅲ.①矿产资源法－立法－研究－中国 Ⅳ.①D922.624

中国版本图书馆 CIP 数据核字(2022)第 258096 号

出　版　者	中国政法大学出版社
地　　　址	北京市海淀区西土城路 25 号
邮寄地址	北京 100088 信箱 8034 分箱　邮编 100088
网　　　址	http://www.cuplpress.com (网络实名：中国政法大学出版社)
电　　　话	010-58908586(编辑部) 58908334(邮购部)
编辑邮箱	zhengfadch@126.com
承　　　印	北京中科印刷有限公司
开　　　本	720mm×960mm　　1/16
印　　　张	17.75
字　　　数	300 千字
版　　　次	2023 年 2 月第 1 版
印　　　次	2023 年 2 月第 1 次印刷
定　　　价	99.00 元

序 言

  矿产资源是自然界赐予人类社会的一份重要而特殊的礼物，是人类社会不断走向文明进步的坚实物质保障之一。人类社会对待矿产资源的态度实质上深刻反映了人类社会对待生态环境及自身发展的基本立场。矿产资源尤其是稀有性、战略性矿产资源不仅仅具有巨大的经济利益价值，而且具有极其重要的生态利益价值和国家安全利益价值。甚至从某一角度来讲，当今激烈的国际竞争背后则是各国在矿产资源领域的竞争。

  加强对国家矿产资源的科学保护、长远规划、有效利用必将是一项巨大而艰辛的体系性工程，需要付出诸多努力和大量心血。在我国语境下，具体从刑事立法完善的角度而言，加强对矿产资源犯罪惩治体系的顶层设计、缜密设计无疑具有十分重要的学术理论意义和现实迫切需求。这是进一步促进矿产资源综合保护与利用、维护包括经济与国防等在内的国家安全、实现生态文明及社会经济可持续发展的重要举措之一。

  通过对我国矿产资源犯罪刑事立法发展轨迹进行深入分析和综合研判，在结合域外矿产资源犯罪刑事立法内容和经验的基础上，可清晰地发现我国矿产资源犯罪刑事立法体系内容已相对滞后，而且仅仅靠近些年立法层面的"小修小补"，已无法完全满足司法实践的具体需求，甚至主要由于立法缺陷的根源性问题而产生了司法裁判结果不公问题。这将难以充分发挥刑事法律对矿产资源的保护与开采的保障功效，从根本上对我国矿产资源的保护与开采工作形成较大阻力。

  为此，需从战略高度、长远眼光与系统思维出发，紧密结合刑法学、环境法学等部门法学基本原理，在秉持预防原则、民主原则、绿色原则、法治原则、科学原则与衔接原则的基础之上，对我国矿产资源犯罪刑事立法的理念思路、体系框架、具体内容等进行结构性调整与系统性重塑，进一步从根本上有效解决一系列影响矿产资源犯罪惩治的现实困境，进一步推动我国刑事法律体系的发展与完善，从而为"善治"的具体实施提供"良法"的坚实依据和保障，进一步推动形成惩治矿产资源犯罪、保护矿产资源的强大正向合力。

　　完善我国矿产资源犯罪刑事立法工作涉及范围广、牵扯层面多、面临问题杂，是一项极端重要的、长远的、体系化工程。这不仅仅需要现代环境资源保护理念作为重要引领，而且须对矿产资源犯罪刑事立法的模式加以审慎对待；不仅仅需要对矿产资源犯罪的相关罪名进行科学完善，而且应对矿产资源犯罪的刑罚配置加以理性修正，从而为我国矿产资源综合开发与保护提供刑事法律的智慧和力量，进一步促进经济与社会的可持续发展。

刘仁文

2023 年 2 月

　　矿产资源是人类社会文明发展的物质保障与源源动力，矿产资源的开发、利用和保护水平是人类社会进步的主要标志之一。矿产资源的主要价值体现在其不仅具有重要的经济利益价值，而且具有重大的生态利益价值和国家安全利益价值。面对矿产资源犯罪形势的日趋严重，有必要从国家刑事立法的高度，重新审视我国矿产资源犯罪刑事法律规定的主要内容并加以科学完善。

　　本书第一章的相关内容介绍了矿产资源的基本概念以及对我国矿产资源现状的分析。首先，矿产资源是指由地质作用形成的，具有利用价值的，呈固态、液态、气态的自然资源。其次，与其他资源相比，矿产资源具有自身的独特性，具体表现在：社会基础性、不可再生性、分布地域性、丰度差异性、成分综合性、转化风险性和供给稀缺性。最后，就我国而言，矿产资源的基本现状包括：矿产资源总量丰富、人均资源占有偏低，矿产资源分布面广、储量分布相对集中，矿种成分相对复杂、共生矿伴生矿居多，矿产资源有贫有富、大宗矿产贫矿居多，矿产资源供需旺盛、重要矿产需求量大。

　　本书第二章的相关内容聚焦我国矿产资源犯罪现状并展开相关剖析，具体而言：书中阐释了我国环境资源犯罪和矿产资源犯罪的基本概念，笔者主张从狭义角度对矿产资源犯罪基本概念进行理解。在此基础上，书中将我国矿产资源犯罪主要特征概括为以下四个方面：犯罪组织往往比较严密，呈现出行为链条化与人员规模化；犯罪规模往往特别巨大，呈现出持续时间长与涉案标的大；犯罪后果往往比较严重，呈现出结果多元化与关联复杂化；犯罪侦查往往比较困难，呈现出线索发现难与查处认定难等。通过以上深刻剖析，书中将矿产资源犯罪的生成原因概括为四个方面：经济原因、监管原因、法治原因和社会原因，从而为我国矿产资源犯罪刑事立法的完善奠定基础。

　　本书第三章的相关内容着重探讨了我国矿产资源犯罪刑事立法发展轨迹。

首先根据历史发展脉络，本书将我国矿产资源犯罪刑事立法的主要历程分为四个阶段：孕育萌芽阶段（1979—1996 年）、初步确立阶段（1997—2002年）、逐步发展阶段（2003—2010 年）、深化完善阶段（2011 年至今）。其次，我国矿产资源犯罪刑事立法发展轨迹主要包括三个特征：其一，我国矿产资源犯罪刑事立法理念的调整变化；其二，我国矿产资源犯罪刑事立法内容的发展完善；其三，我国矿产资源犯罪刑事立法技术的日趋进步。通过对上述内容较为深入的研究，有助于为我国相关立法的调整与完善提供历史借鉴。

本书第四章的相关内容深入分析了我国矿产资源犯罪刑事立法存在的主要问题，其具体表现为：第一，刑事法网的粗疏性，即我国《刑法》对于危害矿产资源的行为规定存在诸多立法漏洞，与行政法律的规定之间存在着断层问题，无法有效满足当前我国矿产资源保护与利用的现实需要。第二，刑法内容的滞后性，即我国《刑法》中关于矿产资源犯罪的规定长期以来并未发生根本变化，主要在司法适用的争议、"行刑衔接"的脱节和部分罪名的虚置上产生了严重滞后的问题，从而无法有效发挥刑法对于矿产资源的惩治和预防功能。第三，刑罚配置的失当性，刑罚配置是否科学、适当将直接关系到预防与惩治犯罪的最终效果，是刑事立法工作成败的关键所在，而我国针对矿产资源犯罪的刑罚规定的问题主要体现在刑种配置较为单一、刑罚阶梯存在失调以及刑罚力度整体偏轻等三个方面。

本书第五章的相关内容主要对域外国家矿产资源犯罪进行刑事立法考察。笔者通过对美国、日本、德国等国的矿产资源犯罪刑事立法状况进行考察和比较，主要从刑事立法理念之比较、刑事立法模式之比较、犯罪具体构成之比较和刑罚具体配置之借鉴等四方面进行梳理和分析，从而总结出一些普遍行之有效的经验做法，对我国矿产资源犯罪刑事立法工作提供有益镜鉴。

本书第六章的相关内容具体分析了我国矿产资源犯罪刑事立法完善的重要意义。之所以需要不断调整、完善矿产资源犯罪刑事立法工作，是因为其具有十分重要的理论价值和实践意义，具体而言：第一，从宏观层面讲，是认真贯彻落实习近平生态文明思想的必然要求；第二，从中观层面讲，是丰富中国特色社会主义法律体系的题中之义；第三，从微观层面讲，是正确指引矿产资源犯罪刑事司法实践的基本保障。因而，只有从战略高度、发展角度、国际视野来审视我国矿产资源犯罪刑事立法的重要意义，才能真正为相关立法工作廓清"思想迷雾"。

本书第七章的相关内容阐释了我国矿产资源犯罪刑事立法完善的基本原则。具体而言，从刑事立法学的基本原理出发，结合矿产资源犯罪惩治的现实需求，在具体立法过程中应当坚持以下基本原则：预防原则、民主原则、绿色原则、法治原则、科学原则与衔接原则。只有通过对上述基本原则的深入理解与把握，才能为我国矿产资源刑事立法完善提供路径选择的明确指引。

本书第八章的相关内容主要介绍了我国矿产资源犯罪的立法模式。我国矿产资源犯罪立法模式的选择与完善应坚持立足我国具体国情、现实司法实践需求及未来发展考量，可考虑采取从现实角度和长远角度相结合的"渐进式"完善路径，实现"良法"与"善治"的有机结合。具体而言，矿产资源犯罪立法模式主要包括复合型刑事立法模式、独立型刑事立法模式和分散型刑事立法模式。我国矿产资源犯罪立法模式选择的具体路径主要包括两个角度：其一，从现实角度讲，我国矿产资源犯罪刑事立法宜采用复合型模式；其二，从长远角度讲，我国矿产资源犯罪刑事立法宜采用独立型模式。

本书第九章的相关内容是本书的核心所在，其重点讲述了我国矿产资源犯罪罪名体系的调整与完善的相关问题。首先，我国矿产资源犯罪罪名调整应当坚持四项基本标准：犯罪情况（我国矿产资源犯罪的基本情势判断）、危害后果（我国矿产资源违法的严重程度分析）、刑法状况（我国矿产资源犯罪的立法现状透视）和立法效果（我国矿产资源犯罪的立法效益预测）。其次，我国矿产资源犯罪罪名体系调整完善的主要内容包括：一是，调整现有罪名，即调整非法采矿罪相关内容、删除破坏性采矿罪罪名；二是，增设新的罪名，即非法探矿罪，盗采国家重点保护矿产资源罪，非法转让探矿权、采矿权罪，非法收购、运输、出售非法开采所得矿物罪，拒不履行矿山地质环境恢复治理义务罪，违法发放探矿许可证、采矿许可证罪，矿产资源开发利用监管失职罪。

本书第十章的相关内容展示了我国矿产资源犯罪刑罚体系的完善路径。我国矿产资源犯罪刑罚体系的配置完善应当紧密结合实际情况，遵循宽严相济刑事政策的基本要求，注重刑罚体系内部的统一性与协调性，从自由刑、财产刑、资格刑三方面予以全面、审慎考量和科学设计，以有效地发挥刑罚在矿产资源犯罪惩防中的重要功能。具体而言：第一，笔者建议完善自由刑的配置，加强剥夺自由刑和限制自由刑两方面的配置完善；第二，笔者建议完善财产刑的配置，加强罚金刑和没收财产刑的配置完善；第三，笔者建议完善资格刑的配置，包括增设矿产资源犯罪主体为单位的资格刑、针对资格刑的期限问题应作出明确规定以及注意资格刑和资格罚的区分和衔接。

矿产资源犯罪的惩治是一项复杂的、极具挑战性的工作，从刑事立法角度来观察，我国矿产资源犯罪刑事法律规定存在着较为突出的滞后性、结构性、本源性问题，需要包括立法者在内的广大法律工作者予以高度重视。笔者对于我国矿产资源犯罪刑事立法的完善提出了若干思考，但总体来讲依然不够深入，欢迎各位批评指正。

目　录

第一章

矿产资源基本概念及现状分析

一般来讲，矿产资源犯罪的主要对象为矿产资源。研究矿产资源犯罪须对矿产资源的相关概念进行科学理解和准确把握。矿产资源属于自然资源一种重要而特殊的类型，对于矿产资源相关概念的分析又首先须对自然资源相关概念进行一番较为深入的解读。

第一节　自然资源相关概念分析

自然资源是地球生态系统所客观存在的物质与能量，是人类赖以生存和发展的基本物质保障。人类文明的进步发展史也正是人类社会对于自然资源的开发与利用史。而矿产资源作为自然资源的重要要素之一，在整个自然资源体系中占据着十分重要的地位。开展矿产资源及矿产资源犯罪研究，需首先对自然资源的相关概念进行较为全面、准确地分析与把握。

一、自然资源的基本概念

《大英百科全书》认为，自然资源是指人类可以利用的自然生成物，以及形成这些成分源泉的环境功能。前者包括土地、水、大气、岩石、矿物、生物及其群集的森林、草地、矿藏、陆地、海洋等；后者则指太阳能、生态系统的环境功能、地球物理化学循环机能等。

联合国环境规划署（UNEP）认为，自然资源是在一定时间和一定条件下，能产生经济效益，以提高人类当前和未来福利的自然因素和条件。显然，这一观点主要是从自然资源的有用性和经济价值属性来对自然资源所作的定义和解读。

我国《辞海》将自然资源定义为，天然存在的自然物（不包括人类加工制造的原材料）并有利用价值的自然物，如土地、矿藏、水利、生物、气候、海洋等资源，是生产的原料来源和布局场所。

此外，我国学理上一般认为，自然资源（natural resources）是指地球上一切有生命的和无生命的物质资源，通常是指在一定技术经济条件下对人类有益的资源，如耕地、森林、草原、渔产、水域、河道、矿藏、阳光、水分、空气、风能、潮汐能等。自然资源的范围受人类科技和经济发展所能控制的领域和能利用的程度所影响。许多过去人类所没有认知的物质，随着经济和科技的发展与进步，现在已经成为重要的资源，如铀、潮汐能等。过去人类所不能涉及的领域，现在正在开发，像深海领域、南北两极、深地层以及太空探索等。

虽然上述关于自然资源基本概念的具体表述不尽相同，但大体包含以下共同之处：其一，自然资源是在一定的时空内所客观存在的可供人类利用并造福人类的自然物质和能量；其二，自然资源与自然环境既存在着联系，也存在着区别，即自然资源是自然环境的要素之一，自然环境是以人类为中心客观存在的物质而言，自然资源则是从价值或者财富来理解的自然环境因素；其三，自然资源的概念、范畴与人类科技进步、经济技术发展程度密切相关，自然资源的概念和外延具有延展性特征。

二、自然资源的基本分类

自然资源广泛地分布在全球各地，种类丰富多样，表现形态各异。按照不同的分类标准，可将自然资源作出以下分类：

（一）按照自然资源的属性内容不同进行分类

按照自然资源的属性内容不同进行分类，可将自然资源分为：植物资源、动物资源、土地资源、气象资源、水资源、地热资源、矿产资源、海洋资源等。这些自然资源要素共同构成了一个完整的地球环境生态圈层和系统，而且彼此之间存在着有机关联性。

（二）按照自然资源的增殖性能不同进行分类

按照自然资源的增殖性能不同进行分类，可将自然资源分为：可再生资源、可更新资源和不可再生资源。其中，可再生资源是指可反复产生与利用的资源，如气象资源、水资源、地热资源等。可更新资源是指自身更新速度受自身繁殖能力与自然环境条件的制约，如植物资源、动物资源以及微生物资源等。不可再生资源是指一旦利用后再无法恢复或者需要漫长时间才能重新产生的自然资源，典型的就是矿产资源。

也有观点认为，可按照自然资源能否再生的性质，将自然资源分为可再生自然资源和可耗竭自然资源两大类。其中，可再生自然资源（renewable resources），是指凡能够利用自然力以某一增长率保持或者增加蕴藏量的自然资源，其具体可细分为两类：①数量巨大而循环时间短的可再生资源，即这些可再生资源的再生性、蕴藏量和可持续性不受人类活动的影响，当代人的消费一般不会影响后代人的消费，而且这些资源往往具有流动性特征，因此必须对它们及时利用、收集或者储存（如将风力转化成电力），否则人们将失去当时的资源。②循环比较长、再生能力依赖于其他资源且受人类利用影响的可再生自然资源，即指生物资源，具体包括植物资源、动物资源和微生物资源等。

而所谓的可耗竭自然资源（depletable resources），即指在人类有意义的时间范围内，资源质量保持不变且资源蕴藏量不再增加的自然资源，可耗竭自然资源的持续开采过程也就是资源的耗竭过程，当资源的储藏量为零时，就达到了耗竭状态，其具体可细分为两类：①可回收的可耗竭资源，即指资源产品的效用丧失后，大部分资源产品的物质还能够回收利用的可耗竭自然资源，主要是指金属类矿产资源，例如汽车报废后，汽车上的铁部件可以回收利用。可耗竭资源的可回收利用程度是由矿产资源的蕴藏和开采条件所决定的，即只有当可耗竭自然资源的回收成本低于其开采和加工成本时，回收利用才有可能。②不可回收的可耗竭自然资源，即指使用过程不可逆，且使用之后不能恢复原来状态和使用功能的可耗竭自然资源，主要是煤、石油、天然气等能源资源。

三、自然资源的主要特征

自然资源作为生态环境系统和人类生产生活的重要组成部分，自身具有以下主要特征：

（一）总体数量的有限性

总体数量的有限性是指地球上自然资源的总体数量是有限的，并非无限的。尤其是对于人类社会不断增长的需求而言，自然资源的供应变得越来越紧张，从而形成一种供需矛盾。任何一类自然资源在数量上是有限的。资源的有限性在不可再生资源中尤其明显，比如任何一种矿产资源的形成不仅需要有特定的地质条件，还必须经过千百万年甚至上亿年漫长的物理、化学、生物作用过程。因此，对于人类社会而言，消耗一些就减少一些。对于可再生资源而言，如动物、植物资源等，由于其再生能力受自身遗传因素和受外界客观条件的限制，不仅其再生能力是有限的，而且利用过度，使其稳定的结构破坏后就会丧失其再生能力，称为非再生性资源。还有其他资源，比如太阳能、潮汐能、风能等这些自然资源似乎是取之不尽、用之不竭的，但从某个时段或者地区来考虑，所能提供的能力也是有限的。

（二）地域分布的差异性

地域分布的差异性也可称为地域分布的不均衡性，即自然资源在全球地域分布上具有显著的差异，即使同类的自然资源在不同区域也表现不同。全球自然资源的地域分布受太阳辐射、大气环流、地质构造和地表形态结构等综合因素的影响，因而会在其种类特性、数量多寡、质量优劣等方面均呈现明显的地域差异，分布并不均衡。比如，气候资源在全球的分布就存在着各自的特征，促使全球气候多样性的生产与运行；即使在我国不同区域板块的气候也存在显著的差异性。再比如，我国山西省煤炭资源的探明储量已达全国总量的27%，人们习惯把山西称为"煤海"；我国长白山地区林地面积和木材蓄积量分别占全国的11%和13%，因此长白山地区也被称为"林海"。

自然资源地域分布的差异性这一特点要求人类在开发利用自然资源方面应以因地制宜为原则，即只有充分考虑区域、自然环境和社会经济特点，才能真正促使自然资源的开发利用和保护兼具经济效益、生态效益以及社会效益，为人类发展提供物质保障，造福人类社会。

（三）资源内部的关联性

各种自然资源彼此之间存在着生态环境意义上的内在有机联系，共同构成了地球生态圈的主要内容。比如，矿产资源与土地资源、水资源、森林资源之间就存在着高度的关联性。非法破坏矿产资源行为会直接或者间接地破坏土地资源、水资源或者森林资源，导致土壤破坏或者功能退化、水资源的污染以及森林资源的破坏等严重后果。再比如，森林资源除经济效益外，还具有涵养水源、保持土壤等环境效益，若森林资源被破坏，往往导致河流含沙量的增加并继而引发洪水等自然灾害；而且还会导致土壤肥力下降，也会影响动物的生存等。总之，各项自然资源在不同时间、不同空间条件下，是按不同的比例、不同的关系联系在一起的，会形成不同的组合结构，并组成一个完整的生态系统圈。

（四）开发利用的发展性

随着人类社会的进步和科学技术的发展，人类对自然资源认知、研究的广度和深度在不断地拓展，自然资源的开发率和综合利用率会不断提升。以矿产资源勘查为例，我国"找矿突破战略行动"实施十年来（2011—2020年），通过实施地质找矿运行新机制，深化矿产资源管理改革，形成了一批重要矿产资源战略接续区。具体来讲，第一，形成油气勘探开发新格局。近十年来，石油、天然气等新增探明地主储量分别为 101 亿吨、6.85 万亿立方米，约占新中国成立以来累计探明总量的 25%、45%。页岩气勘探开发取得长足进展，川南气田年产量达到 117 亿立方米，涪陵气田年产量达到 67 亿立方米；发现沁水千亿立方米级煤层气田。第二，固体矿产取得一批重大找矿新突破。新形成 32 处矿产资源基地，新发现多处砂岩型铀矿。西藏多龙成为我国首个千万吨级铜矿开发区；江西朱溪和大湖塘钨矿床储量升至世界前两位；胶东金矿跃居世界第三大金矿富集区。第三，铁、锰、铜、铝、钾盐、铬等大宗紧缺矿产增储显著，晶质石墨、镍、锂、萤石等战略新兴矿产资源勘查取得显著成果，新兴材料资源保障加强。

再比如，我国非油气矿产勘查于 2021 年取得重要成果，其中，新发现矿产地 96 处，其中，大型 29 处，中型 36 处，小型 31 处。新发现矿产地排名前 5 位的矿种分别是：金（7 处）、地热（7 处）、铜（6 处）、陶瓷土（5 处）、水泥用灰岩（5 处）。新增资源量（推断）：煤炭 119.64 亿吨，铁矿石 0.99 亿吨，锰矿石 3172.15 万吨，铜 85.82 万吨，铅锌 138.87 万吨，铝土矿 3.74 亿吨，钨 143.05 万吨，金 442.46 吨，银 532.13 吨，磷矿 9667.5 万吨，石墨 782.83 万吨。[1]

第二节　矿产资源相关概念分析

矿产资源是人类社会赖以生存与发展的极其重要的物质基础之一，是现代工业化进程中重要的生产力要素之一，也是支撑一国或者地区社会经济可

---

〔1〕　中华人民共和国自然资源部编：《中国矿产资源报告 2021》，地质出版社 2021 年版，第 12 页。

持续发展极其重要的物质保障之一。[1] 人类社会的发展史也是矿产资源的发现与利用史。矿产资源内容丰富、种类繁多、价值多样。对于矿产资源相关概念的科学分析、理解与把握，是研究矿产资源犯罪的重要前提与基础。

一、矿产资源的基本概念

《矿产资源法实施细则》[2] 指出："矿产资源是指由地质作用形成的，具有利用价值的，呈固态、液态、气态的自然资源。"

学理上，矿产资源（mineral resources）是指地球在千万年以至上亿年的漫长地质年代中，在特殊的地质条件（例如高温、高压等）下，经过长期的物理和化学变化，形成并赋存于地下或者地表的固体、液体和气体自然富集物质，这些自然富集物质的产状、空间分析、形态、规模和质量，在当前的技术和经济条件下不仅可以开发利用，而且开发利用时具有某种现实和潜在的经济意义。例如，原始森林经过漫长地质年代的物理化学变化形成煤，石墨在特殊的条件下，经过高温和高压作用才形成砖石等。[3]

二、矿产资源的基本分类

从理论上对矿产资源进行较为深入、系统地研究，有助于进一步科学把握矿产资源的本质属性和丰富内涵。

（一）根据矿产资源的内在属性不同进行分类

根据《矿产资源法实施细则》的规定，我国矿产资源主要分为以下四大类型：

1. 能源矿产

能源矿产又被称燃料矿产、矿物能源，即指赋存于地表或者地下的，由地质作用形成的，呈固态、气态和液态的，具有提供现实意义或者潜在意义的能源价值的天然富集物，其主要包括煤、煤成气、石煤、油页岩、石油、天然气等。

能源矿产资源有内生和外生成因之分。但大多数能源矿产资源的形式主

---

[1] 刘斌斌、李清宇：《环境犯罪基本问题研究》，中国社会科学出版社 2012 年版，第 264 页。

[2] 为论述方便，本书中所有我国的法律、法规名称均省略"中华人民共和国"字样，下不赘述。

[3] 陈建宏主编：《矿产资源经济学》，中南大学出版社 2009 年版，第 19 页。

要与外动力地质作用有关，更多的是与生物作用或者有机地质作用有关。如煤即是沉淀作用和变质作用过程中，有机质发生变质改造并聚集的结果。油页岩是生物化学作用的产物。地热则多与地壳深部的岩浆活动有成因联系。但似乎很难把煤和石油的成因与高温岩浆作用联系起来。有关能源矿产，特别是石油的成因，还在探索之中。值得指出的是，与金属矿产资源相比，能源矿产资源大多分布在地壳活动相对稳定的大型盆地之中，如大庆油田分布在我国东北地区的松辽盆地，克拉玛依油田则分布在准噶尔盆地的西缘等。

能源矿产资源是人类社会文明进步的重要物质保障之一。正如有学者所言，如果把一个国家或者一个地区的发展建设比作一辆行驶的汽车，那么，金属、非金属矿产资源则是构成了这部汽车的各个部件，而能源矿产资源则是为汽车的发动、运行等提供动力的物质。也就是说，能源矿产资源是为工业、国防、航空、航天等社会发展提供"粮食"的矿产资源，即为各种工业活动提供动力源泉。因此，社会发展规划、经济建设布局首先需要摸清能源矿产资源的家底。正所谓，"兵马未动，粮草先行"。[1]

2. 金属矿产

金属矿产是指从中提取某种供工业利用的金属元素或者化合物的矿产。人类文明和技术的进步离不开人们对有色金属的认识和利用进程。17世纪末共发现8种，18世纪共发现13种，19世纪发现39种，进入20世纪又发现4种。目前，人类明确认识和应用的有色金属共有64种。[2]

根据金属矿产的性质和用途可将其分为：①黑色金属矿产，如铁矿、铬矿和锰矿；②有色金属矿产，如铜矿和锌矿；③轻金属矿产，如铝镁矿；④贵金属矿产，如金矿和银矿；⑤稀有金属矿产，如锂矿和铍矿；⑥稀土金属矿产；⑦分散元素矿产，如锗、铊、铼、镉、钪等。

也有观点根据有色金属矿业用途，将其分为四大类：第一类，与大众日常生活相关的基础有色金属；第二类，与消费领域的制造业相关的有色金属，例如汽车、房地产及家电等；第三类，与新兴行业或者高科技制造业相关的小金属，如新能源汽车的锂和钴等；第四类，稀土永磁等和贵金属，如黄

---

〔1〕 参见彭渤编著：《矿产资源学》，地质出版社2014年版，第21～22页。
〔2〕 参见成金华、汤尚颖主编：《中国矿产资源产业发展报告（2020）》，中国地质大学出版社2021年版，第53页。

金等。

我国将铜、铝、铅、锌、镍、锡、锑、汞、镁和钛列为十种常用有色金属。据我国国家统计局统计资料显示，2000年至2019年，我国的有色金属矿业发展迅速，十种有色金属产量年均增长11.36%，常用有色金属的产量和消费量超过世界总量的40%，十种有色金属快速健康发展的态势日益明显。

从成因来分析，金属矿产资源既有内生成因，也有外生成因，也有变质成因的。但大多数金属矿产资源形成于内动力地质作用的环境。如岩浆入侵和火山作用、流体作用、变质作用等。总体来看，有色金属、稀有金属、稀土金属、贵金属、放射性金属等一些矿产资源多与岩浆活动有直接或者间接的成因联系。黑色金属、碱金属和碱土金属等矿产资源多与外动力地质作用有关，如石盐矿、钾盐矿、菱铁矿、菱镁矿等多产于沉积地层之中，都与外动力地质作用有直接的成因联系。此外，一些金属矿产，特别是一些贵金属矿产如金、银等，还与外动力地质作用密切相关。如砂金矿、钨砂等都与表生作用过程有关。值得指出的是，与内动力地质作用有关的金属矿产资源大多分布在造山带，而与外动力地质作用有关的金属矿产资源多分布于盆地。

金属矿产资源与人类社会发展进步紧密相关。现代工业如国防、航空、航天、航海，甚至人们的日常生活，都离不开对金属矿产资源的利用。不同的金属矿物有不同的用途。如黄金不但是国际硬通货币，而且是航空、航天、通信技术必备的金属原料；又如锑既是军工企业制造枪炮弹药必不可少的金属原料，又是重要的化工原料。金属矿产资源的用途及其在自然界中的赋存程度，决定了其工业价值。[1]

18世纪至20世纪初，阿尔泰山就引起了俄国沙皇的注意，并派一些地理科学研究者在此调查。20世纪40年代，苏联地质人员曾进入新疆阿尔泰工作。1935年，苏联地质研究所赫洛舍夫领导的工作队，在克兰河—中苏（哈）国界区域进行地质调查时，首次发现了几处花岗伟晶岩铍矿化点，引起了苏联政府的注意。1940年，第二次世界大战期间，苏联政府为了寻找战略资源，组织了"阿尔泰特别考察团"，分别在托依库什和可可托海地区工作。在可可托海地区内发现了大量花岗伟晶岩脉，其中包括可可托海矿床内的1号、2号和3号诸脉及库儒尔特4号等一批含锂、铍、铌、钽矿脉，同时进行

---

〔1〕 参见彭渤编著：《矿产资源学》，地质出版社2014年版，第20页。

了地表勘探和试采，从此揭开了可可托海矿床的地质勘查和开发的序幕。经过 1941 年至 1949 年的工作，可可托海铍矿区勘查取得重要进展，计算了储量，肯定了阿尔泰山稀有金属矿远景。同时，在可可托海铍矿区启动了对铍矿和锂矿的探采工作，开采绿柱石和锂辉石。中华人民共和国成立后，根据中苏两国协议组建了"中苏有色及稀有金属公司"，在富蕴县可可托海镇设立了矿管处，合作领导矿产探采工作，证明 3 号脉具有巨大的工业远景。1955 年 1 月 1 日矿管处移交给中国经营，从而步入快车道，发展巨大。全面加强了地质找矿和勘探工作，新发现了一些伟晶岩矿田，扩大了阿尔泰伟晶岩区的稀有金属矿产远景。加速了 3 号脉的勘探，发现了 3 号脉下部诸多盲矿脉，编写了《可可托海稀有金属（铍、锂、铌、钽、铯）矿床地质勘探报告》。加速了 3 号脉的开发，大力加强露天开采的准备与剥离工作，增加了开采量，强有力地保证了国防工业对资源的需求。先后建设了 8859 和 8766 两座机选厂，1966 年建设的 8766 选厂是我国唯一的稀有金属矿选厂，其中螺旋式重选机是该厂的技术创新，属全国一流先进水平。同时，完成了数十项科学研究项目，提交了大量科研报告和学术论文，这些研究包括 3 号脉成矿特征、内部结构与构造、矿物成分与可选性、矿床成因、采场边坡稳定性、铍的选矿工艺、低铁锂辉石在陶瓷工业中利用、高纯金属锂及铯的冶炼提取及其应用等，都取得了高水平的研究成果。通过上述工作，不仅查明了资源，丰富了成矿理论，而且建设了全国第一座稀有金属矿山，为我国建设特别是国防建设提供了重要的资源。

　　3. 非金属矿产

　　非金属矿产是指在经济上有用的某种非金属元素，或者可直接利用矿物、岩石的某种化学、物理或者工艺性质的矿产资源。非金属矿产的成因多种多样，但以岩浆型、变质型、沉积型和风化型为主。根据非金属矿产的用途可分为：①机械加工工业非金属矿产；②仪器仪表工业非金属矿产；③电气工业非金属矿产；④化学工业非金属矿产；⑤硅酸盐工业非金属矿产；⑥天然石材工业非金属矿产；⑦美术工艺矿产。

　　金属矿产与非金属矿产的主要区别之一在于两者的物理性质不同。金属矿产基本上与其他元素结合，呈化合物形式产出，并能通过选矿和冶炼技术可将金属从各种化合物中提取出来；非金属矿产开采出来后，几乎不用复杂的加工技术即可利用。

非金属矿产资源在工业、国防等领域也有重要的用途。但是非金属矿产资源的用途特征更多地与日常生活相关。

4. 水气矿产

所谓的水气矿产主要是指以气体或者液体为载体形式的矿产资源，其包括地下水、工业矿水、二氧化碳、硫化氢气、氦气和氢气。

（二）根据矿产资源的所处阶段不同进行分类

还有观点认为，可根据一个国家所处的工业化阶段和社会经济发展水平的不同，将矿产资源主要划分为以下三种主要类型：

1. 传统类型的矿产资源

传统类型的矿产资源是指人类在工业化初期阶段所能认知和采用的主导矿产资源，主要包括铁、铜、铅、锌、锡、煤等。

2. 现代类型的矿产资源

现代类型的矿产资源是指人类社会进入工业化成熟期及技术较发达阶段后广泛使用的矿产资源，其主导矿产资源包括：铝、铬、锰、镍、石油、天然气等。

3. 新型类型的矿产资源

新型类型的矿产资源是指在经济结构多样化及技术先进的发达国家（处于后工业化时期）得到初步应用的矿产资源，其主导矿产资源有钴、锗、铂、稀土、钛、铀等。

三、矿产资源的主要特征

与其他自然资源相比，矿产资源具有自身的独特性，其主要表现为以下几项内容：

（一）社会基础性

对矿产资源的开发和利用是人类社会发展的前提和动力。可以说，矿产资源开发的时代就是人类社会进步的时代。从石器时代到青铜时代和铁器时代，从木柴的燃烧到煤、石油和原子能的利用，人类社会生产力的每一次巨大进步，都伴随着一次矿产资源利用的巨大飞跃，它是人类社会生存与发展的重要物质基础，是一种基本的生产资料和劳动对象，在社会的进步和发展中具有重要的地位和作用。比如，在我国95%的能源、80%以上的工业原料、70%的农业生产资料均来自矿业。

（二）不可再生性

矿产资源是在千万年以至上亿年的漫长地质年代中形成和富集的，相对于短暂的人类社会来说，矿产资源是不可再生的。矿产资源一旦被开发利用，开采一部分就减少一部分，直到消耗完毕为止，资源的实物形态将会永久消失。正是因为矿产资源的不可再生性，再加之人类认知能力以及勘探、开发技术的有限性等因素制约，从而决定了矿产资源的相对有限性和稀缺性，决定了人类社会在社会生产活动中必须十分注意合理地开发、利用以及保护，不断提升矿产资源的循环利用水平和综合利用率。

（三）分布地域性

与其他自然资源相比，矿产资源区域分布极不均衡，呈现出显著的地域性特征。绝大多数矿种分布在少数国家内。例如，世界上铁矿石约75%的储量主要分布在俄罗斯、澳大利亚、美国、加拿大和巴西等国家；锰矿石约90%的储量主要分布在南非和俄罗斯；铬矿石约97%的储量主要分布在南非、津巴布韦和俄罗斯；铜矿石约56.8%的储量主要分布在智利、美国、澳大利亚、俄罗斯和赞比亚。再比如，中东盛产石油，其被誉为"世界油桶"。

（四）丰度差异性

不同成因的同一矿产资源，其有用和有害组分的含量就不同；即使成因相同，因地质作用和空间、时间上的差异，其资源丰度也有差别。所以，任何一种矿产资源均有贫矿型、富矿型、有组分简单与复杂、难选与易选之分。矿产资源丰度的差异决定了矿产资源的质量、用途及其价值。如金矿石中砷（As）的含量，对金的成色有直接影响，而且要剔除矿石中富含的砷，既需要考虑成本因素，还需要考虑环境因素。关键的问题是，矿石中的砷不易被剔除。因而湖南湘西一带的金矿（如沃溪金矿等）因砷含量低，成色高，因而价格高；而湖南湘东一带的金矿（如洪源金矿、团山背金矿等）因砷的含量高，成色较低，相应价格也较低。[1]

（五）成分综合性

在矿产资源分布中，往往存在着一种矿石具有多种金属，一类矿床可赋存多种矿石等。这就是矿产资源的自然组合特性。特别是有色金属矿产，经常有多种金属共生或者伴生。正因为如此，一种矿产资源经常因为它的共生

---

〔1〕　彭渤编著：《矿产资源学》，地质出版社2014年版，第8页。

和伴生的矿产资源而使其利用价值成倍提高。

（六）转化风险性

由于矿产资源填埋在地下，在开采出来形成矿产品之前，人们只能利用各种地质勘查技术进行主观推测。主客观的差异性使得矿产资源转化为资产时具有一定的不确定性。这就决定了地质勘查是一项高风险投资，而且随着地表矿和浅部矿多数已被探明以及各种自然矿藏丰度的下降，找矿难度不断增大，导致单位储量矿产资源勘查成本越来越高，其投资风险也越来越大。一般从发现众多矿点到探获一个经济矿床的成功率很低，通常只有1%至2%。

（七）供给稀缺性

供给稀缺性是指矿产资源在一定时空内的供给总量是有限的，而不可能是无限的。尽管现代科学技术和社会经济条件在不断发展和改善，这从根本上有利于矿产资源利用率的提高，但任何矿产资源的回收利用程度总是有限度的。由于矿产资源赋存于地表或地下，又有耗竭性和不可再生性，与人们大量开发利用和需求相比较，源源不断地获取矿产资源相对比较困难。而且随着地质找矿工作的深入，地表矿床、易于发现的矿床基本已经被发现并开采利用。这样也增加了找矿工作的难度。故而，矿产资源是稀缺的，具有稀缺性。对于矿产资源本身就很紧缺的一些国家和地区，矿产资源的稀缺性就更加明显。而对于矿产资源十分丰富的国家，矿产资源的稀缺性也同样存在。因为即便某国或某地区对某种矿产资源不稀缺，但对其他矿种可能是稀缺的[1]。而且一个国家目前某种矿产资源不稀缺，但随着时间的推移，不断的开采使得该种矿产资源可能耗竭。目前不稀缺的矿产资源，在将来可能是稀缺的。如湖南浏阳的菊花石，作为世界上独一无二的菊花石资源，在浏阳永和等地的二叠系灰岩中十分丰富。但由于人们对这种矿产资源的特殊性没有引起足够的重视，开发利用过程中缺乏对资源的保护，也缺乏长远规划，使得该种资源面临枯竭，成为稀缺的矿产资源。因此，矿产资源的稀缺性特点在任何国家、任何地区都是存在的，是全人类都要面对的重要资源问题。也因为矿产资源的稀缺性特点，使得世界各国对矿产资源的竞争加剧。

---

〔1〕 彭渤编著：《矿产资源学》，地质出版社2014年版，第9页。

第三节　我国矿产资源基本现状分析

我国是名副其实的矿产资源大国，无论是在生产制造端还是在下游消费端，其均在国家矿产资源市场上占据着举足轻重的地位。但从矿产资源的开发利用技术与程度来讲，我国并非矿产资源强国，尤其是矿产资源的整体利用效率不高。通过对我国矿产资源的基本现状予以科学分析和了解，有助于进一步强化对我国矿产资源的现代保护意识和理念，也有助于进一步深化对我国矿产资源犯罪生产机理的了解和掌握。具体而言，我国矿产资源的基本现状表现为以下几个方面：

一、矿产资源总量丰富、人均资源占有偏低

我国矿产资源门类比较丰富，部分矿种储量居世界前茅，探明储量潜在价值仅次于美国和俄罗斯，居世界第 3 位，是世界上矿产资源最丰富、矿种最齐全配套的少数几个国家之一。我国国土面积占全球陆地面积的 6.4%，煤、铁、锰、铅、锌、钨、钼、锑、稀土储量分别占全球 12.8%、8.4%、8.8%、19.3%、18.2%、61.3%、56.0%、35.3%、36.7%，均超过 6.4%。在有数据可查的近 70 个矿种中，我国有 26 个矿种储量排名世界前五，其中钨、稀土、钼、锑、铋、重晶石等 10 种世界排名第一。[1]根据我国自然资源部发布的《中国矿产资源报告 2021》内容显示，2020 年，我国多数矿产资源的储量仍居世界前列，具体数据如下所示：

表 1-1　2020 年中国主要能源矿产储量

序号	矿产	单位	储量
1	煤炭	亿吨	1622.88
2	石油	亿吨	36.19
3	天然气	亿立方米	62665.78
4	煤层气	亿立方米	3315.54

---

〔1〕　参见陈其慎等："国内外战略性矿产厘定理论与方法"，载《地球学报》2021 年第 2 期。

续表

序号	矿产	单位	储量
5	页岩气	亿立方米	4026.17

注：油气（石油、天然气、煤层气、页岩气）储量参照国家标准《油气矿产资源储量分类》（GB/T19492-2020），为剩余探明技术可采储量；其他矿产储量参照国家标准《固体矿产资源储量分类》（GB/T 17766-2020），为证实储量与可信储量之和。

表1-2　2020年中国主要金属矿产储量

序号	矿产	单位	储量
1	铁	矿石亿吨	108.78
2	锰	矿石万吨	21 295.69
3	铬铁	矿石万吨	276.97
4	钒	V2O5 万吨	951.20
5	钛	TiO2 万吨	20 116.22
6	铜	金属万吨	2701.30
7	铅	金属万吨	1233.10
8	锌	金属万吨	3094.83
9	铝土	矿石万吨	57 650.24
10	镍	金属万吨	399.64
11	钴	金属万吨	13.74
12	钨	WO3 万吨	222.49
13	锡	金属万吨	72.25
14	钼	金属万吨	373.61
15	锑	金属万吨	35.17
16	金	金属吨	1927.37
17	银	金属吨	50 672.26
18	铂族金属	金属吨	126.73
19	锶	天青石万吨	1580.43

序号	矿产	单位	储量
20	锂	氧化物万吨	234.47

表 1-3　2020 年中国主要非金属矿产储量

序号	矿产	单位	储量
1	菱镁	矿石万吨	49 475.87
2	萤石	矿物万吨	4857.55
3	耐火黏土	矿石万吨	28 259.68
4	硫铁	矿石万吨	69 470.86
5	磷矿	矿石亿吨	19.13
6	钾盐	KCl 万吨	28 059.54
7	硼	B_2O_3 万吨	2090.10
8	钠盐	NaCl 亿吨	207.11
9	芒硝	Na_2SO_4 亿吨	17.73
10	重晶石	矿石万吨	3689.12
11	水泥用灰岩	矿石亿吨	342.66
12	玻璃硅质原料	矿石亿吨	11.33
13	石膏	矿石亿吨	15.48
14	高岭土	矿石万吨	57 158.21
15	膨润土	矿石万吨	30 175.71
16	硅藻土	矿石万吨	15 114.04
17	饰面花岗岩	亿立方米	11.63
18	饰面大理岩	亿立方米	4.29
19	金刚石	矿物千克	1302.36
20	晶质石墨	矿物万吨	5231.85
21	石棉	矿物万吨	1489.50
22	滑石	矿石万吨	5581.06

序号	矿产	单位	储量
23	硅灰石	矿石万吨	5149.23

但由于人口众多，我国人均矿产资源占有量仅为世界人均占有量的58%，居世界第53位。[1]在我国经济进入高质量发展的新时期，各项矿产资源的需求量仍在高位运行。这种情况在关系国民经济命脉、工业生产急需和部分用量大的战略性矿产上尤显突出，石油和煤等战略性矿产资源在长年无节制的开采过程中已经显露出贫瘠化的趋势。[2]这一基本情况决定我国必须实现对矿产资源的进一步严格监管和有效利用，最大限度地杜绝矿产资源的浪费问题。

二、矿产资源分布面广、储量分布相对集中

无论是从总体上看还是从单个矿种上看，我国矿产分布比较广泛，但许多矿产的探明储量都集中在某些局部地区，整体呈现出"北方多能源矿产、南方多金属矿产"的分布图景。比如，煤炭资源主要集中于新、晋、陕、蒙四省区，占全国保有储量的60%以上；磷矿主要集中在滇、黔、川、鄂四省，占全国保有储量的70%；铁矿集中于辽、冀、晋、川四省，占全国保有储量的60%。此外，还有一些大型矿床分布在我国边远地区，如新疆、内蒙古的煤炭；西藏、内蒙古、新疆的铬矿，还有青海的盐湖资源。

又如我国稀土矿产在地域分布上具有面广而又相对集中的显著特点。内蒙古、江西、四川、广东、山东、湖南、广西、云南、贵州、福建、浙江、湖北、河南、山西、辽宁、陕西、新疆等省（区）均有稀土矿产发现。但是，稀土矿产主要集中在内蒙古包头白云鄂博、江西赣南、广东粤北、四川凉山等矿点，其他地方的稀土矿产资源量要少得多。总体来看，我国的稀土矿产主要资源集中区形成北、南、东、西分布格局。从稀土类型上看，具有"南重北轻"的分布特点。其中，广东是稀土资源种类最齐全的省份，并以世界少有的重稀土为主。离子型稀土矿在世界范围内都是较为稀有的资源，广东

---

〔1〕 喻海松：《环境资源犯罪实务精释》，法律出版社2017年版，第164页。

〔2〕 参见林宗彬等：《中国矿产资源管理报告》，社会科学文献出版社2011年版，第5页。

离子型稀土储量居我国乃至世界前列。此外，从产业链角度来看，广东稀土矿产品开采、冶炼分离技术较为先进，在下游稀土材料深加工应用领域也是贡献很大，是我国稀土功能材料应用第一大省。而轻稀土矿主要分布于内蒙古包头等北方地区及四川凉山地区。包头白云鄂博稀土储量高，是中国和世界第一大稀土矿区且拥有完善的稀土工业链，在利用成本上有价格优势，因此产量也高，是我国乃至世界轻稀土主要生产基地。[1]

此外，从不同稀土矿床分布看，稀土矿床不同类型源于促其成矿的地质作用差别，地质成矿作用按照其性质和能量来源可分为岩浆成矿、沉积—风化成矿和变质成矿，由这三种作用形成的不同稀土矿床在我国分布情况如表4-1所示。

表1-4　中国不同类型稀土矿床分布

作用类型	矿床类型	主要分布区
岩浆型稀土矿床	花岗岩、碱性花岗岩、花岗闪长岩及钠长化石花岗岩型稀土矿床	江西、青海、湖北、广西、广东、河南、内蒙古
	碱性岩型稀土矿床	山东、辽宁、山西、四川
	火成碳酸盐型矿床	湖北、新疆、四川
	伟晶岩型稀土矿床	内蒙古、四川、云南、山西
	热液脉型稀土矿床	内蒙古、山东、甘肃、青海
沉积—风化型稀土矿床	沉积岩稀土矿床	内蒙古、贵州
	砂矿型稀土矿床	内蒙古、贵州
	花岗岩类风化壳型矿床	江西、湖北、广西、四川等
变质型稀土矿床	变质岩型稀土矿床	湖北、吉林、辽宁、云南、福建、四川、河南、甘肃
	沉积变质碳酸岩型稀土矿床	内蒙古、辽宁

此外，再以我国海洋砂矿资源为例，其主要分布在我国东部沿海省（区、市）。我国目前已发现具有工业价值的海洋砂矿矿种有锆石、钛铁矿、独居

---

〔1〕　参见成金华、汤尚颖主编：《中国矿产资源产业发展报告（2020）》，中国地质大学出版社2021年版，第97页。

石、金红石、磁铁矿、石英石等 12 种，其主要分布在我国东部沿海各省（区）。其中，就工业矿种而言，独居石、钛铁矿、金红石、锡石、铌钽矿集中分布在广东、广西和海南等省（区）。锆石、石英砂、砾石遍布于沿海各省；砂金分布在辽宁、山东、台湾三省；金刚石主要分布在辽宁复州湾。按其所处大陆构造位置，我国海洋砂矿的分布受华北、华南两大地块控制。华北地块以富含砂金、金刚石等矿产资源为特色；华南地块区则以有色、稀有、稀土矿物砂矿为主体。[1]

上述我国矿产资源的成矿规律和分布格局使得我国矿产资源犯罪也呈现出明显的地域化特征。在矿产资源分布集中地区，涉及矿产资源的违法犯罪率呈现出高发的态势，而且违法犯罪的手段和方式不断翻新，为矿产资源保护的执法与司法工作带来较大难度，需要付出更多的执法与司法资源。

三、矿种成分相对复杂、共生矿伴生矿居多

我国许多矿产地往往存在多种矿产资源共生，或者以一种有益元素为主，多种其他矿元素伴生在一起。比如，我国有色金属矿产资源的 3/4 是属于伴生、共生矿产。在四川、山西、安徽的一些煤矿中共有铝土矿、硫铁矿、耐火黏土、高岭土等。再以我国银矿为例，其主要表现为大型和独立银矿床少，中小型和共伴生矿床多。从已知矿床看，目前我国累计探明储量超过 5000 吨的矿床只有 5 个，还未勘探出万吨以上的特大型矿床。从数量上看，我国共有银矿近 600 个，其中小型矿就占到 71%。虽然我国近年陆续发现了一批独立银矿床，如广西隆安县凤凰山银矿、四川巴塘县夏塞银矿等，但主银矿数量相对较少，探明资源量仅占总量的 33.5%，其他多与铅锌矿伴生，其次是铜矿和多金属矿，此外还与金矿、镍矿和钨矿等伴生。[2]

因此，针对上述情况，对于矿产资源的勘探、开采和冶炼技术将直接影响矿产资源的综合利用率高低问题。在具体实践中，"采富弃贫""采大弃小"的现象普遍存在且十分突出，从而造成我国矿产资源的综合利用率偏低及矿产资源的浪费，从根本上制约了我国矿业经济的可持续发展。为此，应

---

〔1〕 陈建宏主编：《矿产资源经济学》，中南大学出版社 2009 年版，第 262 页。
〔2〕 陈建宏主编：《矿产资源经济学》，中南大学出版社 2009 年版，第 253 页。

当着力提升我国矿产资源的各项开发利用技术，同时进一步加强和改善对矿产资源开发利用的监管水平，不断提升矿产资源的综合利用率。

四、矿产资源有贫有富、大宗矿产贫矿居多

我国已经发现了不少富矿，具有较高的开采价值。但对我国经济建设具有重要意义的诸多矿产资源，如铁、锰、铝、金、铀等，则以贫矿居多。比如，我国铁矿在已经探明的储量中86%属于贫矿，品位在30%至35%；而澳大利亚、巴西、印度等国的铁矿石品位一般在60%以上。再比如，我国铜矿探明储量中品位大于1%的不到储量的30%；而品位小于1%的则占储量的70%；品位大于2%的则占储量的6%。

再比如，我国锰矿石资源储量丰富。截至2017年底，我国锰矿石探明储量达到18.47亿吨，主要集中在西南、西北地区，其中，广西、湖南、云南、湖北、新疆等五个省（区）锰矿资源储量合计占全国锰矿资源总储量的70%，均有大型矿床的存在。上述五省（市）中，又以广西的锰矿石资源最丰富，其约占全国锰矿石总储量的56%。但我国锰矿石整体已探明储量中仍呈现出贫矿多、富矿少的特征，品位在20%左右，远低于世界平均水平，且矿石多高磷高铁，粒度细，硅质成分高。

五、矿产资源供需旺盛、重要矿产需求量大

改革开放以来，我国经济一直处于高速发展的阶段，既是矿产资源的生产大国，同时也是矿产资源的消费大国。党的十八大以来，我国经济模式已进入高质量发展的新常态。随着经济结构转型升级的不断加速，我国对矿产资源的需求量依然没有减少，反而对于一些重要矿产的需求量变得更大。

以稀土矿产资源为例，我国稀土不仅储量丰富，而且生产和供应量位居全国首位。据2018年美国地质调查局数据，全球稀土氧化物产量17万吨，其中，中国12万吨，占比71%；美国稀土氧化物产量1.5万吨；澳大利亚产量2万吨。实际上，按照我国稀土协会的数据，我国稀土实际产量远大于美国地质调查局统计数据。2018年，我国磁性材料毛坯产量约15.5万吨，折算后应为镨钕氧化物4.7万吨（其中二次资源回收1万吨），氧化镝0.12万吨；实际稀土氧化物产量约18万吨（其中轻稀土氧化物14.5万吨，离子吸附性稀土氧化物3.5万吨），稀土产量占全球总量的78%。虽然稀土的产量巨大，

但我国稀土消费量居全球首位，全球占比 56.5%。国内稀土需求市场中，磁材需求市场占比 25%，以略微优势居第一。市场占有率超过 10% 的产业有石油裂变催化剂、抛光、储氢产业，市场占有率分别为 15%、14%、14%。2019年，从稀土消费结构看，永磁材料占比高达 42%，稀土新材料占比 66%。[1]

有学者结合人均矿产资源消费与人均 GDP "S" 形规律、资源·产业"雁行式"演进规律等矿产资源需求理论为基础，根据我国经济仍处于工业化发展阶段的判断，对我国主要矿产的需求趋势进行分析：[2]

2035 年前，我国能源需求总量仍将呈增长态势，但增长速度将放缓。2019 年我国能源消费总量 48.6 亿吨煤，人均消费量 3.5 吨标煤，是美国的30%、日本的 60%，与发达国家相比仍有一定差距。其中，工业部门消费了我国 65% 的能源，未来一段时间，我国工业生产规模还将不断扩大，对能源需求的拉动仍将起到主导作用。从电力需求来看，2019 年我国人均电力消费量为 5500 度；而美国、日本人均消费量高达 13 000 度和 8500 度，我国电力需求仍有一定空间。从能源需求品种来看，受生态保护约束，未来煤炭消费量将趋于稳定；受新能源汽车产业发展等因素影响，石油消费量将于未来 10年内达到峰值；而天然气、太阳能、核电等清洁能源消费量仍将呈快速增长态势。

2025 年前，我国铁、锰、钒、石墨、粘土等与黑色冶金行业相关的矿产资源需求仍将保持较高水平。按照美国、日本等发达国家历史经验，我国钢铁需求量早应该达到峰值水平，但实际情况并不是。一是因为我国庞大的房地产和基础设施建设，二是我国工业产品大规模出口的世界加工厂模式，这是在世界历史上所没有过的，无论是西欧、北美还是东亚。更为重要的，日韩承接了北美的钢铁工业，我国则承接了日韩钢铁工业，谁能够承接我国的呢？印度、东南亚国家都难以在 5 年至 10 年承接我国庞大的涉及钢铁冶炼产能。因此，在未来较长一段时间内，我国黑色冶炼行业仍将保持较大规模，相应的矿产资源需求量也将保持较高水平。

2030 年前，铜、铝、镍、钨等有色金属矿产资源需求总量仍可能持续增

---

〔1〕 参见成金华、汤尚颖主编：《中国矿产资源产业发展报告（2020）》，中国地质出版社 2021年版，第 104 页。

〔2〕 参见陈其慎等："国内外战略性矿产厘定理论与方法"，载《地球学报》2021 年第 2 期。

长。有色金属矿产是经济社会高质量发展的基本物质保障。我国电力行业、新能源汽车产业、高端制造业的快速发展，都会带动有色金属行业的持续发展。即便按照美国、日本等国家发展经验来预测，未来十年我国有色金属需求仍会呈增长态势。

此外，随着国家科技水平不断提高，新一轮科技革命的不断发展，锂、钴、稀土、萤石等战略性新兴产业矿产需求量将保持较快增长态势，其用途不断扩展，用量也在不断扩大。总体来看，未来十年内，我国仍将处于工业化发展阶段，仍将扮演世界加工厂角色，经济发展对矿产资源需求的依赖程度仍在增加，矿产资源需求总量仍将呈增长态势，越来越多的矿产所发挥的作用也越来越大。

第四节 我国矿产资源经济区划基本现状分析

矿产资源经济区划是指将矿产资源作为自然劳动对象要素和劳动资料要素，并同其他自然资源要素和已固定下来的社会生产力要素相结合，对矿产资源进行地域空间组合与分布的划分。矿产资源经济区划以矿产资源的自然区划为基础，最终实现一个国家或者地区矿产资源的合理配置。[1]

一、矿产资源经济区划的基本原则

矿产资源经济区划是一项综合性很强的工作，也是一项考虑因素多、工作流程复杂、指标体系多样的工作。因此，在进行矿产资源经济区划时，必须依据国家和地区的战略发展布局和部署，制定相应的原则措施。但无论怎样，对于发展中的国家和地区而言，如下一些原则是进行矿产资源经济区划时必须遵循的基本原则。

（一）能源资源放在第一位的原则

矿产资源经济区划首先要根据已经形成的产业布局和地区产业发展的要求，进行资源的分类。资源的分类主要是将物质原料资源分成能源资源和非能源资源这两大类，并对其进行区域分布划分，明确不同地域的物质原料资源的赋存特征。

---

〔1〕 参见彭渤编著：《矿产资源学》，地质出版社 2014 年版，第 43~65 页。

在进行矿产资源经济区划时，应遵循将能源资源放在第一位的原则。这是因为能源资源与非能源资源这两种物质原料资源在国民经济中的作用不同，运动方式也不一样。能源是工业的"粮食"，是一切工业的动力来源。特别是，能源资源在社会生产过程中不断流动，而且通常只能流动一次，即能源的流动因转化为热能而消耗，无法再回收利用。而物质资源在社会生产过程中，是以循环的方式流动的，即能构成产品在社会中积聚。社会对能源的需求是呈直线增长的，而对物质原料的需求发展到一定的程度，则可能会下降。因此，能源对世界各国和全人类的可持续发展都是至关重要的。故在进行矿产资源经济区划时，必须首先考虑区域发展过程中的能源资源配置，即能源资源应放在第一位。

由于能源资源与非能源资源的这些特点，使得在进行矿产资源经济区划时，必须坚持能源资源放在第一位的原则。即在进行矿产资源经济区划时，首先应弄清能源的总量及其分布特征，明确能源资源富集区、后备区和贫乏区等，筹划能源的流通途径和补给方式等。如中华人民共和国成立初期，东北大庆油田、山西大同煤田是国家的重要能源基地，当时的经济发展布局由于考量这一能源资源结构特征，建立了东北重工业基地等。在那时如果要实施"西部大开发"计划，则是不现实的。因为当时西部地区的地质工作程度低，社会工业化、城市化水平低，能源资源的储存没有摸清楚，开发大西北就缺乏必要的能源动力。改革开放以后，西北地区的情况出现了变化，一方面通过实施的"305项目"等发展项目，西北地区的地质工作程度得到提升，工业化水平得以提高；另一方面，在西北地区发现了克拉玛依等大型油田，并基本摸清了西部地区的能源资源的赋存条件，从而为西部大开发计划的实施找到了较为充分的能源动力保障。故而政府不失时机地推进了西部大开发计划的实施，为西北省份的工业化、城市化注入了新的活力。

（二）平衡地区经济利益差别关系的原则

为充分发挥各地区优势，实现地区优势互补，形成合理的地区产业、产品结构，应正确处理地区经济发展中经济利益的差别关系。其中，要特别注意进行地区资源的不同富集程度、地区和地区间矿产资源配套程度的评价和研究。不一定非得就资源论资源。对于发展中的国家和地区，地区之间的优势、经济利益差别、发展程度差别会更明显，如我国的西部和东部地区，在经济、文化、教育、卫生、交通等许多方面，西部相对要落后于东部地区。

国家通过西部大开发计划,就是要平衡这两个大区之间的差别,实现国家的全面发展和共同进步与繁荣。因此,发展中国家更应注重平衡地区之间的经济利益关系,才能更有效地实现社会发展与进步。在进行矿产资源经济区划时,平衡地区经济利益差别关系也是应该遵循的重要原则。

(三) 实现经济和社会可持续发展的原则

矿产资源经济区划的最终目的,是要为实现社会的可持续发展提供科学依据。这个目的也是矿产资源开发利用的总体目的。而要实现社会可持续发展,矿产资源经济区划就必须同其他自然资源的区划结合起来,才能有利于各种自然资源和自然环境的合理开发利用和保护。研究表明,矿产资源作为自然保护对象、自然劳动对象要素和自然劳动资料要素,对其进行经济区划是十分必要的。

二、我国矿产资源经济区划基本情况

一个国家、一个地区在不同的历史发展时期和不同的社会发展阶段,提出的任务和要求是不同的,因而有不同的矿产资源经济区划方案。以全国六大经济区划(表1 4)方案为基础,根据已形成的生产力布局和产业结构、地区经济发展的方向与要求,区分能源资源与非能源物质原料资源,进行能源经济区和非能源物质原料经济区的划分。再充分将资源优势、区位优势、国家未来工业化发展目标和工业布局等结合起来,并特别考虑到近年来我国矿产资源勘查的新形势和取得的新成果(如页岩气资源、分散元素矿产资源等),参照贾芝锡等(1999年)对全国矿产资源经济区划的划分方案,这里笔者将我国矿产资源经济区划分为42个经济区,见表1-4。

表1-4 中国矿产资源经济区划

能源经济区	1	东北石油、煤炭经济区
	2	华北煤炭、石油、天然气经济区
	3	黄河上游煤炭经济区
	4	新疆石油、天然气、煤炭、页岩气经济区
	5	四川石油、天然气、煤炭经济区
	6	川滇黔煤炭资源经济区

	7	苏鲁皖煤炭、石油、天然气经济区
能源经济区	8	东海陆架石油、天然气经济区
	9	东南沿海石油、天然气经济区
	10	华南-海南、北部湾石油、天然气经济区
	11	西藏-云南地热资源经济区
	12	东南沿海地热资源经济区
页岩气经济区	13	湘桂粤页岩气经济区
	14	黔东-川渝页岩气经济区
	15	陕晋页岩气经济区
	16	皖浙页岩气经济区
	17	新疆页岩气经济区
钢铁资源经济区	18	鞍山本溪铁矿资源经济区
	19	京津唐铁矿资源经济区
	20	攀西钒钛磁铁矿经济区
	21	西北铁矿资源经济区
	22	西藏铁钛钒矿资源经济区
有色金属矿产资源经济区	23	阿尔泰有色、稀有、贵金属矿产资源经济区
	24	天山-北山铜镍铅锌、贵金属矿产资源经济区
	25	祁连-河西铜镍有色金属矿产资源经济区
	26	秦岭有色金属、贵金属矿产资源经济区
	27	南岭钨锡有色金属矿产资源经济区
	28	长江中下游铜铅锌有色金属矿产资源经济区
	29	攀西铜铅锌有色金属矿产资源经济区
	30	西南三江铜镍铅锌有色金属矿产资源经济区
	31	西藏铜铅锌、贵金属矿产资源经济区
	32	川黔分散元素金属矿产资源经济区

续表

化工原料矿产 资源经济区	33	柴达木钾、镁、钠盐类矿产资源经济区
	34	川滇黔磷矿资源经济区
	35	湘鄂磷矿资源经济区
	36	广东硫铁矿资源经济区
建筑材料矿 产资源经济区	37	环渤海建筑材料非金属矿产资源经济区
	38	东南沿海建筑材料非金属矿产资源经济区
	39	环北部湾建筑材料非金属矿产资源经济区
珠宝玉石 资源经济区	40	燕-辽珠宝玉石矿产资源经济区
	41	北部湾-海南珠宝玉石矿产资源经济区
	42	新疆-青海珠宝玉石矿产资源经济区

三、我国部分重要的矿产资源经济区简介

（一）能源经济区

我国能源资源比较丰富。煤炭资源总量超过 $5×1012$ 亿吨，石油天然气储量约 $600×108 ~ 700×108$ 亿吨。按全国六大经济区，每个经济区都有能源分布，但能形成主要能源经济区的并不十分平衡。东北、华北、西北、西南四大经济区的能源资源丰富，而长江中下游、东南沿海经济区的能源资源不如上述各经济区。如前所述，西部新疆等省区，可能成为我国未来重要的能源经济区。此外，我国海上石油资源远景良好，近年来在渤海、东海、南海都发现并探明了一批油气矿藏，是未来重要的能源资源战略基地。

1. 东北石油、煤炭经济区

该区已建成产量占全国第一位的大庆油田，并分布有一大批在全国占有重要地位的煤矿藏，如辽宁北票、抚顺、阜新等煤矿田。本区工业化水平较高，矿产资源开采利用的历史悠久。区域上不但处于与多国接壤的地界，具有重要的战略地位，而且是我国重要的能源工业基地，为新中国的国民经济建设做出了历史性的重要贡献。

随着资源的不断开采利用，该经济区目前面临着资源枯竭的严重局面。其主要问题有：①资源消耗严重，储量严重不足。如大庆油田、阜新煤矿等

一些大型能源矿藏产区，由于连续不断的资源开掘，使得矿区都面临资源不足的困境。②经济效益下降。由于生产成本高，劳动生产率低下，生产技术条件落后等原因，致使经济效益明显下降。由于技术更新不足，资源消耗严重，加上在由计划经济向市场经济转变的过程中，思想和物质准备不够充分等，经济效益下降成为该区社会发展面临的严重问题。

针对上述问题，国家实施了振兴东北老工业基地的计划。但对于该经济区本身而言，当务之急是加强地质勘查工作，解决资源接替问题。同时，加紧区域产业递进升级的研究和规划，解决替代产业问题，比如勘查开发页岩气等新型能源资源，注重煤矿周边和深部找矿勘探工作等。然后是外引内联，扩大开放，增加煤炭出口。此外，还要特别注意技术改造和提升，依靠新技术，借助国家政策，寻找新的经济增长点。

2. 华北煤炭、石油、天然气经济区

该区已建成胜利、大港、华北、延长等一批中部油气田，并分布有著名的大同、阳泉、开滦、平顶山等煤矿藏。本区是我国重要的能源经济区之一，为国家的建设也做出了重要的历史性贡献。

本区地域广阔，物产丰富，交通便捷。经历 50 多年的发展，目前面临的问题有：①产品结构不够合理。煤炭资源占的比重很大，天然气产量过低。该区地域广袤，工业化程度较高，又是我国重要的经济、文化、教育、科技发展中心，产品结构的不合理使得该区的资源不能很好地满足社会发展的需要。②产品加工程度低。煤炭除用于发电、冶金和出口外，煤的化工化程度低，而煤的利用所产生的环境问题也十分严重。近年来的雾霾污染就是其典型的环境问题之一。对于人口集中的城市，既需要促进经济发展，又必须重视环境保护。因而，煤等能源资源的产品深加工是本区现代社会发展的必然选择。为此，应加强天然气的地质勘查和开发，提高天然气在能源消费结构中的比重。同时，依靠新的科学技术手段，实现煤的化工化产业，开发清洁高效燃烧型煤的成套技术，应成为该区能源经济区产业发展的一个重要战略方针。此外，该区页岩气资源也十分丰富，应加强开发利用的力度，促进能源资源利用的合理化结构布局。

3. 新疆石油、天然气、煤炭资源经济区

该能源资源经济区是我国未来陆上能源资源最重要的资源接替基地。预测石油、天然气资源储量达 $220 \times 10^8 \sim 310 \times 10^8$ 吨，煤炭资源预测储量 1.6×

1012 吨。目前在准噶尔盆地东缘发现了大型优质煤田，盆地西缘的克拉玛依等大型油气田已投入开发利用。西气东输、西电东送工程等一些重大工程项目正在加紧实施和推进。因此，该资源经济区未来将是我国经济社会工业化、城市化的重要动力供给基地。

　　该区地处祖国西北边陲，是"丝绸之路"出国通海的内陆通道。国家实施西部大开发计划以来，该区一大批矿产资源得以勘探开发。这里主要的问题是，位于祖国边陲，经济、科学技术、教育相对都欠发达，而又远离东部经济发达区，因而目前还缺乏自我开发、自我发展的经济实力，也缺乏有利于吸引资本、人才、技术等流动资源的外部条件。加上地理上特殊的气候条件，使得该区的经济发展受到一定程度的限制。针对这些问题，国家正采取有效措施来弥补其区域发展中的不足，克服不利因素，实现新疆的经济繁荣和社会进步。可以预言，新疆以丰富的矿产资源为基础，依靠国家的民族政策，既通过自身的经济发展，又通过外部杠杆而将不断取得社会的进步和繁荣。

　　4. 华南—海南—北部湾石油、天然气资源经济区

　　该能源经济区是我国最具远景的海上石油、天然气资源的后备资源接替区。探明石油储量达 242.57×108 吨、天然气资源 84134×108 立方米。目前面临的主要问题是，一些周边国家无视我国南海领土主权，蚕食我国南海海域，掠夺我国海上资源。当务之急是，应集中人力、物力，加强南海海洋地质调查和油气资源勘探，维护海洋领土主权。通过建设强大的现代化海军国防，进一步加强对海上资源的保护和监控。

　　(二) 钢铁资源经济区

　　我国钢铁资源储量已经探明，大局已基本确定，资源前景十分看好。主要形成了东北的鞍本、华北的京津唐、西南的攀枝花、西北的酒泉四大钢铁工业基地。从长远来看，还应继续加强新疆东部和甘肃酒泉等钢铁工业基地的建设。因为该区地处亚欧大陆桥，具有充分的成矿地质条件和找矿远景。

　　1. 鞍本钢铁资源经济区

　　即辽宁鞍山、本溪钢铁工业经济区，为全国第一大钢铁工业基地。已探明铁矿资源储量 66.64×108 吨。本区为新中国的发展作出了重要的历史性贡献。目前存在的问题有：企业老化、设备陈旧、生产工艺落后，因而产品种类少，加工程度低，技术更新改造的难度大，自我开发、自我发展的能力缺

乏，矿山劳动生产率低、成本高、效益低。特别是，经过几十年的勘探开发以后，目前矿山都面临资源枯竭的局面。而深部矿体开采的成本高，要求的技术难度大，如此也给企业发展带来困难。因此，在市场经济迅速发展的当今社会，国家应给予企业适当的鼓励政策，激发企业自谋发展的活力。由于该资源经济区已有企业有一定的技术实力，有一定的市场份额，故建议企业采取横向联合、产品深加工、研发新技术等途径，重新谋求自身在市场中的定位，实现新的跨越和发展。

2. 京津唐钢铁资源经济区

该区经济发达，交通便利，能源资源供应充分，是我国重要的政治、经济、文化中心。中华人民共和国成立后的第一个铁矿——河北宣化铁矿床，即在该区发现的。因此，该区是我国钢铁工业的重要基地。区内已经建设有首都、唐山、天津等大型钢铁工业企业。目前存在的问题除面临企业改革和技术创新等问题外，还要考虑铁矿资源的接替问题，勘查发现新的矿床。同时，也要考虑横向联合、产品深加工等途径，增进企业自身发展的实力，在市场竞争中形成自身的发展优势。特别是，由于区内人口密集，城市化程度高，工业发展带来的环境污染已经突显，故在发展过程中，应特别注重环境保护。

3. 攀枝花钒钛磁铁矿经济区

该经济区的经济、交通、能源供应等相对不如前者。目前已探明一大批钒钛磁铁矿，已建成四川攀枝花、西昌等大型钢铁工业基地。

该区地处大西南。目前存在的主要问题有矿产品有用组分的回收利用率低，技术创新不强，市场竞争中尚未形成特色。因此，企业应通过技术创新，最大限度地提高有用组分的回收利用率。因为钛有两种产出形式，一种是与磁铁矿成固融体紧密共生，这种矿石的二氧化钒目前无法回收利用。另一种形式是呈粒状钛铁矿产出，目前回收的钒主要是这种类型的铁矿石。没有科学技术的创新和进步，企业很难在竞争中具备优势。因此，科学技术创新对该钢铁经济区而言，显得尤为重要。

（三）有色金属资源经济区

我国有色金属矿产资源探明的储量大，矿床类型丰富，矿产品种类多样，矿产资源分布地域宽广。不但华南、东南沿海地区分布有储量丰富的钨、锡、铌、钽、锑及稀土、稀有金属等各种重要金属矿产资源，而且华北、西北的天山、昆仑山、祁连山、秦岭，东北的大小兴安岭等大型造山带上，也分布有储量十分富足的各种有色金属矿产资源。近年来，在这些成矿带上又有了很多新的发现，探明一大批大型有色金属矿床。而西南的滇西南、喜马拉雅山等构造区，已探明的各种有色金属矿床更是星罗棋布。因此，我国有色金属矿产资源储量丰富，种类齐全。已发现、探明了一大批重要矿床，如内蒙古的东升庙铅锌矿床，湖南的锡矿山锑矿床、柿竹园多金属矿床等，江西的漂塘钨矿床、德兴铜矿床、冷水坑银矿床等，云南金顶铅锌银矿床、个旧锡多金属矿床等。其中，湖南柿竹园多金属矿床、新疆可可托海伟晶岩型多金属矿床等，可谓有色金属矿产的聚宝盆和矿物博物馆。

但目前，我国铜矿资源不能完全满足需求，属国家紧缺矿种之一。另一方面，我国地处复杂多样的地质构造环境，北接欧亚板块，东临太平洋板块，西南受印度板块作用，使得我国大陆处于三大板块构造的夹持区，地质作用丰富多样，从而为内生有色金属矿床的形成奠定了良好的地质背景。因此，我国境内具有很好有色金属矿床成矿远景和巨大的找矿潜力。主要的有色金属资源经济区有：

1. 阿尔泰有色、稀有、贵金属矿产资源经济区

该区地处中国、俄罗斯、蒙古三国的边界，地理位置相对偏僻，交通和通信等条件相对落后，科学技术创新相对欠缺，地质勘查和科学研究相对薄弱。但最近几年，特别是国家实施"305项目"以来，该区有色金属矿产资源勘查开发有了新的进展。研究表明，该区有色金属资源储藏量大，矿床规模大、产出稳定，矿石品质性好，是未来值得高度重视的有色金属工业经济区。特别是，该区人烟稀少，环境污染产生的影响相对较小，是未来有色金属资源勘查开发利用的有利选区之一。但在进行有色金属矿产资源开发时，应特别注意人力资源、物资供应等方面的考量。

2. 天山铜、镍、铅、锌有色金属，金、银贵金属矿产资源经济区

同阿尔泰矿产资源经济区一样，该区有色金属资源经济区地质调查和科学研究的程度较低，探明储量不足，自然地理条件比较恶劣，经济发展水平、交通和通信条件等相对落后。且目前尚未实现金属矿产地质找矿的重大新突破。但从大地构造、地层产出分布、岩浆活动等成矿地质条件看，该区具有十分优越的有色金属矿产资源的成矿地质条件，找矿前景良好。因此，该区也是我国未来十分重要的有色金属矿产资源经济区。

3. 祁连山镍铜有色金属矿产资源经济区

该矿产资源经济区是全国镍、铂、钴等稀有贵金属矿产资源的优势成矿区和资源经济区。区内，已建成金川大型铜镍矿山企业。但该金属矿产资源经济区同样存在研究程度低、地质勘察程度低等一些问题。特别是金川铜矿外围的地质找矿工作，一直未取得新的重大突破，深部找矿难度加大，深部采矿的技术水平和条件要求高，投资成本增加等，给该区矿产资源的开发带来了许多新问题。这些问题，在市场经济条件下，政府部门和企业应该有充分的准备。

4. 秦岭有色金属、贵金属矿产资源经济区

该经济区地处我国腹地，其自然地理环境、交通、通信等各方面的条件较优越，是我国重要的钼、金、铋、铜等有色、贵金属矿产资源经济区。近年来，在区内已发现并开发了一批重要矿床，如前河锑矿床、烂泥湖铋矿床、嵩县金矿床等。同时，该区有色金属矿产资源的找矿潜力巨大，还有必要进一步提高勘探工作程度和科学研究水平，实现有色、贵金属矿产资源勘查的新突破。

5. 长江中下游铜、铅、锌矿产资源经济区

该矿产资源经济区毗邻长江，地处我国腹地，地理上位于南北行政区划的交界部位，交通条件优越，通信便捷，城市化程度、工业化水平高，能源资源供给充沛。该区人口密集，社会建设和经济发展水平高，是我国重要的政治、经济、文化、教育、科技发展中心，也是重要的矿产品加工和流通的集散地。该区具有悠久的矿产资源开发利用历史，地质勘探和科学研究程度较高，是一些重要矿床成矿理论的发祥地。作为我国重要的铜业基地，这里已为国家的工业建设和社会发展做出了重要的历史性贡献。

但目前该区面临资源耗竭、技术更新不足、矿山企业负担重等一些现实问题。同时，大量矿床的开采、大型金属矿产加工工业的集聚，给该区生态环境保护带来较大的压力。该区需要进一步加强地质勘查开发力度，提高矿业生产技术，提升生产效率和经济效益，注重矿产品的深加工和节能环保等。此外，还应加强新型矿产资源（如页岩气资源等）的开发利用研究，实现二次创业。

6. 南岭钨、锡、铜、铅、锌有色金属矿产资源经济区

该矿产资源经济区是世界著名的"有色金属之乡"。不但是全国钨、锡、铅、锌等有色金属矿产资源最集中、最富集的地区之一，而且在世界有色金

属矿产资源中也占有一席之地。世界闻名的赣南钨矿、湘南钨矿、粤北钨矿汇集于此，且储量丰富，仅上述三个矿床就探明储量超过 $300×104$ 吨。此外，区内还分布有其他各种大型、超大型有色金属、稀有和贵金属矿床，而且有色金属矿床呈带状分布、成片产出，是世界范围内少见的有色金属矿床成矿集中区，也是我国重要成矿理论（如"五层楼式"的成矿模型等）的发源地之一。该区对国家建设和矿产资源出口创汇等做出了重要贡献，其资源地位至今仍十分显要。

该区目前存在的问题：其一，由于以前对国际市场研究不足，对区内矿产资源优势的重要性意识不到位，导致出口过多，造成别国对国际市场钨矿产品的价格垄断和控制，从而使本区的资源优势"受制于人"。其二，对大多数金属矿产品的深加工重视不足，技术改造提升不够充分，企业效益平庸，仅满足出口，制约了该区矿产经济的发展。其三，在长期的矿产资源开发利用过程中，生态环境保护方面欠账过多，引起的生态环境问题日益突显，给经济社会可持续发展带来的影响不容忽视。如与南岭地区有色金属矿产资源开发利用有关的珠江、湘江等流域的重金属污染问题，已成为十分严重的生态环境问题。近年来，国家花巨资进行污染治理和修复，教训十分深刻。因此，进一步对有色金属矿产资源的开发利用，必须把保护环境置于首要地位。

但从总体看，该区有色金属矿产资源潜力巨大，进一步找矿仍然具有良好的远景。特别是深部找矿潜力巨大。故今后应继续加强该区的地质勘探和科学研究工作，特别需要提升深部找矿和深部采矿的技术水平；注重矿产资源的储备，提升企业的竞争力和长远发展能力；加强污染整治和进一步的生态环境保护工作，推动经济社会健康稳定的可持续发展。

7. 攀西铜、铅、锌、锡等有色金属矿产资源经济区

该区地处我国大西南。区内有色金属矿产成矿条件好，找矿远景大。近年来的基础地质研究取得了许多新成果。但由于交通不便、通信等基础设施不完善，一定程度上制约了本区的矿业经济的发展。进一步的矿产资源开发利用应加强会理会东地区铜铅锌矿、东川铜矿、丹巴杨柳铂矿等远景区的勘查开发力度。

8. 西南三江铜、铅、锌有色金属矿产资源经济区

该矿产资源经济区已发现一批超大型有色金属矿床，如西藏玉龙铜铅锌矿床、云南金顶铜铅锌金银矿床等。但该区自然地理条件，交通、气候条件

相对较差，地质调查和科学研究的程度相对较低。由于该区总体位于太平洋板块、印度板块、欧亚板块这三大板块的碰撞接合部位，具有非常优越的铜铅锌金银等矿产资源的有利成矿地质条件，找矿远景较好，潜力巨大。该区是我国未来重要的有色金属矿产资源后备接替基地，目前也是我国地学理论研究的热点地区，更是找矿勘探工作的重要靶区。对该区矿产资源的开发利用，除进一步加强科学研究，增加勘探投入外，还应特别注意区域环境保护，加强区域矿产资源的合理规划和有序开发。其中，应特别加强云南德钦羊拉铜矿床、兰坪白秧坪银铜多金属矿床和藏东地区铜银铅锌多金属矿床的勘查力度，加速金顶超大型铅锌矿的矿山建设，推进西藏玉龙铜矿、四川白玉铅锌银矿等矿区矿产资源开发利用的可行性研究。

（四）化工原料非金属矿产资源经济区

除煤炭、石油、天然气等大量用于化工行业的原料外，盐类、磷矿、硫铁矿等是化工行业不可或缺的非金属矿产资源。我国化工原料矿产资源经济区有：青海柴达木盐类矿产化工原料资源经济区、川滇黔磷矿化工原料资源经济区、湘鄂磷矿化工原料资源经济区、广东硫化矿化工原料资源经济区。

下面笔者重点介绍青海柴达木盐类矿产化工原料资源经济区。该区钾、钠、镁盐类矿产资源十分丰富。是我国盐类矿产资源的重要基地。该经济区目前急需解决的问题有：①国家急需钾盐资源的综合开发利用。区内钾钠镁盐类矿因伴生有铷、锂、溴、碘、硼等其他多种矿物资源，因此，在提取钾盐时，应高度重视综合开发和综合利用的问题，避免资源的浪费，提高资源的综合利用率。②其他种类矿产资源的综合开发和协调发展。该区矿产资源虽以钾盐为主，但在盆地内部和盆地周边还赋存有石油、天然气、铅锌矿等其他多种矿产资源。因此，区域矿产资源的开发，应坚持合理规划、有序开发、协调发展，做到矿产资源开发的合理布局和综合利用的协调发展。在扩大钾盐矿开发利用规模的同时，注重其他种类矿产资源的开发利用。③解决生产用电问题。川滇黔、湘鄂、广东等非金属化工原料矿产资源经济区都位于我国腹地，自然地理条件、交通、通信等都具有明显的区位优势。但青海柴达木化工原料资源经济区则不然，其面临的突出问题除需要提高产品的加工程度、进行技术创新外，还要解决生产用电的问题。

（五）建筑材料矿产资源经济区

建筑材料属非金属矿产资源，一般包括水泥原料用的石灰岩、玻璃原料用的石英砂和石英岩，以及建筑装饰用的大理岩和花岗岩等。由于该类矿产资源多为三大岩（工业岩石），其规模大，分布广，故一般都是就地取材，不需长途运输。因此，对这类矿产资源的经济区划，应强调的只是其区位优势情况和交通条件因素。当然材质也是该类矿产资源开发利用必须衡量的一个重要指标。决定建筑材料材质的主要因素包括：岩石矿物组成及嵌布特征、结构构造、硬度、脆韧性特征、变质程度、放射性元素含量，以及岩石矿物组成和结构构造所表现出来的花纹图案特征。

按照上述要求，我国目前可以开发建设的建筑材料非金属矿产资源经济区有：环渤海经济区、东南沿海经济区以及环北部湾经济区。

1. 环渤海建筑材料非金属矿产资源经济区

区内以制造玻璃用的石英砂、石英岩为主，石灰岩次之，占全国建材总产量的 36.63%。以山东花岗岩饰面石和太古宙泰山杂岩饰面石最具特色，畅销国内外市场。区内滑石、金刚石、菱镁石、耐火黏土、石材等非金属矿产资源具有良好的开发利用前景。进一步开发利用需要提升产品的深加工能力和水平，扩大应用领域和技术含量。

2. 东南沿海建筑材料非金属矿产资源经济区

区内高岭土、石英砂、石灰岩、饰面石材等非金属矿产资源丰富。以产生水泥用的石灰岩和生产饰面用的花岗岩为主，石英砂和石英岩次之。该区毗邻香港、澳门等重要口岸，又连接上海、厦门、广东等重要港口。因此，市场前景看好。矿产品的开发既要瞄准港、澳、台和国际市场，通过新技术研发和新产品的开发，提升该区的竞争力，同时，应加大利用外国矿产资源的力度，取得国际竞争优势。

3. 环北部湾建筑材料非金属矿产资源经济区

区内水泥用石灰岩、玻璃石英砂、石英岩、高岭土以及建筑装饰花岗岩等非金属矿产都十分丰富。不仅矿床规模大、储量丰富、品质好，而且靠近沿海，交通运输便利，是我国重要的外向型建筑材料非金属矿产资源经济区。

除上述矿产资源经济区划外，还有珠宝玉石矿产资源经济区，如我国北部湾、渤海湾珠宝玉石经济区等。因此，矿产资源经济区划应根据国家的建设发展的不同要求做出相应的区划。特别是，在计划经济过渡到市场经济时期，矿产资源的开发利用应在科学技术创新，新产品、新工艺等层面加大研发力度，以保持自身在市场上的竞争优势，促进矿产资源的合理利用，为国民经济建设做出贡献。

特别是西部大开发计划的实施，国家的整体经济格局将随之而变。可以预见，在未来的发展过程中，国家矿产资源的保障和供给格局将发生新的变化。新疆将取代东北，成为我国重要的能源接替基地。而西藏将取代长江中下游地区，成为我国金属矿产资源的重要接替基地。新疆和西藏将成为我国经济社会发展中十分重要的矿产资源供给基地。因而新疆和西藏是我国重要的大型矿产资源经济区。

第二章
CHAPTER 02

我国矿产资源犯罪现状剖析

科学界定矿产资源犯罪的相关概念及剖析矿产资源犯罪的主要特征、生成原因，有助于准确把握矿产资源犯罪惩防的基本机理，是进一步深入开展矿产资源犯罪刑事立法研究的基本前提和基础。

第一节　我国环境资源犯罪的基本概念

在我国语境下，学术界倾向将环境犯罪与环境资源犯罪视为同一概念。根据我国《环境保护法》第 2 条之规定："本法所称环境，是指影响人类生存和发展的各种天然的和经过人工改造的自然因素的总体，包括大气、水、海洋、土地、矿藏、森林、草原、湿地、野生生物、自然遗迹、人文遗迹、自然保护区、风景名胜区、城市和乡村等。"可见，上述对于"环境"这一概念的理解中就包含着自然资源的内容。其中，矿藏属于广义上的环境概念范畴。为此，本书亦不再区分环境与环境资源、环境犯罪与环境资源犯罪的概念，统一将其称之为环境资源犯罪。

在我国《刑法》中，环境资源犯罪是一项非常重要的犯罪类型。当前，我国学术界对于环境资源犯罪的分类研究方面比较具有代表性的观点如下：

一、二分法

有观点认为，环境资源犯罪主要是自然人、法人违反环境保护法律法规，造成或者有可能造成环境污染或者破坏，或者致使他人的生命健康、公私财产遭受严重损失的行为。环境资源犯罪的分类应坚持"二分法"，即环境资源犯罪

主要分为以下两大类：环境污染犯罪、破坏自然资源犯罪。具体而言：[1]

（一）环境污染犯罪

环境污染犯罪主要是指违反国家环境行政管理规定，向环境中大量排放有毒有害物质或者能量，超出环境的自净、调节机能，引起环境质量下降，从而对人身、财产或者环境本身造成或者足以造成严重危害的行为。其主要表现为向土地、水体、大气排放、倾倒或者处置有放射性的废物、含传染病病原体的废物、有毒物质或者其他危险废物，严重破坏社会生活环境，致使公私财产遭受重大损失或者人身伤亡等严重危害后果。我国《刑法》相关罪名主要包括污染环境罪、非法处置进口的固体废物罪、环境监管失职罪，少数情形下也可能包括投放危险物质罪、危险物品肇事罪、走私废物罪等其他罪名。

（二）破坏自然资源犯罪

所谓的破坏自然资源犯罪是指在开发利用自然资源活动中，违反环境资源管理规定，攫取自然资源或者破坏自然资源的原有性状，超过了环境的自我调节及平衡机能，情节严重的行为。该类犯罪是环境资源犯罪的主要构成部分，且通常集中在自然资源较为丰富的区域。具体而言，按照自然资源的种类不同，破坏自然资源犯罪又可以分为破坏动物资源犯罪、破坏土地资源犯罪、破坏矿产资源犯罪和破坏森林资源犯罪等。

二、三分法

有观点认为可将环境资源犯罪分为以下三大类：污染环境犯罪、破坏资源犯罪和抗拒环保监管犯罪等。[2]

（一）污染环境犯罪

污染环境犯罪是指违反环境行政管理规定，向环境中大量排放有毒有害物质或者能量，超出环境的自净、调节机能，引起环境质量下降，从而对人身、财产或者环境本身造成或者足以造成严重危害的行为。其主要表现为向

---

〔1〕 参见喻海松：《环境资源犯罪实务精释》，法律出版社 2017 年版，第 12 页；张继钢：《风险社会下环境犯罪研究》，中国检察出版社 2019 年版，第 58 页；郑志：《环境犯罪被害人的法律保护》，社会科学文献出版社 2018 年版，第 19~20 页；吕欣：《环境刑法之立法反思与完善——以环境伦理为视角》，法律出版社 2012 年版，第 112~117 页；刘仁文：《环境资源保护与环境资源犯罪》，中信出版社 2004 年版，第 91 页。

〔2〕 参见张梓太：《环境法律责任研究》，商务印书馆 2004 年版，第 281~283 页；杨春洗等：《危害环境罪的理论与实务》，高等教育出版社 1999 年版，第 108 页。

土地、水体、大气排放、倾倒或者处置有放射性的废物、含传染病原体的废物、有毒物质或者其他危害废物，严重破坏社会生活环境，致使公私财产遭受重大损失或者人身伤亡等严重危害后果。需要强调的是，污染环境犯罪中的"环境"不仅包括水、空气、海洋等，还应当包括森林、草原、矿藏等其他环境要素，若不是因为采掘或者利用方式不当，而是因为倾倒或者处置污染，构成了对森林、草原、矿藏等环境要素的破坏，也应当认定为污染环境犯罪，而非破坏资源犯罪。

（二）破坏资源犯罪

破坏资源犯罪是指在开发利用自然资源的活动中，违反环境资源管理规定，攫取自然资源或者破坏自然资源的原有性状，超过自然环境的自我调节及平衡机能，情节严重的行为。例如，非法采矿、盗伐林木、滥伐林木、非法狩猎、非法占用农用地等。

（三）抗拒环保监管犯罪

所谓的抗拒环保监管犯罪主要表现为：在申办排污许可证时，隐瞒重大事实或者作虚假陈述，情节严重可能导致严重污染的行为；或者拒不执行环保行政机关发布限期治理、停工、停业等命令或者禁令的行为。例如，1976年《美国资源回收法》第 3008 条规定："在任何为遵循本章的目的而填写、保存或者使用的申请、标签、声明、记录、报告、许可证或者其他文件中，故意地作出不真实的声明或者陈述的人，应受到刑罚的制裁。"

三、四分法

有学者持"四分法"的观点，将环境资源犯罪进行如下分类：环境污染犯罪、破坏自然资源犯罪、危害物种平衡犯罪与环境渎职犯罪。[1]

（一）环境污染犯罪

所谓环境污染犯罪主要是指行为人排放、倾倒明显超过环境所能够承载的自我净化能力的物质或者能量，已经或者足以明显降低环境质量的行为。比如，我国《刑法》规定的污染环境罪、非法处置进口的固体废物罪、擅自进口固体废物罪以及走私废物罪，都属于此类范畴，而其中的污染环境罪则属于此类犯罪的主体。

---

〔1〕 参见周峨春、孙鹏义：《环境犯罪立法研究》，中国政法大学出版社 2015 年版，第 15~18 页。

（二）破坏自然资源犯罪

破坏自然资源犯罪也不是一个具体的罪名，而是一类罪的统称。所谓破坏自然资源罪，主要是指非法开采或者使用自然资源，改变或者破坏自然资源的原有面貌，破坏或者足以破坏自然资源的行为。与环境污染犯罪的直接性相比，破坏自然资源犯罪所造成的结果看似是间接性的，对人类的损害往往并不是立法体现出来的，有的需要很长时间，但一旦表现出来，危害也是巨大的，甚至可能超过环境污染犯罪所造成的损害。我国《刑法》规定的破坏自然资源犯罪又分为几大类：破坏土地资源犯罪、破坏矿产资源犯罪和破坏森林资源犯罪。以非法露天采矿为例，矿区所涵盖范围内的土地、植被、水资源、大气等生态环境会因之受到破坏，其中以水土流失引起的问题尤为突出，将造成周边植被的进一步损害，严重破坏水土平衡。

（三）危害物种平衡犯罪

从广义上说，动植物资源，尤其是其中的野生动植物资源，也是自然资源的范畴，但它们是较为特殊的自然资源。动植物资源是动态的自然资源，在生态环境中，它们是中心和主体，在维持生态系统平衡方面，起着不可替代的物质和能量交换作用。各种动植物资源都不是孤立存在的，它们通过生物链条保持着千丝万缕的联系。一个物种的消失，可能会引起与此物种相关的其他物种的消失，而这些"相关的其他物种"通过生物链条联系着更多的物种，从而引起更多物种的消失，可谓"牵一发而动全身"。基于这方面的考虑，把环境犯罪中有关破坏动植物资源的犯罪归为一类，统称为危害物种平衡犯罪。从学理上讲，危害物种平衡犯罪分为破坏野生动物资源犯罪和破坏野生植物资源犯罪。

（四）环境渎职犯罪

环境渎职犯罪，是指国家机关工作人员在环境监管过程中，对重大环境污染、环境破坏的产生及扩散具有促进或者辅助作用的行为。环境渎职犯罪的设置，有助于弥补环境犯罪主体的不完善，因为造成环境损害的不光是个人或者企业，还有可能是负有环境监管职责的国家机关工作人员，监管职责的不履行或者不当履行，会促进环境损害的发生，甚至会让损害结果进一步放大。这些立法规定，有助于促进国家机关有效履行环境监管职责，确保环境监管权力不被滥用，最终达到保护环境的目的。环境渎职犯罪同时具有渎职罪、环境犯罪两大犯罪的特征，是这两大犯罪类型的融合——因为国家机关工作人员的渎职行为，促进或者辅助产生了环境污染或者资源破坏的危害后果。比如，我国《刑法》中的"违法发放林木采伐许可证罪""环境监管失职罪""非法批准征用、占用土地罪"和"非法低价出让国有土地使用权罪"。

四、七分法

该观点提出，可将环境资源犯罪主要划分为以下七类内容，具体而言：

第一类为环境污染和环境监管失职方面的犯罪；第二类为废物污染环境犯罪；第三类为破坏动物资源犯罪；第四类为破坏植物资源犯罪；第五类为破坏土地资源犯罪；第六类为破坏矿产资源犯罪；第七类为破坏动植物保护制度方面的犯罪。[1]

从上述各个观点对于环境资源犯罪的学理分类来看，其共性内容主要包括以下方面：其一，均认可环境资源犯罪涉及到环境污染型犯罪和资源破坏型犯罪两个方面；其二，均认可环境污染型犯罪和资源破坏型犯罪具有一定的关联性；其三，均认可矿产资源犯罪是较为典型的资源破坏型犯罪。

而上述对于环境资源犯罪的学理分类研究的分歧集中在以下内容：其一，对于资源破坏型犯罪的分类有着不同理解，这种认知差异主要源于各自对于自然资源具体分类的不同划分。其二，对于环境资源领域的渎职犯罪是否应当归为环境资源犯罪范畴还存在着一定的争议。而笔者主张将环境资源领域的渎职犯罪纳入环境资源犯罪的研究体系中，因为从调研情况看，多数的环境资源犯罪与公权力的越轨行使存在着不同程度的关联。以矿产资源犯罪为例，诸多案例暴露出行政机关违法行使职权是导致矿产资源频发的重要因素之一。若将环境资源领域的渎职犯罪排除在环境资源犯罪之外，则无法从全面性、根源性角度来认知和理解环境资源犯罪发生的原因，也无益于环境资源犯罪刑事立法的完善和实践惩防。

第二节　矿产资源犯罪基本概念剖析

对于矿产资源犯罪刑事立法的研究，须建立在对矿产资源犯罪这一基本概念科学分析的基础上。结合上述从不同角度可对矿产资源犯罪的基本概念

---

〔1〕　参见蒋兰香：《环境刑法》，中国林业出版社 2004 年版，第 74 页。

作出不同的理解和界定，其主要可从以下三个维度来解读：

一、广义层面的矿产资源犯罪

从广义维度来讲，矿产资源犯罪是指所有与矿产资源破坏相关的违法犯罪行为。这主要是从犯罪学的角度来理解的。换言之，任何涉及矿产资源破坏的越轨行为均应视为矿产资源犯罪，其不仅仅指的是刑法学意义上的矿产资源犯罪，而且还包括行政法学意义上的各项矿产资源违法行为。常见的涉矿行政执法内容主要包括：查处无证采矿行为；查处超越批准的矿区范围采矿行为；查处非法转让矿产资源的行为；查处将探矿权、采矿权倒卖牟利的行为；查处违法收购和销售国家统一收购的矿产品的行为；查处采取破坏性的开采方法开采矿产资源的行为；其他违反矿产资源管理的行为等。

二、狭义层面的矿产资源犯罪

狭义层面的矿产资源犯罪指的是刑法学意义上的矿产资源犯罪，即破坏矿产资源且达到一定程度，需要追究行为人相应的刑事责任的行为。显然，狭义层面的矿产资源犯罪主要是从刑法学的角度来审视的。在我国《刑法》中直接或者间接地涉及与破坏矿产资源犯罪的相关罪名主要包括：非法采矿罪、破坏性采矿罪与掩饰、隐瞒犯罪所得收益罪以及走私贵重金属罪等，[1]而且还包括相关的渎职类犯罪罪名。

三、最狭义层面的矿产资源犯罪

最狭义层面的矿产资源犯罪就是指我国《刑法》第六章第六节"破坏环境资源保护罪"中的非法采矿罪、破坏性采矿罪两个罪名。

笔者认为，综上而言，广义上的矿产资源犯罪概念所涉范围过于广泛，其已超越矿产资源刑事立法的调整范围；而最狭义层面的矿产资源犯罪概念则太过局限，不能完整、准确地理解矿产资源犯罪的本质内容。因此，笔者

---

　　[1] 根据我国《刑法》第151条规定，走私贵重金属罪是指违反海关法规，逃避海关监管，非法运输、携带、邮寄国家禁止出口的贵重金属，破坏国家对外贸易管理的行为。本罪所侵害的客体是国家对外贸易管制中的对贵重金属禁止出口的制度。其对象是黄金、白银或者国家禁止出口的其他贵重金属。其他贵重金属，是指除黄金、白银之外的诸如铂、铱、锇、钌、铑、钛、钯等国家价值出口的贵重金属。

主张从狭义层面上来分析和把握矿产资源犯罪的基本概念。

第三节　我国矿产资源犯罪主要特征剖析

随着我国经济社会的快速发展、我国矿产资源市场需求状况以及犯罪方式和手段的不断更新等综合因素的共同影响，我国矿产资源犯罪的状况和态势也在不断发生变化。具体来讲，当前我国矿产资源犯罪呈现出以下主要特征：

一、犯罪组织往往比较严密、呈现出行为链条化与人员规模化的特征

从近些年查处的案件来看，矿产资源犯罪往往涉案人数众多、组织严密、分工明确，基本形成所谓的"采、运、销"一条龙犯罪产业链。各个犯罪环节行为之间存在着紧密关联性。此外，由于矿产资源所具有的经济利益价值巨大，有一些地方黑恶势力插手参与到破坏矿产资源犯罪中，[1]犯罪团伙组织化程度较高，所造成的直接社会危害性和间接社会危害性均较大。

据媒体公开报道，2021 年 8 月 2 日，河南省洛阳市中级人民法院对马某江等 29 名被告人组织、领导、参加黑社会性质组织等犯罪一案一审判决。经法院审理查明，1992 年以来，被告人马某江在河南省灵宝市黄金矿区通过暴力抢占他人承包的矿产资源，初步积累起经济实力，在当地形成恶名。1999年 2 月，马某江等人雇佣社会闲散人员，采取持械斗殴、驱逐工人的方式抢占灵宝市尹庄镇南滩村焦沟一坑，标志着以马某江为首的黑社会性质组织初步形成。此后，马某江先后纠集多人长期盘踞在灵宝黄金矿区，依托公司、企业等经济实体，采取"以商养黑""以黑护商"的方式大肆实施违法犯罪活动；通过拉拢腐蚀党政干部、寻求非法庇护、把持基层政权，逐步扩大组织势力和影响，逐步形成了以马某江为组织领导者的人数众多的、层级分明、分工明确的黑社会性质组织。法院以组织、领导黑社会性质组织罪、抢劫罪、抢劫爆炸物罪、寻衅滋事罪、强迫交易罪、重大责任事故罪、非法运输、储

---

〔1〕　参见史兆琨："严惩盗采矿产资源犯罪　守护绿水青山——一季度全国检察机关共起诉非法采矿、破坏性采矿犯罪 1556 人"，载《检察日报》2022 年 4 月 25 日。

存爆炸物罪、非法采矿罪、非法占有农用地罪、非法转让土地使用权罪、污染环境罪、行贿罪、对有影响力的人行贿罪、妨害作证罪、故意伤害罪、爆炸罪，数罪并罚，判处被告人马某江无期徒刑，剥夺政治权利终身，并处没收个人全部财产，罚金人民币 1700 万元；并对其他的 28 名成员分别判处有期徒刑 2 年至 20 年不等的刑罚，并处没收财产或者罚金。[1]

再比如，根据最高人民法院公布的盗采矿产资源犯罪典型案例显示，2011 年 3 月，被告人谢某俊之兄谢某有（另案处理）以给石头峡水电站等地提供砂石料为由，成立了门源县石头峡水电站扎麻图大红沟砂石料场，获得了河道采砂许可证及相关手续，谢某俊为该砂石料场法定代表人。同年 5 月起，谢某有、谢某俊购置帐篷等物品，租赁机械设备，雇佣冶某某、谢某新、谢某云、谢某硕、马某贵，以采砂石料为幌子，擅自在该砂石料场内采挖国家规定实行保护性开采的砂金，共计 170 余千克，并将砂金以每克 290 至 300 元的价格，分多次出售给马某元。马某元将砂金价款转入谢某有、谢某俊、谢某录的银行账户，共计 44 599 340 元。该案比较充分体现了当前重大矿产资源犯罪所具备的高度组织化、规模化、链条化的一大特点。

2022 年 7 月 1 日，最高人民法院发布的《关于充分发挥环境资源审判职能作用　依法惩处盗采矿产资源犯罪的意见》明确指出："落实常态化开展扫黑除恶斗争部署要求，持续依法严惩'沙霸''矿霸'及其'保护伞'，彻底斩断其利益链条、铲除其滋生土壤。"

二、犯罪规模往往特别巨大、呈现出持续时间长与涉案标的大的特征

近年来，我国矿产资源犯罪规模越来越大，所实施的犯罪行为往往呈现出时间长、标的大的显著特征。有论文对 2016 年至 2018 年"非法采矿罪"和"破坏性采矿罪"的案件进行了分析，统计了共 2237 件破坏矿产资源犯罪案件，共涉及 4025 人，其中涉案金额在 50 万以上的就有 1373 人，占比 34.11%，其中有 618 人涉案金额的 150 万以上。[2] 可见，矿产资源犯罪往往

---

〔1〕　赵栋梁等："河南灵宝 29 人黑社会性质组织犯罪案一审宣判"，载《人民法院报》2021 年 8 月 6 日。

〔2〕　参见孙益民："我国破坏矿产资源犯罪问题研究"，中国人民公安大学 2020 年硕士学位论文。

能够为犯罪分子带来高额的犯罪收益，进而可能造成犯罪分子以矿产资源犯罪的为业，实施持续的、长期的矿产资源犯罪，其所造成的危害可能是规模性的。尤其是在一些矿产资源储量丰富的地区，当地居民法律意识淡薄，自发的采矿挖矿，不仅会造成矿产资源的流失，而且不具备相应的开采技术更会造成对矿区环境的严重污染。如 2022 年 8 月 9 日《人民法院报》公布的一起案例，被告人郑某于 2006 年左右开始使用北京房山某公司的工业用地经营砂石料厂，后在未取得采矿许可证的情况下，擅自开采涉案工厂院内外的建筑用砂。经测绘及价格评估，被告人郑某在涉案工厂院内擅自开采的建筑用砂总方量达 48 276.6 立方米，价值 144.8 万余元。其所作案时间长，且对矿产资源造成了严重破坏。

此外，矿产资源犯罪的单位犯罪数量越来越多，所造成的矿产资源破坏极其严重。相较于自然人而言，单位在能力、规模和技术等方面一般具有显著优势，单位实施矿产资源犯罪一旦开始实施非法采矿行为则会造成严重的资源破坏以及其他危害后果。比如，据媒体公开报道，2021 年 10 月 11 日，青海省海西蒙古族藏族自治州公安局向青海盐湖能源有限公司（以下简称"盐湖能源"）出具《关于对青海盐湖能源有限公司涉嫌非法采矿罪的告知函》（以下简称《告知函》）。盐湖能源是盐湖股份（股票代码：000792）全资子公司，其成立于 2012 年，主要负责盐湖股份原金属镁一体化项目配套工程木里煤田聚乎更矿区七号井煤矿建设、运营。该《告知函》指出，2013 年至 2014 年期间，盐湖能源在未获得探矿证、采矿证的情况下，对青海省天峻县木里煤田聚乎更矿区七号井煤炭资源实施开采的行为涉嫌非法采矿罪。据初步测算，盐湖能源非法采矿产生的非法所得及收入约为 3.57 亿元。

再比如，根据最高人民法院公布的盗采矿产资源犯罪典型案例显示，在2015 年上半年至 2018 年 7 月这三年多的时间内，被告单位山西某能源投资集团有限公司作为黑社会性质组织首要分子被告人陈某志的控制企业，在其指使下，安排集团下属企业和集团子公司越界进入他人矿区范围开采煤炭资源，并统一洗选、销售谋取非法利益，为陈某志黑社会性质组织犯罪提供了巨额经济支持。经山西省自然资源厅认定，本案非法越界开采破坏可开采煤炭资源总量 655.31 万吨，价值 423 679.35 万元。这起案件是典型的单位犯罪与自然人犯罪相结合的例证，犯罪行为持续时间比较长、涉案金额特别巨大，其不仅严重扰乱了煤炭资源市场秩序和社会生活秩序，而且对当地的煤炭资源和地区的生态环境造成了极其严重的永久性破坏。

三、犯罪后果往往比较严重、呈现出结果多元化与关联复杂化的特征

矿产资源犯罪所造成的后果是多方面的，其主要涉及国家管理秩序、自然生态环境、国家或者他人的合法经济利益以及国家安全等，且各个犯罪后果之间会呈现出复杂的交织现象。

（一）矿产资源犯罪严重扰乱和破坏国家对矿产资源正常监管秩序

矿产资源犯罪最直接的危害就是其严重扰乱和破坏了国家对矿产资源的正常管理秩序，导致不正当竞争，从而直接影响到整个国家矿产资源的市场配置，造成矿业市场秩序以及监督管理的混乱问题。同时，也是造成矿产资源监管领域腐败问题的重要诱因之一。

（二）矿产资源犯罪会直接导致国家矿产资源不当减损和严重浪费

矿产资源犯罪会直接或者间接地危害国家或者他人的合法的涉矿经济利益。而这种资源损失和经济损失是最为直接的。此外，部分地区尤其是偏远地区的矿产资源犯罪多采取偷盗、滥采等落后形式，加之矿产资源多为伴生矿，其中诸多有用的矿物质无法得到有效提炼与充分利用，从而造成矿产资源的严重浪费。

（三）矿产资源犯罪会直接或者间接对矿区生态环境造成严重破坏

矿产资源犯罪危害后果的第三个主要表现为，矿产资源犯罪会直接或者间接对矿区生态环境造成严重破坏，尤其是当遇到自然灾害时，极易引发所谓的次生地质灾害，[1]如此一来，本来就非常脆弱的矿区生态环境可能会变得更为糟糕。因为由于地下采空，地面及破边开挖直接影响了山体、斜坡稳定，从而导致地面裂缝塌陷、山体蠕动滑移、山体崩塌滑坡、泥石流等主要地质灾害。比如，非法盗采金矿所遗留的坑口或者矿洞，在遇到夏季极端暴雨天气时，可能直接造成矿山山体的滑坡或者泥石流以及源头性水源污染等。这种犯罪后果往往具有长期性、潜伏性与不可预测性。据不完全统计，早在2006年，我国因矿业活动所引发的地质灾害就达190起，造成人员伤亡18

---

〔1〕 次生地质灾害是指因采掘改变地形地貌，破坏岩土力学平衡，导致岩土体变形、断裂、脱离母体，在重力作用下向下运动造成的地质灾害。矿业活动引起的地质灾害主要包括崩塌、滑坡、泥石流、地裂缝、地面沉降塌陷等。

人，造成直接经济损失达 11 465 万元，主要分布在贵州、湖南、内蒙古、河南、山西、重庆、辽宁等省（区、市）。[1]

（四）矿产资源犯罪还会对整个国家安全利益造成不可估量的消极影响

从长远角度来看，面对日益严重的能源危机和激烈的国际竞争及不确定因素的增多，矿产资源犯罪还会对包括国家经济安全、生态安全以及国防安全在内的整个国家安全造成严重损害，进而可能大大削弱我国在整个国际社会之中的竞争力和话语权。

因此，矿产资源犯罪看似只是对矿产资源的严重破坏，但这种行为所造成的后果具有连锁反应的特征。比如，在我国，长江江砂因杂质少、安全性好，备受建筑市场青睐，素有"水中软黄金"之称。为科学开采、有效保护长江江砂，2001 年 10 月 10 日，国务院第 45 次常务会议通过《长江河道采砂管理条例》（国务院令第 320 号），其明确规定国家对长江采砂实行统一规划制度和采砂许可证制。[2]从事长江采砂的单位和个人应当符合以下条件：①符合长江采砂规划确定的可采区和可采期的要求；②符合年度采砂控制总量的要求；③符合规定的作业方式；④符合采砂船只数量的控制要求；⑤采砂船舶、船员证书齐全；⑥有符合要求的采砂设备和采砂技术人员；⑦长江水利委员会或者沿江省、直辖市人民政府水行政主管部门规定的其他条件。但实践上，长江流域非法采砂的违法犯罪现象一直比较突出。据媒体公开报道，2021 年 7 月 9 日，公安部指挥江苏、安徽和长江航运公安机关出动警力，调集 15 艘执法船艇，在安徽境内 4 个地市对"3·07"长江安徽段特大非法采砂案开展集中收网，抓获多名犯罪嫌疑人，现场扣押采砂船 1 艘、运砂船 4 艘及船上江砂 1.3 万吨。此后，有 5 名犯罪嫌疑人主动归案。经江苏省建湖县人民检察院提起公诉和提起刑事附带民事公益诉讼，该案中张某等 32 名被告人因犯非法采矿罪，马某因犯掩饰、隐瞒犯罪所得罪，分别被判处有期徒

---

〔1〕　参见刘斌斌、李清宇：《环境犯罪基本问题研究》，中国社会科学出版社 2012 年版，第263~264 页。

〔2〕《长江河道采砂管理条例》第 9 条规定："国家对长江采砂实行采砂许可制度。河道采砂许可证由沿江省、直辖市人民政府水行政主管部门审批发放；属于省际边界重点河段的，经有关省、直辖市人民政府水行政主管部门签署意见后，由长江水利委员会审批发放；涉及航道的，审批发放前应当征求长江航务管理局和长江海事机构的意见。省际边界重点河段的范围由国务院水行政主管部门划定。河道采砂许可证式样由国务院水行政主管部门规定，由沿江省、直辖市人民政府水行政主管部门和长江水利委员会印制。"

刑一年至四年六个月不等，各并处罚金。同时，其中 14 名主犯被判处承担生态环境损害赔偿、惩罚性赔偿等共计 558.57 万元，并在国家级媒体公开赔礼道歉。[1]

再比如，在我国一些金矿的重要产区，存在"洗洞"的做法。所谓"洗洞"是指在废弃的金矿矿洞中，使用氰化物、黄金选矿剂等有毒化学物质，将附着在洞壁和地面上的金元素转化为水溶性化合物，再用活性炭吸附，最后再把炭烧掉，提炼出金。在民间流传着"金矿价值千万，'洗洞'之后翻一番"的说法。在"洗洞"过程中，需要使用氰化物等剧毒物质，再加之参与人员往往缺乏必要的安全防范常识装备，并且"洗洞"的地点也多为无人监管的废弃金矿山。这些因素综合导致"洗洞"行为危险系数极高，对社会危害性极大，具体而言：一是极易造成"洗洞"人员的伤亡；二是极易造成周围生态环境的污染，尤其会对矿山周边的水源造成剧毒污染，严重损害当地群众的生命健康权；三是严重扰乱了国家对矿产资源的正常管理秩序，为矿产资源监管增加了较大难度。2021 年部分地方发生多起"洗洞"盗采金矿而造成严重的人员死亡、环境污染等恶性事件，引发社会舆论关注。比如，2021 年，河南三门峡市曾在一个月内发生两次"洗洞"事故，造成 7 人遇难。2021 年 7 月，在三门峡市涧里村扎扎沟山，当地一家三口死于一处废弃矿洞中，在矿洞内发现"洗洞"的电线、水管等物品以及氰化物残留异味。此外，2021 年年底，山西绛县人民政府发布《绛县 12·27 六人失联情况通报》并指出，有 6 名人员在废弃矿约 2700 米深处遇难。后经警方初步调查，6 人在关停的金矿内用"洗洞"的方法获利。这种落后的饮鸩止渴式的采矿方式须引起高度重视。

为此，按照党中央、国务院决策部署，为严厉打击"洗洞"行为，2022 年 3 月 28 日，自然资源部、生态环境部、公安部、应急管理部、国家市场监督管理总局、国家能源局、国家矿山安全监察局等联合发布《打击"洗洞"盗采金矿专项整治行动工作方案》，开展为期一年的打击"洗洞"盗采金矿专项整治行动，具体包括：重点排查并组织封堵金矿废弃矿井；排查违法生产、销售、运输、倒卖、使用民用爆炸物品和氰化钠；排查并依法查处非法采选

---

[1] 参见管莹、徐荣蓉、徐婷婷："昼伏夜出盗采'软黄金'46765 吨"，载《检察日报》2022 年 3 月 23 日。

金矿用电、污染环境、非法收购和销售金矿矿产品等行为；排查、建立金矿及其尾矿库安全隐患台账，并及时治理；严厉打击非法采矿或者破坏性采矿等犯罪行为。

四、犯罪侦查往往比较困难、呈现出线索发现难与查处认定难的特征

在具体的司法实践中，矿产资源犯罪行为表现比较隐蔽，甚至有的犯罪行为往往是借着"合法"的外衣来实施的。加之，地方保护主义、黑恶势力以及腐败行为的多层掩饰和保护，从而导致矿产资源犯罪侦查阻力和难度相对较大。尤其是在矿产资源犯罪案件线索的发现方面很难有效开展，诸多案件线索主要来源于知情人的秘密举报、媒体的公开报道或者其他行政执法机关的信息通报。此外，在矿产资源犯罪的执法和司法中，由于矿产资源犯罪发生地大多比较偏僻，且犯罪现场受到较为严重的破坏，从而使得矿产资源犯罪查处和证据认定等工作充满着诸多不确定因素和风险挑战。

在依法打击矿产资源犯罪的执法与司法实践中，公安机关为了解决案件线索发现以及查处难等现实问题，往往采用专项行动（也称"破案战役"）方式。据《人民日报》报道，2021年以来，全国公安机关共立案侦办非法采矿案、破坏性采矿案共计5200余起，抓获犯罪嫌疑人9600余人。近年来，全国公安机关持续开展"昆仑"系列专项行动，依法严厉打击非法采矿、破坏性采矿等犯罪活动，侦破了一批重大案件，为守护好绿水青山、维护好环境资源安全提供了坚强法治保障。

据介绍，各地公安机关紧盯群众反映、排查发现、媒体曝光的各类问题，广辟线索来源，加强破案攻坚，会同有关部门联合开展了打击盗采黑土泥炭、打击"洗洞"盗采金矿等专项整治行动，依法严打各类破坏矿产资源犯罪活动，侦破了内蒙古巴彦淖尔某矿业开发有限公司非法采矿案、吉林敦化周某鑫等人非法采矿案、黑龙江东宁某煤矿非法采矿案等一批大要案件，有力震慑了违法犯罪。

表 2-1   2022 年公安部最新公布严打非法采矿犯罪十起典型案例

序号	案件名称	办案机关	线索来源	作案时间	案件事实	是否为单位犯罪
1	内蒙古巴彦淖尔某矿业开发有限公司非法采矿案	内蒙古自治区巴彦淖尔市公安局	有关部门通报线索	2019 年 6 月至 12 月	2019 年 6 月至 12 月，巴彦淖尔某矿业开发有限公司在取得探矿许可证，但未取得采矿许可证的情况下，公司实际控制人余某尔伙同陈某飞在乌拉特中旗某矿区非法开采蛇纹玉矿石 5.6 万余吨，破坏草原 570 余亩，对当地生态环境造成重大影响。	是
2	吉林敦化周某鑫等人非法采矿案	吉林省敦化市公安局	自行发现线索	2020 年 12 月以来	2020 年 12 月以来，周某鑫等人在未取得采矿许可证的情况下，在耕地和草甸地内非法开采草炭土 4 万余立方米，造成开采区域周边地表植被严重破坏。	否
3	黑龙江东宁某煤矿非法采矿案	黑龙江省东宁市公安局	自行发现线索	2021 年 4 月至 5 月	2021 年 4 月至 5 月，东宁市某煤矿在采矿许可证到期、自然资源部门已下达停产通知的情况下，在东北虎豹国家公园试点区内非法开采原煤 1.8 万余吨。	是
4	浙江新昌俞某华等人非法采矿案	浙江省新昌县公安局	自行发现线索	2021 年 5 月以来	2021 年 5 月以来，犯罪嫌疑人俞某华等人在未取得采矿许可证的情况下，以项目施工为掩护，非法开采玄武岩 8000 余立方米，造成地形地貌发生改变，破坏耕地 20 余亩。	否

续表

序号	案件名称	办案机关	线索来源	作案时间	案件事实	是否为单位犯罪
5	福建上杭陈某辉等人非法采矿案	福建省上杭县公安局	有关部门通报线索	2021 年 3 月以来	2021 年 3 月以来，犯罪嫌疑人陈某辉等人以原地浸矿方式非法开采稀土 10 余吨，对山体植被和稀土资源造成严重破坏。	否
6	山东济南阚某某等人非法采矿案	山东省济南市公安机关	有关部门通报线索	2020 年 4 月以来	2020 年 4 月以来，犯罪嫌疑人阚某某以建设农业特色采摘园为掩护，在未办理采矿许可证的情况下，组织人员非法开采灰岩矿 14 万余立方米，严重破坏山体结构。	否
7	河南淇县马某杰等人非法采矿案	河南省淇县公安局	有关部门通过线索	2019 年以来	2019 年以来，犯罪嫌疑人马某杰等人在未取得采矿许可证的情况下，以承包河南省淇县某景区的名义，组织人员在该景区非法开采石灰岩 79 万余吨，毁坏林地 30 余亩，造成地形地貌明显改变。	否
8	宁夏青铜峡某农业开发有限公司非法采矿案	宁夏回族自治区青铜峡市公安局	国务院第八次大督查第十六督导组通报线索	2017 年以来	2017 年以来，宁夏某农业开发有限公司超越采矿许可证规定范围，组织人员在青铜峡市峡口镇非法开采砂石 240 万余立方米，非法开采面积 1000 余亩，对地形地貌和生态环境造成严重破坏。	是

续表

序号	案件名称	办案机关	线索来源	作案时间	案件事实	是否为单位犯罪
9	广西兴业刘某雨等人非法采矿案	广西壮族自治区兴业县公安局	群众举报线索	2021年3月至5月	2021年3月至5月，犯罪嫌疑人刘某雨等人出资，并勾结当地相关人员大肆盗采稀土，对山体结构和生态环境造成严重破坏。	否
10	四川凉山金某伟等人非法采矿案	四川省凉山州公安局	有关部门通报线索	2019年以来	2019年以来，犯罪嫌疑人金某伟等人在未取得相关许可批复及河道采砂许可证的情况下，合伙开办砂石厂，非法开采河砂130余万立方米，造成河道整体下切3至8米，自然岸线结构遭到损毁，洗选砂石直排污水造成水质污染，侵占河岸农用地15亩堆放、加工砂石，造成地表凹陷、沙化，失去耕种条件。	否

从上述对十起非法采矿案的相关分析来看，案件线索的来源大部分来自于有关部门通报的线索信息，而且公安机关介入案件时间较晚，所造成的直接经济损失和生态利益损失均比较严重。此外，不可否认的是，通过依法打击矿产资源犯罪的专项整治行动，可及时有效地惩治矿产资源犯罪，并取得较为显著的成效。但这种专项整治行动还是治"标"之法，而非治"本"之策。在专项整治行动过后，往往会出现矿产资源犯罪率的反弹，甚至可能出现更为严重的矿产资源犯罪。矿产资源犯罪线索发现难与查处认定难的问题并未得到根本性的解决。

第四节　我国矿产资源犯罪生成原因剖析

现象的产生与发展有其自身的规律与原因，犯罪作为一种社会现象，引发和导致其发生的原因是多方面的，无论是社会整体的犯罪现象还是自然人个人的犯罪行为都是诸多因素综合作用的结果，具有其自身的原因体系。犯罪原因的研究是犯罪预防的基础，也是制定犯罪预防策略的依据。矿产资源犯罪作为一种我国目前常见的环境资源犯罪现象，其行为的生成原因必然是复杂综合的，笔者将矿产资源犯罪的生成原因归纳为以下四方面：

一、经济原因

经济学家贝克尔提出犯罪是一种"经济活动"，犯罪行为人作为"经济人"有着自己对"犯罪成本"和"犯罪收益"的核算。矿产资源犯罪作为一种以谋取经济利益为主要目的的犯罪行为，经济原因很大程度地影响了犯罪行为人的行为选择。基于犯罪学的犯罪成本—收益原理能够有力解释矿产资源犯罪生成的经济因素。犯罪成本是指行为人为实现犯罪而产生的全部支出，包括惩罚成本、实施成本和间接成本，犯罪收益则是指犯罪行为人通过实施犯罪所获得的利益和某种满足，即通过犯罪行为得到的非法利益，既包括物质上的有形利益，也包括心理上的无形利益。犯罪行为发生的原因就在于犯罪行为人因实施犯罪所得到的收益大于其所投入的成本，进而选择实施犯罪行为。反之，当犯罪收益小于犯罪成本时，行为人就会主动放弃实施犯罪行为。

从犯罪收益角度分析，由于矿产资源所具有的社会基础性与不可再生性特征决定了其本身的稀缺性和可用性，这种稀缺性在市场环境中被赋予高价值、高价格，意味着矿产资源能够产生极高的犯罪收益。有论文曾统计了4025 名犯罪人的涉案金额比例分布，涉案金额在 50 万元以上的有 1373 人，占比 34.11%，涉案金额 150 万元以上的有 618 名。[1]如此巨大的犯罪收益成为许多矿产资源犯罪行为人争先偷采、乱采矿产资源的主要原因。矿产资源犯罪作为一类以谋利为主要犯罪目的的犯罪行为，其犯罪收益主要体现为物质性收益。从精神层面来看，矿产资源犯罪并不能为行为人带来精神上的满足或者解决行为人的生理需求等，无须对矿产资源犯罪的精神性收益做出过多讨论。

---

〔1〕　参见孙益民："我国破坏矿产资源犯罪问题研究"，中国人民公安大学 2020 年硕士学位论文，第 31 页。

从犯罪成本而言，第一，矿产资源犯罪的惩罚成本较低，犯罪的惩罚成本是指罪犯被判处刑罚后受到的直接经济损失和人身自由限制的损失。[1]仍以前述研究数据为例，在4025名犯罪人中397人被判处拘役，125人仅被单处罚金，3503人被判处有期徒刑，在被判处徒刑的3900人中，又有1672人被判处缓刑。轻刑化的判罚无法对犯罪行为人起到威慑作用，难以对其犯罪动机造成抑制作用。第二，矿产资源犯罪的实施成本极低，在矿产资源开采中合规的开采需要办理各种证件并支付相应的费用，其资金成本较高，而非法采矿则无须支付各种制度成本（办理各种许可证、营业执照的费用）、无须花费安全生产的成本，非法采矿行为主要以掠夺式开采，其往往不需要昂贵的设备和技术，这种极低犯罪实施成本成为促使矿产资源犯罪行为人尝试非法采矿的重要因素之一。第三，矿产资源犯罪的间接成本有限，主要包括犯罪行为人的精神成本和对家人朋友造成的名誉、情感方面的负面效应。矿产资源作为一种国家自然资源，矿产资源犯罪所带来的道德谴责较为有限，难以对其造成较大精神压力。

以经济理性人的角度去剖析矿产资源犯罪行为人，犯罪成本—收益的变化能够显著影响其行为。从当前情况来看，矿产资源犯罪所带来的巨大犯罪收益是与其较低犯罪成本不相匹配的，进而造成了此类犯罪行为的多发。应从经济因素考量，通过加大矿产资源犯罪的惩罚成本，平衡其犯罪收益及犯罪成本，实现对矿产资源犯罪的有效预防和打击。

二、监管原因

监管原因主要是指由于行政监管部门中存在的收受贿赂、包庇犯罪行为人、监管不力等失职渎职现象，其对犯罪发生所造成的影响不容忽视。由于矿产资源本身具有较高价值，能够产生巨大经济利益，存在诱发官员腐败的可能，监管部门的包庇是造成矿产资源犯罪后果严重化、行为扩大化的因素。矿产资源犯罪的监管问题主要体现为对于矿产资源犯罪行为的包庇、犯罪利益的分享以及危害结果的漠视。

一方面，在犯罪过程中，犯罪行为人为了降低非法采矿被发现的风险而

---

[1] ［美］加里·S.贝克尔：《人类行为的经济分析》，王业宇、陈琪译，格致出版社、上海三联书店、上海人民出版社2015年版，第6页。

积极试图寻求庇护，往往会选择贿赂环境执法人员或公安执法人员，以获得执法办案人员对其矿产资源犯罪行为的权力支持或行为包庇。收受贿赂的执法办案人员在收受贿赂后，其身份发生转化，从矿产资源的保护者、矿产资源犯罪的打击者转化为矿产资源犯罪的实施者、国家矿产资源所有权的侵害者，其行为方式由监督转为包庇，行为态度由严谨转为敷衍。权力腐蚀所造成的危害不仅使得矿产资源犯罪的行为人受到包庇，也使得矿产资源犯罪难以被发现，即便发现也难以受到查处。另一方面，矿产资源犯罪较为隐蔽，而部分执法机关内部存在玩忽职守、监管不力的现象，难以发现或查处隐蔽的非法开采活动，导致非法开采行为猖獗。执法者的包庇或不作为不仅会诱发矿产资源犯罪，更会造成矿产资源犯罪从小规模、低频率演变为大规模、高频率、有组织的严重矿产资源犯罪，造成对我国矿产资源的严重破坏。

据此，监管不力、包庇犯罪行为人对于矿产资源犯罪走向扩大化、规模化、严重化的影响极其重大，极有可能造成重案大案，造成矿产资源的极大浪费和重大损失。

三、法治原因

第一，从立法层面分析，严格意义上来说我国刑法当前明文规定的矿产资源犯罪仅有非法采矿罪和破坏性采矿罪，其中破坏性采矿罪在司法实践中适用较差。罪名较少，入罪条件严格使得犯罪行为人侥幸心理严重，许多犯罪行为人无法受到应有的法律制裁，进而持续实施矿产资源犯罪。如非法采矿罪需要达到情节严重的情形才能构成犯罪，最高人民法院、最高人民检察院于 2016 年出台的《关于办理非法采矿、破坏性采矿刑事案件适用法律若干问题的解释》对非法采矿罪条文中的"未取得采矿许可证""情节严重""情节特别严重"进行了解释，规定只有符合以下情况才构成情节严重：①开采的矿产品价值或者造成矿产资源破坏的价值在 10 万元至 30 万元以上的；②在国家规划矿区、对国民经济具有重要价值的矿区采矿，开采国家规定实行保护性开采的特定矿种，或者在禁采区、禁采期内采矿，开采的矿产品价值或者造成矿产资源破坏的价值在 5 万元至 15 万元以上的；③2 年内曾因非法采矿受过 2 次以上行政处罚，又实施非法采矿行为的；④造成生态环境严重损害的；⑤其他情节严重的情形。非法采矿罪的构罪条件是相对严格的，一定程度上纵容了犯罪行为人破坏矿产资源的犯罪行为。

第二，从执法层面分析，矿产资源勘查和开采主要由自然资源部门负责。在国家层面设有自然资源部，各省、市设有自然资源厅、局。自然资源部门作为查处非法采矿等矿产资源违法行为的行政部门，其案件移送是矿产资源犯罪案件的主要来源。但在实践中，自然资源部门的行政执法能力有限，由于矿产资源犯罪本身具有较强的隐蔽性，执法人员难以获得案件线索，开展全域巡查保护的可行性不足。同时，在打击过程中部分地区工作人员环保意识不足、装备设备落后，打击效果有限。即便最后发现犯罪行为，由于行为人大多采取"蚂蚁搬家"的开采方式，其开采的矿产采出后立即运往销售，自然资源部门难以准确认定犯罪主体的开采数量等关键证据。对犯罪主体进行处罚时，行政执法人员通常要考虑行为人是否能够缴纳罚款和违法所得，最终只能以行为人的实际支付能力来处罚，相较于非法开采所带来的巨大收益，又无法形成有效的威慑力，难以制止非法开采矿产资源的行为。[1]

第三，从司法层面分析，从矿产资源犯罪的刑罚处遇来看，矿产资源犯罪的罪犯被科处的刑罚要轻于相关类型犯罪的刑罚。以盗伐林木罪为例，其一般情况要处3年以下有期徒刑，而非法采矿罪一般情况也处3年以下有期徒刑。但实际上，矿产资源是不可再生资源，相较于林木等可再生资源，其对国家和社会的价值更高，其刑罚理应重于可再生资源犯罪。同时，缓刑被经常适用于矿产资源犯罪案件，造成罪犯未实际受到刑罚，难以真正发挥刑罚的特殊预防作用。此外，目前针对矿产资源犯罪科处的罚金也难以对行为人产生威慑作用，尤其是对于企业来说，低额的罚金并不能抑制其实施矿产资源犯罪的冲动，而刑罚是否能有效适用极大程度地影响着矿产资源犯罪预防的效果。

四、社会原因

社会原因是指以公民为主的社会群体和社会环境对矿产资源犯罪的产生造成影响的因素。这里所称社会主要是指微观的社会环境，区别于指个体生活的宏观社会环境概念（主要由政治环境、经济环境、文化环境、精神环境及法制环境等因素构成）。微观社会环境主要是从家庭、学校、社会文化等方面寻找犯罪发生的原因。首先，企业作为矿产资源犯罪的主要犯罪主体，大

---

〔1〕 参见王琼杰："非法采矿屡禁不止的背后"，载《国土资源》2015年第8期，第30~33页。

多数涉矿企业及主要负责人普遍存在责任意识缺乏、逐利心理扭曲、环保投入较低等问题，企业间未能形成良好的竞争关系。矿产资源犯罪会受到矿产行业波动的影响，不同矿种价格的变化可能造成企业产生非法开采的越轨思想，进而实施矿产资源犯罪。通过低价销售非法开采的矿物且无须缴纳商业税等费用，还有一些企业违法收购非法开采的矿物，这更刺激了矿产资源犯罪主体继续实施犯罪行为。其次，公民的法律意识不足，大多数矿产资源犯罪的行为人未认识到矿产资源本身对国家具有重要的战略意义，其所有权归国家所有，但法律规定了矿产资源勘查和开采的流程，企业能够通过正当程序以合法方式开采矿产资源，进行矿产资源贸易。犯罪行为人未通过正当途径获取开采权，进行非法开采，一定程度上是因为其对于法律规定了解有限，进而盲目实施非法开采行为。最后，对公众的宣传教育不足，矿产资源犯罪案件的来源不足主要因为公民矿产资源保护的意识不强。实际上，我国政府部门提供了较多渠道鼓励公民参与环保，根据生态环境部的相关数据，2019年12月的环境违法举报中，生态破坏举报仅占举报总量的 1.7%，大部分举报为大气污染和噪声污染，共占 90.4%。[1] 相较于环境污染，公民对于矿产资源保护意识不足，未认识到矿产资源犯罪的社会危害性，一方面源于矿产资源犯罪的被害人无具体的个人，而是抽象的国家；另一方面担心受到犯罪行为人的打击报复，公民的参与意识有限导致执法机关无法更大范围地开展案件的侦查和办理，造成了矿产资源犯罪的泛滥。

---

〔1〕 参见董邦俊：《环境犯罪防控对策研究——基于全球化、一体化视野》，法律出版社 2021 年版，第 371 页。

第三章
CHAPTER 03

我国矿产资源犯罪刑事立法发展轨迹分析

在我国语境下，矿产资源犯罪被视为一种重要的环境资源犯罪。总体而言，我国矿产资源犯罪刑事立法起步较晚，而且结构性更新和完善的速度较慢。对我国矿产资源犯罪刑事立法发展轨迹进行系统、科学分析，有助于为我国矿产资源犯罪刑事立法的调整与完善提供历史镜鉴、方向指引。

第一节　我国矿产资源犯罪刑事立法发展轨迹素描

在系统地梳理和总结相关刑事立法规定基础上，笔者将我国矿产资源犯罪刑事立法发展轨迹划分为以下四个主要阶段：孕育萌芽阶段、初步确立阶段、逐步发展阶段和深化完善阶段。

一、矿产资源犯罪刑事立法的孕育萌芽阶段（1979—1996 年）

1979 年 7 月 1 日，第五届全国人民代表大会第二次会议通过《中华人民共和国刑法》（以下简称 1979 年《刑法》），其并未针对破坏矿产资源犯罪作出专门规定。对于破坏矿产资源犯罪主要是依照故意破坏公私财物罪来追究直接责任人员的刑事责任。这样的立法规定和司法适用主要与当时我国矿产资源法律体系不完善、矿产资源的刑事保护理念落后等有着密切关系。具体而言，改革开放后，党和国家的工作重点转到经济建设上来，坚持以经济建设为中心。国民经济的快速发展需要大量矿产资源作为强大支撑与动力。国家和社会公众均非常看重矿产资源所具有的巨大经济利益价值，而忽视了矿产资源自身所具备的生态利益价值以及国家安全利益价值。此外，我国当时关于矿产资源的行政法律与刑事法律在诸多方面处于空白阶段，无法做到所谓的"有法可依"，更无法做到所谓的"行刑衔接"。还有我国与当时的发达国家相比，整体层面的环境资源保护理念相对滞后，对生态环境与自然资源的重视和保护力度相对薄弱。

二、矿产资源犯罪刑事立法的初步确立阶段（1997—2002 年）

随着《矿产资源法》颁布与实施、国家矿产资源管理的逐步规范化、环境保护理念的兴起以及环境刑法研究的起步，我国矿产资源行政法律体系不断得以完善。国家立法者意识到仅仅从行政法律体系对矿产资源采取相应的监管和保护也存在一定的困境和较大的局限，缺乏刑事法律参与的法律保护体系是不完整的。

为进一步加大对矿产资源的刑事保护力度，1997 年 3 月 14 日，第八届全国人民代表大会第五次会议对《中华人民共和国刑法》进行修订（以下简称 1997 年《刑法》）。1997 年《刑法》在分则第六章"妨害社会管理秩序罪"中以"破坏环境资源保护罪"专节形式规定了我国环境犯罪的相关内容，其中涉及到矿产资源犯罪的主要为非法采矿罪和破坏性采矿罪。[1] 这一规定标志着我国对于破坏矿产资源犯罪的惩治有了较为明确的刑事法律依据，不再将矿产资源犯罪仅仅视为一项单纯的经济犯罪，而是属于环境资源犯罪的一大类，进一步廓清了刑事立法的迷雾，为以后我国矿产资源犯罪刑事立法的完善奠定了理论基础。

上述规定的明确也从深层次反映了我国法学理论界和实务界对于矿产资源犯罪发生机理及惩防工作的认识逐步深化。其有助于积极推动破坏矿产资源犯罪的惩治工作更加法治化、规范化。但客观而言，上述刑法规定内容显得比较粗疏；而且由于缺乏配套的司法解释，导致司法实践的可操作性较差，容易引起法律适用的混乱，具体实践的效果并不理想。

三、矿产资源犯罪刑事立法的逐步发展阶段（2003—2010 年）

随着我国环境刑法的不断发展以及矿产资源犯罪惩治的迫切现实需要，

---

〔1〕 1997 年《刑法》第 343 条规定："违反矿产资源法的规定，未取得采矿许可证擅自采矿的，擅自进入国家规划区、对国民经济具有重要价值的矿区和他人矿区范围采矿的，擅自开采国家规定实行保护性开采的特定矿种，经责令停止开采后拒不停止开采，造成矿产资源破坏的，处三年以下有期徒刑、拘役或者管制，并处或单处罚金；造成矿产资源严重破坏的，处三年以上七年以下有期徒刑，并处罚金。违反矿产资源法的规定，采取破坏性的开采方法开采矿产资源，造成矿产资源严重破坏的，处五年以下有期徒刑或者拘役，并处罚金。"

2003 年 5 月 16 日，最高人民法院审判委员会第 1270 次会议正式通过了《关于审理非法采矿、破坏性采矿刑事案件具体应用法律若干问题的解释》（以下简称 2003 年《司法解释》，已失效，下同），并自 2003 年 6 月 3 日起施行。2003 年《司法解释》分别明确了非法采矿罪和破坏性采矿罪关于犯罪结果的价值认定问题。其一，非法采矿罪所造成的犯罪结果分为两个档次，即非法采矿造成矿产资源破坏的价值数额在 5 万元以上且 30 万元以下的应当被认定为"造成矿产资源破坏"；价值数额在 30 万元以上的应当被认定为"造成矿产资源严重破坏"。其二，破坏性采矿罪所造成的犯罪结果只有一个档次，即破坏性采矿造成矿产资源破坏的价值数额在 30 万元以上则应当被认定为"造成矿产资源严重破坏。" 2003 年《司法解释》的出台和实施为矿产资源犯罪惩治的司法实践提供了较为明确依据，有助于推动我国矿产资源犯罪刑事审判工作的规范化、法治化进程。但仔细分析 2003 年《司法解释》相关内容，可发现这种"唯价值数额论"的结果犯实质上仍是将矿产资源经济利益的保护放在首位，其未关注对矿产资源生态效益的保护问题，未能真正体现生态文明思想的价值内涵。因而并不能全面、客观、准确地反映与评价矿产资源犯罪所造成的各种后果，仍未从根本上织密惩治此类犯罪的法网。

此外，为了进一步做好"行刑衔接"工作，规范矿产资源破坏价值鉴定工作，2005 年 8 月 31 日，原国土资源部正式印发《非法采矿、破坏性采矿造成矿产资源破坏价值鉴定程序的规定》。

四、矿产资源犯罪刑事立法的深化完善阶段（2011 年至今）

2011 年 2 月 25 日，第十一届全国人民代表大会常务委员会第十九次会议通过《中华人民共和国刑法修正案（八）》（以下简称《刑法修正案（八）》，其对非法采矿罪进行修正，即将该罪中关于"行政责令停止开采后拒不停止开采"的前置入罪条件去除；并将"造成矿产资源破坏的""造成矿产资源严重破坏的"分别改为"情节严重""情节特别严重"。[1]《刑法修正案（八）》对非法采矿罪的重大修改体现了立法模式上结果本位向行为本

---

〔1〕《刑法修正案（八）》规定："违反矿产资源法的规定，未取得采矿许可证擅自采矿，擅自进入国家规划矿区、对国民经济具有重要价值的矿区和他人矿区范围采矿，或者擅自开采国家规定实行保护性开采的特定矿种，情节严重的，处三年以下有期徒刑、拘役或者管制，并处或者单处罚金；情节特别严重的，处三年以上七年以下有期徒刑，并处罚金。"

位的转变，非法采矿罪由结果犯变为行为犯。这进一步降低入罪门槛，进一步织密刑事法网，有助于加强对破坏矿产资源的刑事法律保护力度。

2016 年 9 月 26 日最高人民法院审判委员会第 1694 次会议、2016 年 11 月 4 日最高人民检察院第十二届检察委员会第 57 次会议通过《关于办理非法采矿、破坏性采矿刑事案件适用法律若干问题的解释》（以下简称 2016 年《司法解释》），其对破坏矿产资源犯罪的具体适用作出了更为详细的解释说明，进一步织密刑事法网。具体而言：

第一，开始关注矿产资源犯罪对于生态利益破坏的问题，强调对于矿产资源生态利益的保护。即在非法采矿罪的"情节严重""情节特别严重"两个量刑档次中分别增加"造成生态环境严重损害的""造成生态环境特别严重损害的"。这也反映了我国对于包括矿产资源犯罪在内的整个环境犯罪的刑事立法理念有所进步，不再是仅仅围绕着矿产资源的经济利益来展开保护，同时关注矿产资源犯罪对于生态环境所可能造成的危害问题。

第二，进一步明确对于普通矿区、矿种与特殊矿区、矿种的区别保护。所谓的特殊矿区、矿种即所谓的"两矿区一矿种"，其主要包括：①国家规划矿区，即指国家根据建设规划和矿产资源规划，为建设大、中型矿山划定的矿产资源分布区域。②对国民经济具有重要价值的矿区，即指国家根据国民经济发展需要划定的，尚未列入国家建设规划的，储量大、质量好、具有开发前景的矿产资源保护区域。③国家规定实行保护性开采的特定矿种，即指国务院根据国民经济建设和高科技发展的需要，以及综合矿产资源的稀缺度、贵重度等而确定的，由国务院有关主管部门按照国家计划批准开采的矿种。因为特殊矿区、矿种往往具有更高的经济价值、生态价值以及安全价值，直接或者间接关乎国家安全，所以需要法律予以重点关注和保护。以破坏性采矿罪为例，2016 年《司法解释》规定了两档入罪标准，即"造成矿产资源破坏的价值在五十万元至一百万元以上，或者造成国家规划矿区、对国民经济具有重要价值的矿区和国家规定实行保护性开采的特定矿种资源破坏的价值在二十五万元至五十万元以上的，应当认定为刑法第三百四十三条第二款规定的'造成矿产资源严重破坏'"。

第三，进一步落实宽严相济刑事政策在矿产资源犯罪案件办理中的适用问题。2016 年《司法解释》第 10 条规定："实施非法采矿犯罪，不属于'情节特别严重'，或者实施破坏性采矿犯罪，行为人系初犯，全部退赃退赔，积极修复环境，并确有悔改表现的，可以认定为犯罪情节轻微，不起诉或者免于刑事处罚。"此外，其第 11 条规定："对受雇佣为非法采矿、破坏性采矿犯罪提供劳务的人员，除参与利润分成或者领取高额固定工资的以外，一般不以犯罪论处，但曾因非法采矿、破坏性采矿受过处罚的除外。"

第四，进一步明确非法采砂的司法适用问题。基于长期以来，我国司法实践中对于非法采砂行为的不同理解认知和法律适用混乱等问题，2016 年《司法解释》对此予以统一明确和规制。根据 2016 年《司法解释》规定，砂（包括河砂、江砂、海砂）属于法定的矿产资源，是非法采矿罪的犯罪对象。[1]其第 4 条规定："在河道管理内采砂，具有下列情形之一，符合刑法第三百四十三条第一款和本解释第二条、第三条规定的，以非法采矿罪定罪处罚：（一）依据相关规定应当办理河道采砂许可证，未取得河道采砂许可证的；（二）依据相关规定应当办理河道采砂许可证和采矿许可证，既未取得河道采砂许可证，又未取得采矿许可证的。实施前款规定行为，虽不具有本解释第三条第一款规定的情形，但严重影响河势稳定，危害防洪安全的，应当认定为刑法第三百四十三条第一款规定的'情节严重'。"其第 5 条规定："未取得海砂开采海域使用权证，且未取得采矿许可证，采挖海砂，符合刑法第三百四十三条第一款和本解释第二条、第三条规定的，以非法采矿罪定罪处罚。实施前款规定行为，虽不具有本解释第三条第一款规定的情形，但造成海岸线严重破坏的，应当认定为刑法第三百四十三条第一款规定的'情节严重'。"

申言之，对于实行"一证管理"的区域，以是否取得该许可证认定为非法采矿的标准；对于实行"两证管理"的区域，只要取得一个许可证的，即

---

〔1〕 2016 年《司法解释》确认砂（包括河砂、江砂、海砂）属于矿产资源。《矿产资源法实施细则》第 2 条规定："矿产资源是指由地质作用形成的，具有利用价值的，呈固态、液态、气态的自然资源。矿产资源的矿种和分类见本细则所附《矿产资源分类细目》。新发现的矿种由国务院地质矿产主管部门报国务院批准后公布。"以河砂为例，其属河流相沉积天然石英砂，主要化学成分为二氧化硅，经长期地质作用形成。《矿产资源分类目录》将河砂归属到非金属矿产天然石英砂中。对此，1998 年 8 月 12 日，原国土资源部《关于开山凿石、采挖砂、石、土等矿产资源适用法律问题的复函》（国土资函 190 号，已失效）明确提出："根据《中华人民共和国矿产资源法实施细则》第二条'矿产资源是指由地质作用形成的，具有利用价值的，呈固态、液态、气态的自然资源'的规定，砂、石、粘土及构成山体的各类岩石属矿产资源。"其还明确规定："凡以营利为目的开采上述及其他矿产资源的单位、个人，均应按照矿产资源法及其配套法规的有关规定办理采矿登记手续，领取采矿许可证；矿产品均应按照《矿产资源补偿费征收管理规定》的相关条款缴纳矿产资源补偿费。"

不能认定为非法采矿，不宜以非法采矿罪论处。以浙江地方性法规的规定为例，河道采砂需要办理采砂许可证和采矿许可证，只要取得其中一个许可证的，即不认定为"未取得采矿许可证擅自采矿"，不能以非法采矿罪论处。因此，在该区域，只有未取得采矿许可证，且未取得采砂许可证的，才能认定为"未取得采矿许可证擅自采矿"，情节严重的，以非法采矿罪论处。同理，海砂开采需要取得海砂开采海域使用权证和采矿许可证。只要行为人取得其中一个许可证的，即不能认定为"未取得采矿许可证擅自采矿"，不能以非法采矿罪论处。只有未取得采矿许可证，且未取得海砂开采海域使用权证，开采海砂的，才能认定为"未取得采砂许可证擅自采矿"，情节严重的，以非法采矿罪论处。[1]

此外，值得注意的是非法采砂单就造成"严重影响河势稳定、危害防洪安全"或者"造成海岸线严重破坏的"，均可能构成非法采矿罪的入罪情形之一。这也体现了对于非法采矿罪所危害生态法益的关注。从实践看，危害防洪安全这一抽象概念可以具化为以下表现：①非法采砂可能会直接造成堤防、闸坝、护岸等防洪工程设施毁损、功能失效等情形。实践中，一些非法采砂活动直接破坏了堤防、闸坝、护岸、护坡、丁坝、分汊河道护底等防洪工程结构，或者造成防洪工程护脚前缘土体坍塌，致使防洪工程设施基部空心化，受水流冲刷后导致上述工程毁损，甚至引发渗水管涌及岸线崩塌等险情。②非法采砂造成河势、流态改变，致使已建河道控导及防护工程失效，出现防洪险情、险工、险段。实践中，一些非法采砂活动造成河道局部深坑、堆积大量弃渣，使得河床下切、主流改道、水位下降，导致河势、流态改变，致使已建河道控导及防护工程失效，出现防洪险情、险工、险段。防洪险情有：大坝和堤防的漫溢；坝（堤）体和坝（堤）基面积的渗水、管涌与流土；堤身的漏洞、跌窝；库岸、堤岸堤坡的崩塌；大风浪对水工建筑的拍打淘刷；堤坝和其他挡水挡土建筑物的脱坡、滑动与倾覆；混凝土建筑物与土工建筑物接触处的严重渗水等。险工险段是指河道堤防上存在着不利于堤防防洪安全的隐患所在的工程和堤段。堤防上的主要险工有：滑坡；崩岸；裂缝；漏洞；浪坎；管涌；散浸；跌窝；迎流顶冲；堤脚陡坎；穿堤建筑物接触渗透；建筑物老化损坏；闸门锈蚀、漏水、变形等。③使用禁止使用的或

---

〔1〕　参见喻海松：《环境资源犯罪实务精释》，法律出版社 2017 年版，第 210 页。

者超出限定功率一定倍数以上的采砂机具进行采砂。实践中，一些非法采砂船使用禁止使用的采砂机具采砂，或者使用超出限定功率的采砂机具采砂，对水底砂层造成严重扰动，极易出现防洪工程设施损毁、失效，河势、流态改变的后果，影响河势稳定和防洪安全。如长江中游宜宾段的大功率链斗式挖沙船，很容易破坏水流和航道改变，引发次生灾害。鄱阳湖、骆马湖的大型吸砂王，可以短时在河床造成数十米深的深坑，对湖泊生态层造成毁灭性破坏。④非法采砂可能对取水工程、供水工程等工程设施造成损毁，或者导致水位下降，致工程失效，造成公共事故等危害后果。[1]

除此之外，2016 年《司法解释》对矿产品价值的认定以及涉案的有关专门性问题进行了较为详细的规定。这有助于统一司法适用的标准，进一步加大对矿产资源犯罪的刑事惩治力度，积极推动国家生态文明建设。

值得注意的是，2022 年 7 月 1 日，最高人民法院正式发布《关于充分发挥环境资源审判职能作用 依法惩处盗采矿产资源犯罪的意见》，其突出要点之一就是要求各级司法机关关注矿产资源犯罪对于生态环境的影响，并加强对生态环境的保护力度，彰显生态文明的重要理念，即"充分关注和考虑实施盗采矿产资源行为对生态环境的影响，加强生态保护力度。对具有破坏生态环境情节但非依据生态环境损害严重程度确定法定刑幅度的，要酌情从重处罚。盗采行为人积极修复生态环境、赔偿损失的，可以依法从轻或者减轻处罚；符合《解释》第十条规定的，可以免于刑事处罚。"

第二节　我国矿产资源犯罪刑事立法发展轨迹特征

通过上述对我国矿产资源犯罪刑事立法发展轨迹进行系统梳理之后，可以寻找到其中较为明晰的发展脉络，具体表现为以下几方面内容：

一、我国矿产资源犯罪刑事立法理念的调整变化

刑事立法理念是指导刑事立法工作的"灵魂"。通过对我国矿产资源犯罪刑事立法发展轨迹进行分析，可以较为清晰地发现，我国矿产资源犯罪刑事立法理念一直处于调整变化的状态，不断朝着更为现代化、科学化、规范化

---

〔1〕 参见喻海松：《环境资源犯罪实务精释》，法律出版社 2017 年版，第 217~218 页。

的方向发展。最开始我国矿产资源犯罪刑事立法理念相对滞后，只是单纯关注矿产资源所具有的经济利益价值，将其归为所谓的侵财犯罪的范畴中。但随着我国对于矿产资源犯罪的生成规律认知深化以及刑法理论的更新发展，人们已清楚地认识到矿产资源所具有的不仅仅是经济利益价值，而且还包括重要的生态利益价值及国家安全利益价值。之后，我国矿产资源犯罪刑事立法理念也发生了新的变化，具体来讲，一是更加强调从犯罪预防的角度，来重塑矿产资源犯罪体系内容，不再只是仅仅关注矿产资源所造成的损害结果。二是更加突出对矿产资源所具有的生态利益价值的保护力度，不再单纯关注矿产资源所具有的经济利益价值及矿产资源犯罪对监管秩序的破坏。这一刑事立法理念的调整和完善体现了国家对矿产资源犯罪及惩防路径认知的深化，符合国际关于矿产资源保护的发展趋势。

二、我国矿产资源犯罪刑事立法内容的发展完善

从最初的无法可依到现在的有法可依，从开始的刑法条文规定到后来的司法解释和附属刑法增设，从原来的模糊罪名到如今的单独罪名设置，这充分表明了我国矿产资源犯罪刑事立法规定经历了一个逐步发展完善的艰辛探索过程。客观而言，虽然当前我国矿产资源犯罪刑事立法尚未形成一整套科学体系与缜密"法网"；但其基本上涵盖了矿产资源犯罪所涉的大部分环节，初步满足了刑事司法的实践需求。尤其是进入社会主义新时代之后，在习近平生态文明思想的指引下，在我国立法机关和司法机关的积极推动下，我国矿产资源犯罪刑事立法的惩防体系内容不断得以精细化。这对切实有效地指导和规范矿产资源犯罪惩治的司法实践有着重要的现实保障作用。

三、我国矿产资源犯罪刑事立法技术的日趋进步

从我国矿产资源犯罪刑事立法的发展轨迹来审视，其中也折射出我国矿产资源犯罪刑事立法技术的日趋进步。基于我国成文法国家的立法传统，立足实际国情，在保持我国刑法整体结构稳定的前提下，一方面，通过司法解释的方式，不断完善矿产资源犯罪刑事立法的具体细节，修补法律规定的"漏洞"之处，从而有效地增强司法实践的可操作性。另一方面，则是通过附属刑法规定的增设，使得相关危害矿产资源的行为被明确纳入到刑事法律的视野内，从而不断地完善着矿产资源刑事立法的体系内容。

第四章
CHAPTER 04

我国矿产资源犯罪刑事立法存在的主要问题

当前，我国矿产资源犯罪的刑事立法已经无法有效满足当前我国司法的实际需求，成为矿产资源保护法律体系的一个重要短板。通过深入分析我国矿产资源犯罪刑事立法存在的一系列问题，可为今后相关立法与司法工作提供重要指引。

第一节　刑事法网的粗疏性

从世界产业分工的惯例来看，许多国家将矿业与农业一道规定为第一产业范畴。这显示出矿业在整个国民经济中占据举足轻重的分量。比如，澳大利亚的矿业与农业、畜牧业一道同为该国的支柱产业。矿产资源的利用涉及到勘探、开采、运输、加工、收购、出售、出口以及治理恢复等各个环节。这也决定了矿产资源犯罪可能会发生在上述任一环节之中。而反观我国《刑法》对于矿产资源犯罪的直接规定集中于非法采矿罪和破坏性采矿罪这两个罪名，这主要是将刑事立法的焦点集中在矿产资源开采这一主要环节，并未顾及其他重点环节，因而对于矿产资源的刑事诉讼保护并不全面。具体而言：

第一，先对矿产资源勘探行为进行分析。按照我国《矿产资源法》《矿产资源勘查区块登记管理办法》（以下简称《勘查管理办法》）的相关规定，国家对矿产资源勘查实行统一的区块登记管理制度，勘查矿产资源必须依法申请，被批准后方可进行。根据《勘查管理办法》第 4 条规定："勘查下列矿产资源，由国务院地质矿产主管部门审批登记，颁发勘查许可证：（一）跨省、自治区、直辖市的矿产资源；（二）领海及中国管辖的其他海域的矿产资源；（三）外商投资勘查的矿产资源；（四）本办法附录所列的矿产资源。勘查石油、天然气矿产的，经国务院指定的机关审查同意后，由国务院地质矿产主管部门登记，颁发勘查许可证。勘查下列矿产资源，由省、自治区、直辖市人民政府地质矿产主管部门登记，颁发勘查许可证，并应当自发证之日起 10 日内，向国务院地质矿产主管部门备案：（一）本条第一款、第二款规定以外的矿产资源；（二）国务院地质矿产主管部门授权省、自治区、直辖市人民政府地质矿产主管部门审批登记的矿产资源。"

若未依法申请矿产勘查许可证而进行私自勘查的，应当承担相应法律责任。《勘查管理办法》中规定以下非法勘探的行为：①未取得勘查许可证擅自进行勘查工作的；②超越批准的勘查区块范围进行勘查工作的；③擅自进行滚动勘探开发；④边探边采；⑤试采；⑥擅自印制或者伪造、冒用勘查许可证的等等。[1]

此外，探矿行为是采矿行为的基础性条件。虽然取得了探矿权证并具有合法探矿的资格，而探矿过程中的一系列违法行为同样可能造成矿区环境污染以及矿产资源尤其是稀有矿产资源的破坏等危害后果。尤其是采用一些落后方法或者破坏性方法等其他非法方法来勘查矿产资源的，将对矿产资源和矿山生态环境造成不可逆的重大损害。《勘查管理办法》规定了在勘探过程中的主要违法情形：①不按照本法的规定备案、报告有关情况、拒绝接受监督检查或者弄虚作假的；②未完成最低勘查投入的；③已经领取勘查许可证的勘查项目，满 6 个月未开始施工，或者施工后无故停止勘查工作满 6 个月的。[2]

但我国《刑法》对此并未有相应的规定，存在着立法空白的问题。根据罪刑法定原则，在无明确的法律依据的前提下，无法对非法探矿行为及其所造成的严重后果予以有效的刑事惩治。

---

〔1〕《勘查管理办法》第 26 条规定，"违反本办法，未取得勘查许可证擅自进行勘查工作的，超越批准的勘查区块范围进行勘查工作的，由县级以上人民政府负责地质矿产管理工作的部门按照国务院地质矿产主管部门规定的权限，责令停止违法行为，予以警告，可以并处 10 万元以下的罚款。"此外，《勘查管理办法》第 27 条规定："违反本办法规定，未经批准，擅自进行滚动勘探开发、边探边采或者试采的，由县级以上人民政府负责地质矿产管理工作的部门按照国务院地质矿产主管部门规定的权限，责令停止违法行为，予以警告，没收违法所得，可以并处 10 万元以下的罚款。"还有《勘查管理办法》第 28 规定："违反本办法规定，擅自印制或者伪造、冒用勘查许可证的，由县级以上人民政府负责地质矿产管理工作的部门按照国务院地质矿产主管部门规定的权限，没收违法所得，可以并处 10 万元以下的罚款；构成犯罪的，依法追究刑事责任。"

〔2〕《勘查管理办法》第 29 条规定："违反本办法规定，有下列行为之一的，由县级以上人民政府负责地质矿产管理工作的部门按照国务院地质矿产主管部门规定的权限，责令限期改正；逾期不改正的，处 5 万元以下的罚款；情节严重的，原发证机关可以吊销勘查许可证：（一）不按照本办法的规定备案、报告有关情况、拒绝接受监督检查或者弄虚作假的；（二）未完成最低勘查投入的；（三）已经领取勘查许可证的勘查项目，满 6 个月未开始施工，或者施工后无故停止勘查工作满 6 个月的。"

第二，矿产资源犯罪已经发展成为一个较为完整的上下游犯罪行为链条。不仅仅是探矿行为、采矿行为可能涉及违法犯罪，对于非法运输、加工、收购、出售矿产资源行为也是整个犯罪行为链条中不可缺少的一环，否则很难实现对矿产资源犯罪的全链条打击目标，因而无法有效地解决根源性问题。但我国《刑法》并未对此进行明确规定。

第三，从走私犯罪的视角分析，走私犯罪主要涉及侵害的是国家对外贸易管制秩序。从我国《刑法》规定来看，当前涉及走私犯罪的罪名主要包括：走私武器、弹药罪，走私核材料罪，走私假币罪，走私文物罪，走私贵重金属罪，走私珍贵动物、珍贵动物制品罪，走私淫秽物品罪，走私废物罪，走私国家禁止进出口的货物、物品罪以及走私普通货物、物品罪。可见，走私犯罪的罪名划分主要是依据走私对象的不同而设定的。

而当前我国执法和司法实践中，走私矿产资源行为往往被认定为走私国家禁止进出口的货物、物品罪或者走私普通货物、物品罪。第一，对于走私国家禁止出口的黄金、白银或者其他贵重金属的，一般被认定为走私国家禁止进出口的货物、物品罪。因为该罪的客观方面表现为，违反海关法规及有关法律、法规，逃避海关监管，逃避国家有关出境的禁止性规定，非法运输、携带、邮寄除武器、弹药、核材料、假币、国家禁止出口的文物、贵重金属、珍贵动物及其制品、淫秽物品、毒品、制毒品以外的其他国家禁止进出口的货物、物品进出国（边）境的行为。第二，对于走私除国家禁止出口的黄金、白银或者其他贵重金属之外的其他矿产资源，则一般被认定为走私普通货物、物品罪。比如，2020年4月，南宁海关缉私局水口分局在南宁海关缉私局的统一指挥下开展集中抓捕，一举打掉了1个跨国走私出口矿石团伙，成功抓获犯罪嫌疑人7名。2022年3月，广西壮族自治区高级人民法院对该案作出终审裁定，以走私普通货物罪判处主犯彭某天、方某明、廖某神、彭某治、曾某缝等5人有期徒刑10至13年不等，并处罚金人民币300万元至510万元不等，扣押的涉案财物依法予以没收。据南宁海关缉私局介绍，2018年以来，该团伙将越南人从国内购买的锑锭、硅铁、微碳烙铁等高价值矿石伪报成铝棒、铝线等低价值货物向海关出口，逃避国家税收，谋取非法利益，涉案矿石共计8183.445吨，案值达1.7亿元。锑是国家实行保护性开采的特定矿种，出口受国家重点管制，大量走私锑资源出口，不仅给正规贸易企业带来极大冲击，严重影响锑品贸易的正常秩序，还会严重削弱中国锑业在国际市场的话语权和国际竞争力，损害国家和人民的利益。

这导致出现两个主要问题：一是对于走私矿产资源行为，只是因为犯罪对象为不同的矿产资源，所以需要适用不同的罪名，从而造成了司法实践的混乱问题。二是在现代国际竞争中，矿产资源是一种重要而特殊的自然资源，其不仅具有巨大的经济利益价值，而且其具有的生态利益价值、国家安全价值等不断得以凸显。矿产资源尤其是特殊矿产资源与武器、弹药、核材料、假币、国家禁止出口的文物、贵重金属、珍贵动物及其制品、淫秽物品、毒品、制毒品一样都具有特殊性、敏感性等，不宜将其归纳到所谓的"普通货物、物品"范畴中。

第四，从矿山恢复治理的角度来进行分析，矿山恢复治理是矿产资源开发利用的末端环节，其对于整个矿山区域生态环境的保护和改善以及"二次污染与破坏"的有效预防均具有极端的重要意义。《矿产地质环境保护规定》（以下简称《保护规定》）明确了采矿权人应当按照矿山地质环境保护与土地复垦方案的要求履行矿产地质环境与土地复垦义务；此外，对于以槽探、坑探方式勘查矿产资源，探矿权人在矿产资源勘查活动结束后未申请采矿权的，应当采取相应的治理恢复措施，对其勘查矿产资源遗留的钻孔、探井、探槽、巷道进行回填、封闭，对形成的危岩、危坡进行治理恢复，消除安全隐患。《保护规定》也明确了相关法律责任，其主要是从行政法律角度对相关责任人员所采取相应的行政处罚。比如，《保护规定》第 26 条主要是针对未编制矿产地质环境保护与土地复垦方案的行为所进行的行政处罚规范，即"违反本规定，应当编制矿山地质环境保护与土地复垦方案而未编制的，或者扩大开采规模、变更矿区范围或者开采方式，未重新编制矿山地质环境保护与土地复垦方案并经原审批机关批准的，责令期限改正，并列入矿业权人异常名录或严重违法名单；逾期不改正的，处 3 万元以下的罚款，不受理其申请新的采矿许可证或者申请采矿许可证延续、变更、注销"。

此外，《保护规定》第 27 条主要是针对采矿权人未按照批准的矿山地质环境保护与土地复垦义务的行为所给予的行政处罚规范，即"违反本规定，未按照批准的矿山地质环境保护与土地复垦方案治理的，或者在矿山被批准关闭、闭坑前未完成治理恢复的，责令限期改正，并列入矿业权人异常名录或严重违法名单；逾期拒不改正的或整改不到位的，处 3 万元以下的罚款，不受理其申请新的采矿权许可证或者申请采矿许可证延续、变更、注销"。还有《保护规定》第 21 条之规定主要是针对探矿权人未按照规定采取相应的治理恢复措施而给予的行政处罚，即"违反本规定第二十一条规定，探矿权人未采取治理恢复措施的，由县级以上自然资源主管部门责令限期改正；逾期拒不改正的，处 3 万元以下的罚款，5 年内不受理其新的探矿权、采矿权申请"。

相比于严峻的刑罚而言，上述对于矿山地质环境保护而设置的行政处罚无法有效遏制相关违法行为。因为矿山环境保护与土地复垦是一项程序繁琐、内容复杂、投资较大的综合性工程，而且往往见效缓慢、收益偏低、涉及利益错综复杂。而在市场经济条件下，矿山企业以逐利为最终目的，其所看重的往往只是矿山经济效益价值，而很少有企业会真正关注矿山地质环境保护与土地复垦的价值所在。笔者曾在山西省西北部某县公安局和检察院进行调查座谈，该县所处黄土高原北部腹地，煤矿资源非常丰富、埋藏浅，以露天煤矿居多。公安人员和检察人员普遍反映该县私人矿山企业主与当地群众之间的矛盾十分尖锐，主要原因就是私人矿山企业主往往采用非法租地的方式进行非法挖煤作业，在大量破坏和污染表层土壤并摄取高额非法利润之后一跑了之，既不修复表层土壤，也不会对当地群众进行任何补偿。这对当地生态环境尤其是土壤环境造成了不可逆的损害，从根本上严重制约了当地经济社会与生态的可持续发展。

综上而言，我国《刑法》对于危害矿产资源的行为之规定存在诸多立法漏洞。申言之，当前我国矿产资源犯罪设定存在法网粗疏的问题，犯罪范围的划定较窄；与行政法律的规定之间存在着断层问题，其不符合现代刑事法治的基本要求，无法充分发挥刑事法律的基本功能。这将从根本上严重制约我国矿产资源保护工作的可持续发展，无法有效满足当前我国矿产资源保护与利用工作的迫切需求。

第二节　刑法内容的滞后性

根据犯罪学的基本原理，当犯罪成本远远小于犯罪收益之时，犯罪行为将变得越来越猖狂，犯罪发生率会持续上升。在市场经济条件下，矿产资源所具有巨大的经济价值利益决定了人们对其不择手段的追逐，而且犯罪手段往往会随着经济发展也变得越来越复杂、越来越隐蔽。此外，越来越多的学者认为，矿产资源在整个生态环境体系中具有特殊而重要的地位，矿产资源犯罪属于环境犯罪的一种，其不仅仅具有巨大的经济利益价值，而且具有巨大的生态利益价值。但我国《刑法》中关于矿产资源犯罪的规定长期以来并未发生根本变化，距离上次内容修正已过去十余年，其在立法理念、立法技术、立法语言、立法内容方面均已严重滞后于当今矿产资源犯罪惩治的司法需求，无法充分、有效地发挥刑法对于矿产资源犯罪的惩治功能和预防功能。

一、司法适用的争议

比如，在司法实践中，对于非法采矿罪与盗窃罪的适用问题认定往往存在很大争议，有些地方司法机关认定为非法采矿罪，将其视为环境犯罪的一种来做处理决定；但有的地方司法机关则坚持认定为盗窃罪，因为非法采矿行为本质上侵犯了国家或者他人的财产权利，并且非法采矿罪的刑罚过轻而不足以有效惩罚此类行为。这就导致了司法实践中出现大量"同案不同判"的现象，从而严重损害了国家法律权威性和司法统一性。究其主要原因之一就在于非法采矿罪从最初的设定一直到现在并未发生根本改变，其已经远远滞后于惩治矿产资源犯罪的现实需求。笔者认为，从本质上讲，非法采矿罪同时侵犯了国家对矿产资源开发利用的管理秩序、环境法益以及国家或者公民、单位的财产权。而盗窃罪则仅仅是侵犯国家或者公民、单位的财产权。显然对于犯罪对象是矿产资源的非法采矿罪，相对于盗窃罪而言是一项特殊犯罪。之所以有些地方司法机关对于非法采矿行为适用盗窃罪，主要是因为在面对同样的非法采矿行为构成犯罪的情况下，盗窃罪的法定刑高于非法采矿罪，以追求所谓的治罪效果。

二、"行刑衔接"的脱节

正如有学者所言，"行政犯以违反行政法律规范为前提，理论上刑法分则中关于行政犯的条文都应该有相对应的行政法律规范条文，行政法律规范中规定的'追究刑事责任'条款也应当在刑法中存在与之对应的罪名，且行政法律规范与刑法对犯罪构成的具体规定理应一致。然而，细究我国现行行政立法与刑法立法，会发现前置性行政法律规范与刑法条文规定存在不少不一致之处，造成'行刑'对接漏孔的困境。"[1]具体到矿产资源犯罪的刑事立法而言，以针对非法采砂的刑事法律规制为例，其需要以相关行政法的规定为基础性条件。2002年修订后的《水法》第39条第1款规定："国家实行河道采砂许可证制度。河道采砂许可证制度实施办法，由国务院规定。"

目前，国务院尚未对河道采砂许可证制度实施办法作出具体规定。经对地方省级地方性法规、政府规章及规范性文件梳理，河道采砂许可证情况如下：

（1）由水行政主管部门发放采砂许可证的有28个省（自治区、直辖市）。其中，天津、山西、辽宁、吉林、山东、广东、海南、四川、云南、西藏、甘肃等11个省（自治区、直辖市），由省级地方性法规作出规定；北京、河北、江苏、安徽、福建、江西、河南、湖北、重庆、陕西等11个省市，由省级政府规章作出规定；黑龙江、湖南等2个省份由省人民政府办公厅规范性文件作出规定；贵州、宁夏等则由省级水利厅、财政厅等联合规范性文件作出规定；上海（长江河道范围内）、内蒙古、新疆等3个省级单位则由省级水利厅（局）规范性文件作出规定。

（2）发放采砂许可证和采矿许可证。其中，浙江是由地方性法规作出规定，青海是由省水利厅和原国土资源厅联合发文。

（3）广西规定由县级以上水行政主管部门负责河道采砂的统一规划、行政许可及其监管管理工作，从事河道采砂的单位和个人应当办理河道采砂许可证；在河道进行采金等以采挖矿产资源为目的的采矿活动，还应当办理采矿许可证。因此，同样是采砂行为，可能由于地区法规规章等的不同规定，会直接导致相关人员或者单位所面临的刑事责任存在较大差异。这不利于国家法治的统一和规范，削弱了法治权威。"行刑衔接"的脱节使得矿产资源犯罪惩治工作变得困难。

三、部分罪名的虚置

我国《刑法》对于破坏性采矿罪的规定从最初的规定到现在一直没有进行重大修改和完善，而且相关司法解释的规定也较少。在司法实践中，对于

---

[1] 李翔：《我国刑法立法方法与价值取向研究》，上海人民出版社2021年版，第81页。

何为"破坏性开采方法"一直存在着巨大争议。2003 年《司法解释》第 4 条规定："刑法第三百四十三条第二款规定的破坏性采矿罪中'采取破坏性的开采方法开采矿产资源',是指行为人违反地质矿产主管部门审查批准的矿产资源开发利用方案开采矿产资源,并造成矿产资源严重破坏的行为。"2016 年《司法解释》对此并未规定。

　　目前,在具体的司法实践中,我国司法机关主要依据所谓的"开采回采率""选矿回收率""采矿贫化率"来作为评定"破坏性开采方法"的相关标准。第一,开采回采率是指露天和地下开采的矿山所设计开采范围内实际采出矿量与该范围内地质储量的百分比。它是衡量矿山开采技术和开采管理水平优劣、资源利用程度高低的主要技术经济指标。第二,选矿回收率是指选矿产品中所含被回收有用成分的重量占入选矿石中该有用成分重量的百分比。这是评价矿山企业选矿技术、管理水平和入选矿石中有用成分回收程度的主要技术经济指标,也是反映资源利用率水平的指标。第三,采矿贫化率是指计算开采范围内原矿产地质品位与采出矿石品位之差与原矿地质品位的比值。在开采过程中,由于废石、矸石混入或者高品位矿石损失,或者部分有用组分溶解或者散失,导致采出矿石品位低于开采前计算的工业储量的矿石地质品位,这种现象称为矿石贫化。矿石贫化率高时,会使矿山的运输、提升和加工费用及能耗增加。[1]《国民经济和社会发展第十二个五年规划纲要》提出"提高矿产资源开采回采率、选矿回收率和综合利用率"。"十二五"规划开始,原国土资源部将"采矿贫化率"替换为"综合利用率",所谓的矿产资源综合利用率是指矿石企业开发利用的主、共伴生矿产资源及其生产过程中所产生的尾矿、废石、废水、废气、废渣等的综合利用程度,其主要是估算主、共伴生矿产资源的综合利用程度。因此,当前"开采回采率""采矿贫化率"与"综合利用率"也被称为"新三率"。但我国《矿产资源法》对此并未进行修改,而且只是原则性要求开采回收率、采矿贫化率和选矿回收率应达到设计要求。此外,我国《煤炭法》第 22 条第 1、2 款规定:"开采煤炭资源必须符合煤矿开采规程,遵守合理的开采顺利,达到规定的煤炭资源回采率。煤炭资源回采率由国务院煤炭管理部门根据不同的资源和开采条件确定。"但实际情况是,即使按照批准的开采方案进行开采,由于地质矿产环

---

〔1〕　参见吕文生、杨鹏编:《矿产资源法基础》,化学工业出版社 2009 年版,第 147 页。

境的复杂性和风险性，也可能出现所谓的"三率"不达标问题。破坏性采矿罪的法律适用一直存在着模糊不清的问题，可操作性不强，整体司法适用率非常低，甚至处于一种所谓的"休眠"状态，因而难以真正有效惩治和预防此类犯罪行为。

从我国对于破坏性采矿罪的历次沿革来看，该罪的立法规定并未有实质性变化，只属于"小修小补"。目前，该罪仍属于结果犯，即只有造成矿产资源破坏并且达到一定的严重程度才能予以定罪处罚。但一旦矿产资源被破坏将无法修复。这从实质上反映出我国关于破坏性采矿罪的立法理念相对陈旧，并不符合现代环境刑法以预防为主的基本价值导向。

从深层次角度进行透视，当前我国关于矿产资源犯罪的相关立法规定被深深打上了计划经济时代产物的标签，已无法适应当前市场经济条件下国家对于矿产资源保护的现实需求。我国涉及矿产资源开发与保护的行政法体系相对滞后，从而直接导致我国刑事法律规范具有相当大的滞后性。

第三节　刑罚配置的失当性

刑罚配置是否科学、适当将直接关系到惩治与预防犯罪的最终效果，是刑事立法工作成败的关键所在。从当前我国《刑法》的规定来看，以非法采矿罪与破坏性采矿罪为代表的破坏矿产资源犯罪的刑罚配置存在着失当性问题。具体而言：

一、刑种配置较为单一

当前我国《刑法》中所规定破坏矿产资源犯罪的刑罚种类主要包括：管制、拘役、有期徒刑和罚金刑，而缺乏资格刑等其他刑种。此外，我国《刑法》对破坏矿产资源犯罪主体为单位的刑罚只有罚金刑。显然，这样的刑罚配置并未能很好地体现预防原则、可持续发展原则以及治理恢复原则等环境法、环境刑法的基本理念和原则，难以有效地发挥刑罚功能与作用，不利于达成矿产资源犯罪惩治的综合效果之目标。

二、刑罚阶梯存在失调

刑罚阶梯，简称刑阶，主要是指按照其严厉程度的高低排列而呈现出的序列性层次。科学的刑罚阶梯设置一般要求：在不同刑种配置方面应按照刑度轻重而实现由高到低的层次性差别；同种之刑的配置也应当实现所谓的"梯次化"，以真正实现所谓的"刑罚正义"。[1]

就非法采矿罪而言，我国刑法规定主要为"情节严重""情节特别严重"两个基本的刑阶档次；而破坏性采矿罪则只有"造成矿产资源严重破坏"一个刑阶档次。这样的刑阶无法涵盖所有的犯罪情节，会严重削弱刑罚的实际效果。一方面，面对日益严重的犯罪，该罪的入罪门槛较高，不利于刑事法网的严密；另一方面，"情节特别严重"所面临的刑罚与"情节严重"所面临的刑罚之间的差距较小。

三、刑罚力度整体偏轻

长期以来，我国《刑法》对于破坏矿产资源犯罪的刑罚并未进行重大调整，一直保持着相对稳定的状态。非法采矿罪的最高刑罚为 7 年有期徒刑；破坏性采矿罪的最高刑罚为 5 年有期徒刑。虽然现代刑事法治坚持刑法谦抑性原则，强调刑法作为"最后法"的保障作用，积极主张刑罚的轻缓化。但应当注意的是刑法谦抑性原则的适用是具有历史条件的，必须与当时的经济社会发展相适应，而不能超越特定时空环境。换言之，刑罚的轻缓化是相对的，而非绝对的，尤其是当某类犯罪高发之时，应当适当增加相应的刑罚力度，以有效发挥其惩治犯罪之功效。比如，浙江省海宁市人民法院所办理的一起非法采矿案，犯罪人先后成立两家公司，通过拍卖方式取得两个矿区的采矿权，并获得采矿许可证，但其多次非法越界采矿达 100 万余吨，涉案价值高达 2600 万余元。最终两家相关责任人员被判处 1 年至 3 年不等有期徒刑，并处 2 万元至 100 万元人民币不等罚金。[2]显然，相对上千万的涉案价值而

---

〔1〕　贝卡里亚的《论犯罪与刑罚》一书提出，罪阶与刑阶的概念，认为要实现犯罪与刑罚的对称，就应当首先"找到一个由一系列越轨行为构成的阶梯，它的最高一级就是那些直接毁灭社会的行为，最低一级就是对于社会成员的个人所可能犯下的、最轻微的非正义行为。在这两级之间，包括了所有侵害公共利益的、我们称之为犯罪的行为，这些行为都沿着无形的阶梯，从高到低顺序排列"，在确定了罪阶的排列后，相应地，"也需要一个相应地、由最强到最弱的刑罚阶梯。"而罪阶与刑阶在立法上只要实现次序上的对应，那么就大致实现了犯罪与刑罚的对称。参见蔡一军：《刑罚立法技术初论》，中国政法大学出版社 2020 年版，第 113~116 页。

〔2〕　参见"全国检察机关一季度共起诉非法采矿、破坏性采矿犯罪 1556 人"，载《中国日报》2022 年 4 月 25 日。

言，这样的刑罚力度明显偏轻。这反而可能会导致一些犯罪人将此刑罚视为所谓的"企业成本"，继续从事犯罪行为。

此外，当前我国司法机关积极采取"刑事追诉+公益诉讼"的司法办案模式来综合惩治破坏矿产资源犯罪，即以非法采矿罪追究相关人员刑事责任，同时依法提起刑事附带民事公益诉讼或者民事公益诉讼。据媒体公开报道，2021年1月，湖南省长沙市雨花区人民检察院在办理张某、李某等人涉嫌组织、领导、参加黑社会性质组织罪和非法采矿罪等案件时，发现犯罪嫌疑人在长株潭城市群生态绿心非法采矿的犯罪行为严重破坏了当地的生态环境，损害了公共利益。2021年4月，该院对此进行了刑事附带民事公益诉讼立案。2021年9月，该院正式对张某、李某等人提起刑事附带民事公益诉讼，要求张某、李某等人连带承担生态环境修复费用、生态环境修复期间服务功能的损失、生态环境功能永久性损害造成的损失、鉴定费用等共计1383万元，并在省级以上媒体公开赔礼道歉。2021年12月，雨花区人民法院作出一审判决，支持检察机关的诉讼请求。[1]

但刑事责任与民事责任两者间存在本质区别，申言之，刑罚有着自身存在的独立价值与功能。虽然有些案件当事人可能面临着巨额的民事赔偿，但不能就此折抵或者减轻其所应当依法承担的刑事责任。而我国《刑法》当前对于破坏矿产资源犯罪的刑罚内容配置显然整体偏轻，大大降低了刑罚的威慑性，无法真正有效发挥刑罚在矿产资源犯罪中应有的惩治功能。

正如有学者所言："刑罚的威慑性对于刑罚效果与国民预期幅度的一致性的要求最为严格。试想，如果刑罚的效果和国民预期完全相反何来刑法的震慑，何来对于潜在犯罪的一般预防。……那么刑罚威慑性的缺失和减小会体现在以下几个方面：首先，缺失的是国民对于刑罚立法的信任。其次，刑罚威慑性的缺失会引起犯罪的猖獗盛行。"[2]

---

〔1〕 参见张吟丰、罗大钧、张明秀："矿区修复怎能由政府买单"，载《检察日报》2022年4月28日。

〔2〕 参见蔡一军：《刑罚立法技术初论》，中国政法大学出版社2020年版，第226~227页。

第五章
CHAPTER 05

域外国家矿产资源犯罪刑事立法考察

21世纪以来，随着国际竞争的不断加剧、全球环境变化的深刻改变等综合因素的共同作用与影响，世界各国愈发重视对本国矿产资源的保护工作。但由于矿产资源的现状分布、本国法律制度和经济社会发展迥异等原因，各国对于矿产资源保护立法及矿产资源犯罪刑事立法存在着诸多不同，形成了不同的矿产资源犯罪刑事立法模式、框架体系和内容规定。通过较为系统地考察和比较域外相关国家对矿产资源犯罪刑事立法的状况，找出一些普遍的行之有效的经验做法，对我国矿产资源犯罪刑事立法的完善工作具有极其重要意义。

第一节　美国矿产资源犯罪刑事立法考察

美国作为最为发达的资本主义国家，其既是矿产资源的生产大国，又是矿产资源的消费大国。美国的钼、天然碱、硼、溴、硫酸钠等矿产储量居世界第一位，铜、金、镉、银、磷、硫等的储量居世界第二位，铅、锌、稀土、重晶石、碘等的储量居世界第五位，天然气、锑、铋、钾盐的储量居世界第六位，钛铁矿、铀的储量居世界第八位，石油的储量居世界第十一位。尽管如此，美国经济的庞大规模和其经济发展方式决定了其矿产资源储量很难满足经济发展的需求，必须通过世界市场弥补国内储量的不足。

自1807年颁布实施《铅矿出租法》以来，美国的矿业立法及其开发管理制度已有近200年的历史。美国依靠丰富的矿产资源基础，早在20世纪20年代实现了国家工业化，并在第二次世界大战后成为资本主义世界的超级大国。在这一过程中，美国的矿产资源开发管理制度经历了一个逐步发展的演变过程，即由单纯鼓励开发的"自由进入"政策，逐步转变为加强政府的干预与管理政策，以便达到所谓"理智"的综合利用、保护性开发各种矿产资源的目标。美国政府陆续颁布了大量的矿产资源方面的法律法规，比如《矿地租借法》《材料法》《外大陆架土地法》《采矿法》《矿产转让法》《建材矿法》《征收土地矿产法》《露天采矿管理土地复垦法》《国家采矿控制法》《战略物资储备法》《地下水保护法》等。[1]

美国作为英美法系国家，实行判例法制度，并没有完整统一的刑法典，其刑法渊源主要体现在联邦刑法、各州刑法以及联邦和各州制定的行政法规、经济刑法中的部分刑事条款。因此，矿产资源犯罪往往是以美国联邦刑法为依据，以各种单行刑法的形式予以规定，如《露天开采控制与复垦法》《通用矿业法》和《美国深海海底固体矿物资源法》等专门法律中都有刑事条文的规定。

第一，美国从法律上将矿产资源主要分为三大类别，分别为可定位的矿产资源（主要为金属矿产，也包括部分非金属矿产）、可租赁的矿产资源（主要是指非金属矿产和气态或液态矿产）和可出售的矿产资源（主要是指用于建筑用途的普通矿物质），破坏不同类别矿产资源的行为由专门矿产资源法中的刑事条文予以约束。

第二，美国矿产资源犯罪的调查和起诉是由美国环保局开展的，环境刑事案件由环保局开展调查并向法院提起刑事诉讼，通过诉讼来制裁矿产资源犯罪行为，同时美国环境法中还设置了一种特殊的制度，对于较为严重的环境违法行为，环保局还可提起民事诉讼，请求法院判决纠正违法行为，判处违法者缴纳高额的民事罚款。

第三，美国矿产资源犯罪的刑事立法以《露天开采控制与复垦法》和《美国深海海底固体矿物资源法》为代表，《露天开采控制与复垦法》第518节罚则部分详细规定了矿产资源犯罪：

"e条 凡故意违反联邦计划规定颁发的许可证中的限制性条件，或故意违反联邦土地纲要的规定颁发许可证的限制性条件的，或故意违反联邦按本法第502节[2]规定实施的联邦计划或按本法第501节[3]规定实施的某州的计

---

〔1〕 参见王宇、谭立勤、淳伟德：《国际矿产资源战略对我国重要矿产资源安全影响及对策研究》，经济管理出版社2015年版，第7~9页。

〔2〕 本节主要内容：任何人不得在州管控的土地上从事任何露天煤矿开采作业，包括挖掘新矿井及利用旧的或废弃的矿址等，除非其已获得该州监管机构颁发的许可证。

〔3〕 本节主要内容：①在联邦公报上公布拟议条例，并提供利害关系人和州、地方政府，期限不少于三十日出版后提交书面意见；②获得了环境保护署根据本节涉及根据管理局颁布的空气或水质标准；③就拟议条例举行至少一次公开聆讯。就拟议规例举行的聆讯的日期、时间及地点，须列明在拟议条例的公布中。

划的规定的，没有或拒绝遵守按本法第 521 节〔1〕或 526 节〔2〕规定颁发的各种命令的规定或该部长在按本法规定颁布的正式决定州的命令的规定的（但，在本节 b 条〔3〕或本法第 704 节规定颁发的决定的命令除外），根据犯罪情节，处 10 000 美元以下罚金或一年以下监禁，或两者并处。

"f 条　若违反按联邦计划规定颁发的许可证中的限制性条件或违反按联邦土地纲要的规定颁发的许可证中的限制性条件，以及违反联邦本法第 502 节规定实施的联邦计划或按本法第 521 节规定实施的某州计划的规定者，以及没有或拒绝遵守按本法第 521 节或第 526 节规定颁发的各种命令的规定或该部长在按本法规定颁发的正式决定中的命令的规定的（但，在按本节 b 条或本法第 703 节〔4〕规定颁发的决定中的命令除外）是公司、法人，则故意授权或命令从事此种违法行为或不遵守、拒绝遵守有关命令规定的，该公司的经理、董事或代表人，将按本节 a 条、e 条的规定，处民事罚款、罚金和监禁。

"g 条　凡故意在据联邦计划或某州计划应当填写或保存的或者按该部长按本法规定颁发的决定命令的要求应当填写过保存的申请书、记录、报告、计划或其他文件中作虚假的说明、证明、认定的或者故意不作说明、证明或认定的，将依法违法情节，处 10 000 美元以下罚金或一年以下监禁，或两者并处。"

《美国深海海底固体矿物资源法》在第三章执行条款和罚则中规定了破坏海底固体矿物的犯罪行为：

"（一）犯法　受第三章第一条管辖的人，凡故意犯有第三章第一条禁的任何行为者，均应以违法论。

"（二）处罚　凡第三章第一款第一项，第二项和第六项所述的违法行为，

---

〔1〕　本节主要内容：①违反通知；联邦检查；放弃通知期；停止令；经营者的肯定义务；中止或撤销许可证；通知和命令的内容。②国家执行不力；通知和听证。③民事救济诉讼。④制裁；对国家法律规定的附加执行权的影响。

〔2〕　本节主要内容：①美国地区法院的复审；审判地点；提交申请；时间。②证据；结论；命令。③临时救济；先决条件。④秘书的行动、命令或决定的中止。⑤国家监管部门的行动。

〔3〕　本条主要内容：凡举行公开聆讯，秘书须对事实的认定，并对违法行为的发生作出书面决定以及被担保的罚金金额，包括在适当的情况下要求支付罚款的命令。

〔4〕　本节主要内容：除法律允许外，任何人故意抗拒、阻止、妨碍或干扰秘书或其任何代理人，根据本法应处以不超过 5000 美元的罚款或 1 年以下有期徒刑，或者两者并科。

每项应处七万五千美元以下罚金。凡第三章第一条第三项、第四项、第五项和第七项所述的违法行为，均处七万五千美元以下罚金或六个月监禁，或两者并处。如果受美国管辖者在犯法时使用危险武器，从事的行为造成联邦官员或雇员的人身伤害，或使这种联邦官员或雇员遭到即刻人身伤害的威胁，则处十万美元以下罚金或十年以下监禁，或两者并处。"

根据上述条文的列举，不难看出美国矿产资源刑事立法具有以下主要特点：第一，以单行刑法的形式列举矿产资源犯罪行为，并没有一套完整统一的矿产资源犯罪刑事立法体系；第二，以情节犯为主，即实施了罪状中的矿产资源犯罪行为即构成犯罪；第三，刑罚以罚金和监禁刑为主，刑罚种类相对单一；四是犯罪主观方面只规定故意而未规定过失。

第二节　日本矿产资源犯罪刑事立法考察

日本作为亚洲发达的资本主义国家之一，其国土面积较小，矿产资源更是极度匮乏。根据日本通产省资源厅数据显示，日本有储量的矿种仅有12种，除石灰岩、叶蜡石、硅砂这三种极普通矿产的储量较大外（日本煤炭储量较大，但开采成本极高，不具经济利用价值），其他重要矿产资源的储量均极少。日本过去曾大量生产金、银、铜和煤炭。至今仍有一些金、银的富矿，但因开采成本高而开采甚少。日本近海虽发现了大量的金、银、石油和可燃冰，但是因为成本考量而没有开采计划。整体而言，日本对于矿产资源的对外依赖度极高，特别是油气、黑色和有色金属等几乎全靠进口。[1]

同时，作为亚洲率先开启工业化进程的国家，日本是世界第四大矿产资源消费国，许多矿产品的需求量居全球前列。2015年日本铁矿石、铜、铅、镍等金属矿产资源消费量全球排名第二，石油、天然气消费量位居世界第四，石油、煤炭、天然气、铁、铜、铝、镍消费量占世界的比例依次为5%、3%、3%、4%、5%、4%、10%，而日本人口占世界比例仅为1.7%。[2]

在矿产资源立法体制方面，日本经历了从集权到分权，再到制衡与合作

---

〔1〕 参见王宇、谭立勤、淳伟德：《国际矿产资源战略对我国重要矿产资源安全影响及对策研究》，经济管理出版社2015年版，第60页。

〔2〕 陈其慎等："日本矿产资源经略强国战略分析"，载《中国矿业》2017年第12期，第9页。

的过程，目前，日本矿产资源的管理控制权和收益分配权等属于中央集权和地方分权相结合型，在央地矿产资源事权划分中具有合作与制衡的特点。目前，日本的矿产资源管理体系可概括为"混合经济体制"，即市场经济与国家干预、调节相结合的经济体制。具体而言，矿产资源的勘查和开发的主体是以私有制为基础的民间企业，政府实行有限的干预，除出资组织进行国内区域地质调查、海外矿产资源基础调查和重大高层次的科学研究项目之外，主要是利用财政金融等经济杠杆，通过市场机制的作用调节地矿工作中出现的各种问题与冲突，及调整其发展的方向，并辅之以法律和行政的手段保证国家政策目标在地方逐级落实。[1]

正是基于日本自身矿产资源储量与其消费量的巨大差别、较为特殊的矿产资源管理体制等因素影响，直接造就了较为严格的矿产资源保护以及刑事立法内容，其主要规定在 1950 年颁布并于 1981 年修订的附属刑法——《日本矿业法》之中。

《日本矿业法》共 9 章 194 条，矿产资源犯罪主要规定在第 7 条、第 191 条和第 194 条，具体内容表述如下：

"第 7 条规定，对尚未开采的矿物，未取得矿业权不得开采。"

此外，该法第 191 条规定："（1）违反第 7 条规定者或利用诈骗或其他不正当手段而得到了相关许可证者，处 5 年以下有期徒刑或 50 万以下罚金，亦可两者并处；（2）由于过失，侵掘到矿区以外或租矿区以外者，处以 20 万以下罚金；（3）第 191 条第 2 款规定对于前条第 1 款第 1 项所述的犯罪所涉及的矿物，明知情而去搬运、保管、有偿或无偿取得，或者代受处分或者为之斡旋，凡犯以上罪者，处以 5 年以下的惩役或 50 万以下罚金，亦可两者并科。"

还有该法第 194 条规定，"法人的代表人做了前法条的违法行为，则对代表人和法人都要进行处罚，除非法人尽了监督义务。"[2]

根据上述条文，日本矿产资源犯罪的刑事立法与我国矿产资源犯罪相关立法具有一定相似性，但有学者认为日本矿产资源犯罪行为危害到人的生命和健康时才会追究刑事责任，立足点在于公共健康或不特定人的生命健康的

---

〔1〕　参见王宇、谭立勤、淳伟德：《国际矿产资源战略对我国重要矿产资源安全影响及对策研究》，经济管理出版社 2015 年版，第 61 页。

〔2〕　转引自杨风龙："矿产资源犯罪的立法研究——以甘肃省矿产资源犯罪为例"，甘肃政法大学 2020 年硕士学位论文，第 28 页。

保护。[1]但《日本矿业法》191 条第 1 款显然不符合侵犯公共健康或不特定人的生命健康的特点，该行为所侵犯的法益应为矿产资源保护制度、矿产资源所有权以及矿业权等法益。笔者认为日本矿产资源犯罪的刑事立法主要是以保护本国矿产资源及其相关权利，而对于公共健康或不特定人的生命健康的保护更多地体现在日本环境保护的单行刑法《公害犯罪制裁法》中，如该法第 2 条规定："（1）工场在事业活动中排出有害人体健康的物质，致使公众生命或健康发生危险的，处 3 年以下惩役或 300 万元以下罚金；（2）犯前款罪，致人死伤的，处 7 年以下惩役或 500 万元以下罚金。"

据此，日本矿产资源犯罪刑事立法主要呈现出以下特征：第一，日本矿产资源犯罪规定了故意和过失并且规定了轻重不同的刑罚；第二，处罚范围较广，不仅处罚非法采矿行为，还规制不正当手段获得相关许可证的行为以及后续的窝藏、运输、收购行为；第三，规定了自然人犯罪和法人犯罪，采取双罚制，即对代表人和法人都要处罚；第四，注重罚金刑的适用，对于矿产资源犯罪主要采取罚金刑的刑罚并规定了限额。

第三节　德国矿产资源犯罪刑事立法考察

德国作为欧洲发达国家的代表具有发达的重工业，汽车、机械制造、化工、电气等是支柱产业，产值占全国工业产值的 40% 以上。[2]同时，德国的能源和原材料都大量依靠进口，所需天然能源的 2/3 要从国外进口，形成了极为重视环境保护的国家政策。

德国矿产资源犯罪的刑事立法主要体现在《德国刑法典》中，1988 年《德国刑法典》中规定了矿产资源的有关犯罪，具体条文表述如下："第 29 章（污染环境罪）第 329 条（侵害保护区）第 3 款规定：违反自然保护区而颁发的法规或可执行的禁令，在自然保护区或国立自然保护区，或作为自然保护临时加以保护的地区开采矿藏或其他地下物质，因而严重影响了该地区的成分的，处 5 年以下自由刑或罚金。第 329 条第 4 款规定：过失犯上述行为的，处 3 年以下自由刑或罚金。"此外，该法第 330 条规定："故意犯 324 条至 329

---

〔1〕　参见吴献萍：《环境犯罪与环境刑法》，知识产权出版社 2010 年版，第 115 页。
〔2〕　参见付庆云："德国的自然资源管理"，载《国土资源情报》2004 年第 3 期，第 7 页。

条的规定，情节特别严重的处 6 个月以上 10 年以下自由刑；故意实施 324 条
至 329 条致他人有死亡危险或严重损害他人健康或不特定多数人健康的处 1
年以上 10 年以下自由刑，造成他人死亡的，处 3 年以上自由刑；故意实施第
329 条规定致他人有死亡危险或严重损害他人健康或不特定多数人健康，情节
较轻的，处 6 个月以上 5 年以下自由刑，造成他人死亡，情节较轻的，处 1 年
以上 10 年以下自由刑。第 330 条 C 规定，故意实施 329 条规定的，没收其犯
罪所得物，为实施犯罪或犯罪预备用之物，或准备用于犯罪之物，与犯罪有
关的物品。"〔1〕

　　显然，德国矿产资源犯罪刑事立法是以刑法典的形式予以规定的，同时
也体现了德国对环境保护的高度重视。德国矿产资源犯罪刑事立法体现出以
下特征：一是规定了故意和过失两种过错形式；二是矿产资源犯罪为危险犯，
即对环境或人身造成一定危险即可构成犯罪；三是明确了情节特别严重的情
形，有助于司法实践的操作，体现了成文法的优点。

第四节　俄罗斯矿产资源犯罪刑事立法考察

　　俄罗斯是当前世界国上面积最大的国家，辽阔的国土面积伴随着及其丰
富的矿产资源。在已探明的矿产资源总体储量方面，俄罗斯占全世界总体矿
产资源储量的 37%，居世界第一。〔2〕比如，煤、铁、铝的蕴藏量均占世界前
三；石油已探明储量约占世界总值的 12% 至 13%。据资料显示，早在 2008
年，俄罗斯在天然气和石油开采方面就排在世界第一位，钢铁冶炼排在世界
第三位；棕色煤开采、钢生产、矿物质肥料行业排在世界第四位，铁矿石开
采排在世界第五位。〔3〕

　　如此丰富的矿产资源自然需要国家制定完备的矿产资源立法保护，1992
年俄罗斯颁布了《俄罗斯联邦地下资源法》，随后又陆续出台《地下资源法》
等法律，为有序开发其矿产资源奠定了法律基础。同时，俄罗斯的矿产资源

---

〔1〕　参见徐久生、庄敬华译：《德国刑法典》，中国法制出版社 2000 年版，第 222~223 页。

〔2〕　参见兰新亮："俄罗斯金属矿产原料基地的发展现状及未来前景"，载《世界金属导报》
2018 年 3 月 13 日。

〔3〕　参见王宇、谭立勤、淳伟德：《国际矿产资源战略对我国重要矿产资源安全影响及对策研
究》，经济管理出版社 2015 年版，第 93 页。

犯罪刑事立法极为重视对生态法益的保护，其有关矿产资源犯罪的条文规定在《俄罗斯联邦刑法典》第 26 章生态犯罪中，具体条文如下：

"第 253 条　未经许可对专属区域的自然资源进行调查、勘查和开采的，处数额为最低劳动报酬的 500 倍至 700 倍或被判刑人 5 个月至 7 个月的工资或其他收入的罚金，或处 2 年以下的劳动改造，并处或不并处 3 年以下剥夺担任一定职务或从事某种活动的权利。"

"第 255 条　在采矿企业或与开发有用矿产无关的地下构筑物的设计、布局、建设、投入经营和经营过程中违反保护和利用矿产的规则，以及擅自建造有用矿产的矿层开发面，如果上述行为造成重大损失的，处数额为最低劳动报酬 200 倍至 500 倍或判刑人 2 个月至 5 个月的工资或其他收入罚金，或处 3 年以下剥夺担任一定职务或从事某种活动的权利，或处两年以下的劳动改造。"

首先，俄罗斯的刑事法律不仅规定了未经许可的开采行为，还将未经许可的调查与勘探行为列入刑法规制圈，甚至获得许可的企业违法开采或破坏的矿产资源的行为也会受到刑法规制。其次，俄罗斯刑法仅规定了故意的矿产资源犯罪行为，对于过失可能造成的破坏矿产资源的行为并未限制。最后，俄罗斯矿产资源犯罪的刑罚较为多样，可以劳动报酬、工资、收入等为计量标准。同时还为矿产资源犯罪行为设置了资格刑，剥夺其从事特定行为的资格，能够发挥有效的特殊预防作用。

第五节　巴西矿产资源犯罪刑事立法考察

巴西最为著名的是其丰富的矿产资源，如铁矿砂产量和出口量居世界第二位，铀矿、铝矾土、锰矿储量居世界第三位。此外，其还有较丰富的铬矿、镍矿和黄金矿，石油储量、天然气储量等也均处于较高水平。还有新发现的盐下层石油储量可能会使巴西成为未来世界最大的石油出口国。因此，有理由认为，巴西在矿产资源的储备方面占据了较大的天然优势。

巴西的矿产资源政策和管理体制在 1998 年之前具有很强的保护性，之前法律只授予巴西公民或者在巴西组成的公司。这一时期，巴西矿业权管理主要分为四种情况：第一，对石油、天然气、核能等实行垄断，只有国家公司开采；第二，对砂、石、黏土实行严格的批准制；第三，对个人及家庭进行的简单矿业活动实行登记注册制；第四，对大部分矿产及矿业公司实行特许制，即发放勘探许可证或者采矿许可证。但自从 20 世纪 90 年代以来，巴西的矿产资源政策开放性越来越明显。由于矿业是巴西国民经济的重要支柱产业，为了将矿产资源优势尽快转变为国家经济优势，巴西鼓励外资进入本国矿业，并调整了矿业法的相关内容。巴西政府于 1999 年废除了对石油、天然气工作的垄断政策，允许巴西石油公司与外国投资者合作组建合资公司，并废除对燃料价格的补贴政策。[1]这一系列的包括立法层面在内的积极举措极大地推动了巴西矿产资源的大开发和国民经济的大发展。

矿业繁荣发展所带来的巨大收益使巴西政府认识到环境资源保护的重要性，1998 年 12 月巴西通过《巴西环境犯罪法》（1999 年实施），分为八章，共计 82 条。《巴西环境犯罪法》以单行刑法的形式规定了矿产资源犯罪，该法以保护生态权益为中心，试图通过惩治犯罪来修复对环境造成的损害，其关于矿产资源犯罪的条文如下：第一，"第四十四条规定，对于公共森林或被永久保护的森林，未经同意而从中提取矿砂、矿石或者石灰石等矿物质的，拘留 6 个月到 1 年不等，并处罚金"。第二，"第五十五条规定，不经过或不按照适当的许可、同意、授权或特许而进行矿物的探勘、开采或提炼的，拘留 6 个月到 1 年不等，并处罚金"。

据此，巴西矿产资源犯罪的刑事立法体现了其独特的立法思路。首先，以单行刑法的体例规定环境资源类犯罪体现巴西立法者极其重视环境法益的保护；其次，《巴西环境犯罪法》中矿产资源犯罪的条文并未将"严重后果""重大损失"作为犯罪成立的必要条件，表明其犯罪打击范围较大，一定程度上能够预防犯罪，避免犯罪行为的升级；再次，其矿产资源犯罪的刑罚较轻，拘留最高上限仅为 1 年，其对严重矿产资源犯罪的威慑作用有限；最后，该法条文上并未区分故意或过失的构成条件，实际上是将二者都划入了犯罪圈。

第六节　相关国家矿产资源犯罪刑事立法考察

上述各国对矿产资源犯罪刑事立法情况有所不同、各具特色，但通过仔

---

〔1〕 参见王宇、谭立勤、淳伟德：《国际矿产资源战略对我国重要矿产资源安全影响及对策研究》，经济管理出版社 2015 年版，第 89 页。

细梳理与分析，可以找出其中的一些共同之处和经验之鉴。

一、刑事立法理念之比较

立法理念是指导立法者开展立法的根源，其受到一国之政治、制度、公民、社会等因素影响。各国矿产资源刑事立法的立法理念指导各国矿产资源犯罪刑事立法的具体实践，形成不同的立法模式。矿产资源类犯罪属于环境资源犯罪，其立法理念大致可分为人类中心主义和生态中心主义。人类中心主义体现为人类是大自然唯一具有内在价值的客观存在，环境伦理的唯一相关因素是人的利益，所以，只有对人类才负有道德义务，人对大自然的义务只是人的一种间接义务。[1]人类中心主义视角下形成矿产资源立法即认为矿产资源犯罪应以侵害人类的身体健康或财产为构成要件。生态中心主义则认为道德的关怀应从人扩大到其他生命和自然界；其他生命和自然不仅具有外在的、对人类有用的价值，而且具有内在价值，即环境本身体现为一种独立法益，矿产资源犯罪的确立应以侵害环境法益为条件。各国矿产资源犯罪的刑事立法均不同程度地体现上述两种立法理念。日本的刑事立法就明显侧重于人类中心的立法理念，矿产资源犯罪只有在侵犯人的生命健康和财产安全的情况下才构成犯罪。德国的刑事立法则体现了人类中心和生态中心并重的立法理念。

二、刑事立法模式之比较

美国采取了以各种单行刑法的方式来规定矿产资源犯罪。德国经历了由附属环境刑法向法典化立法模式转变，形成了刑法法典化的立法模式，体现了刑法对矿产资源的保护。日本采取了单行刑法和附属刑法相结合的复合立法模式，能够及时调整落后的刑法文本，具有较强的灵活性和可操作性。巴西则采取了单行刑法，一方面源于国家对于环境法益的高度重视，另一方面是因为环境资源对国家经济所具有的巨大影响。

三、犯罪具体构成之比较

各国对于矿产资源犯罪之构成存在一定不同。首先，在主体方面，法人

---

[1] 参见杨通进："人类中心论与环境伦理学"，载《中国人民大学学报》1998 年第 6 期，第 55～59 页。

主体能否构成犯罪存在不同规定，如德国一直坚持过错原则，而法人是无犯罪能力的，认为承认法人的主体地位是对刑法原则的违反，而我国刑法则认为单位和个人都能成为矿产资源犯罪的主体，二者仅限认定标准上存在不同。其次，在主观方面，日本、德国不仅处罚故意犯罪，过失犯罪也被纳入刑事立法范围。而我国的矿产资源犯罪仅局限于故意犯罪，不包括过失犯罪。再次，客体方面，德国、俄罗斯等国家都认可环境法益的独立价值，认为环境法益属于矿产资源犯罪的犯罪客体。而日本刑法认为只有侵害到人类的安全才被认定为犯罪。最后，犯罪客观方面，各国除了开采行为之外还规定了其他犯罪行为，如日本将利用不正当手段获得许可证的行为、作虚假报告以及明知犯罪所涉矿物而运输、报关的行为纳入了刑法制裁的范围。

四、刑罚具体配置之借鉴

矿产资源犯罪作为一种以谋取高额经济利益为目的的犯罪行为，对其施以罚金能够发挥有效的惩戒作用。自由刑作为当前各国惩罚犯罪分子的主要刑罚方式，也是惩罚矿产资源犯罪最重要的刑罚方式。大部分国家也都采取了自由刑与罚金刑并用的刑罚模式，如美国、德国等。仅采用自由刑和罚金刑的惩罚矿产资源犯罪的行为人能够实现特殊预防的目的仍然值得考量，对此俄罗斯除了规定上述两种刑罚外，还专门设置了资格刑以打击矿产资源犯罪，其法条明确规定对矿产资源犯罪者可以作出几年内不可以从事矿业活动或担任与矿业相关的职务的惩罚。资格刑的设置能够进一步实现对矿产资源犯罪的特殊预防，因此我国可考虑对矿产资源犯罪的行为人增设资格刑，以避免其再次实施矿产资源犯罪。

此外，俄罗斯和德国均十分重视在矿产资源犯罪中配合适用非刑罚措施，如限期整改，恢复生态等。一方面，非刑罚措施的适用能够弥补刑罚的不足，要求行为人弥补或恢复其所造成的环境资源损害，如要求其种植破坏的森林资源或恢复其污染的水质。另一方面，非刑罚措施的补充能够促使矿产资源犯罪的惩罚措施更具针对性、有效性。

第六章

我国矿产资源犯罪刑事立法完善的重要意义

矿产资源是在漫长地质年代中形成的不可再生的富集物,是山水林田湖草沙生命共同体的重要组成部分,是人民群众生产、生活的物质基础和国家的宝贵财富。矿产资源犯罪刑事立法是一项系统性、综合性、整体性的工程,涉及范围广、关联主体多、关注程度高。之所以需要不断地调整、完善矿产资源犯罪刑事立法工作,是因为其具有十分重要的理论价值和实践意义。从宏观层面到中观层面再到具体的微观层面,其主要表现为以下重点内容:第一,从宏观层面讲,是认真贯彻落实习近平生态文明思想的必然要求;其二,从中观层面讲,是丰富中国特色社会主义法律体系的题中之义;其三,从微观层面讲,是正确指引矿产资源犯罪刑事司法实践的基本保障。

第一节 宏观意义:贯彻落实国家战略部署实施

党的十八大以来,以习近平同志为核心的党中央从战略高度和长远角度来认真审视我国生态环境资源问题,并将生态文明建设纳入中国特色社会主义事业"五位一体"总体布局,明确提出大力推进生态文明建设,努力建设美丽中国,实现中华民族永续发展。2015年4月25日,中共中央、国务院联合发布《关于加快推进生态文明建设的意见》,其明确指出:"生态文明建设是中国特色社会主义事业的重要内容,关系人民福祉,关乎民族未来,事关'两个一百年'奋斗目标和中华民族伟大复兴中国梦的实现。""加快推进生态文明建设是加快转变经济发展方式、提高发展质量和效益的内在要求,是坚持以人为本、促进社会和谐的必然选择,是全面建成小康社会、实现中华民族伟大复兴中国梦的时代抉择,是积极应对气候变化、维护全球生态安全的重大举措。"

突出生态文明建设在"五位一体"总体布局中的重要地位,这充分表明中国共产党作为执政党高度重视解决日益严峻的生态问题，确保生态安全、加强生态文明建设的坚定意志和坚强决心。生态文明建设在"五位一体"总体布局中发挥着重要的特殊功能，为经济建设、政治建设、文化建设、社会建设奠定坚实的自然基础和提供丰富的生态滋养，推动美丽中国的建设蓝图一步步成为现实。

习近平总书记关于生态文明建设作过一系列重要论述，"建设生态文明，关系人民福祉，关乎民族未来"。"走向生态文明新时代，建设美丽中国，是实现中华民族伟大复兴的中国梦的重要内容。""只有实行最严格的制度、最严密的法治，才能为生态文明建设提供可靠保障。"习近平生态文明思想逻辑清晰、内容丰富、论证科学，其概括起来主要包括以下四大方面：

（1）生态兴则文明兴、生态衰则文明衰，建立人与自然和谐共生的新生态自然观。因为历史上有许多文明古国，都是由于遭受生态破坏而导致文明衰落。所以习近平总书记提出："生态兴则文明兴，生态衰则文明衰"这一重要论断，揭示了生态与文明的内在关系，更把生态保护的重要性提升到了关系国家和民族命运的高度。"天育物有时，地生财有限，而人之欲无极。"人类只有遵循自然规律才能有效避免在开发利用自然上走弯路，人类对大自然的伤害最终会伤及人类自身，这是无法抗拒的规律。人类尊重自然、顺应自然、保护自然，自然则滋养人类、哺育人类、启迪人类。

（2）绿水青山就是金山银山，保护环境就是保护生产力的新经济发展观。正如习近平总书记的"两山"理论所言，"既要绿水青山，也要金山银山。宁要绿水青山，不要金山银山，而且绿水青山就是金山银山"。因此，决不能以牺牲生态环境为代价换取经济的一时发展。让绿水青山充分发挥经济社会效益，关键是要树立正确的发展思路，因地制宜地选择好发展产业。绿水青山和金山银山绝不是对立的，关键在人，关键在思路。只有充分考虑到生态环境的承载能力，才能保持两者的协调发展关系，保持经济的持续发展。为此，决不能以牺牲环境、浪费资源为代价换取经济增长，不能在问题发生之后再以更大的代价去弥补，而是要让经济发展和生态文明相辅相成、相得益彰，让良好环境成为人民生活质量的增长点，让绿水青山变为金山银山。

（3）山水林田湖草是一个生命共同体的新系统观。山水林田湖草是一个生命共同体，人的命脉在田，田的命脉在水，水的命脉在山，山的命脉在土，土的命脉在林草。人和自然是相互依存、相互影响的。习近平总书记曾说：

"如果破坏了山、砍光了林，也就破坏了水，山就变成了秃山，水就变成了洪水，泥沙俱下，地就变成没有养分的不毛之地，水土流失、沟壑纵横。人类在这样的自然环境下，怎么能正常生存下去呢?"所以，从这个角度来讲，人与自然是一个生命共同体，如果只看到眼前的利益而忽视对自然环境的保护，那么人类的实践活动终将影响人类的命运。为此，由一个部门行使所有国土空间用途职责，对山水林田湖草进行统一保护、统一修复是十分必要的，而不能人为地割裂各个自然要素之间的有机关联。

（4）环境就是民生，人民群众对美好生活的需求就是我们的奋斗目标的新民生政绩观。建设生态文明，关系人民福祉，关乎民族未来。良好的生态环境是最公正的公共产品，是最普惠的民生福祉。正所谓，"小康全面不全面，生态环境是关键"。经济在发展，环境在污染，我国已经在发展与污染中徘徊很多年。造成环境污染的原因固然有群众环保意识淡薄、绿色生活习惯尚未形成等原因，但是归根结底，还是因为重经济发展轻环境保护、重开发资源轻科学统筹规划。面对日益严重的环境问题，理应把它上升到民生的高度去认识、去重视、去治理。所以，在温饱等基本问题解决后，保护生态资源环境就应该而且必须成为发展的题中应有之义，这也是改善民生的重要着力点。

为此，须深刻领悟习近平生态文明思想，从党和国家发展的战略高度、思想深度与长远角度来认真审视我国矿产资源犯罪刑事立法完善的重要意义。矿产资源之所以被人们称之为"宝藏"，是因为其不仅仅具有巨大的经济利益价值，而且蕴含着极其特殊而重要的生态利益价值以及国家安全利益价值。

矿产资源与土地资源、水资源、植物资源、动物资源、森林资源、微生物资源等一同构筑起完整的生态环境圈。正如前文所言，"绿水青山就是金山银山""山水林田湖草是一个生命共同体"。矿产资源往往与土地资源、水资源、森林资源等具有高度的粘连关系。比如，浅层煤炭资源往往就附着于地表土资源下面。一旦此类矿产资源遭受非法破坏，那么土地资源、水资源等也会一同遭受破坏，甚至会引发严重的地区生态危机。同样，若其他自然资源遭受破坏，也会造成矿产资源的破坏。比如，对于地下水的无限制开采，可能导致周边地下矿泉水的枯竭与污染等系列问题。尤其是在当今时代，矿产资源所蕴含的生态利益价值的重要性不断得以凸显，越来越引起国家和社会公众的关注。

此外，矿产资源基本是不可再生资源，对其不法侵害的后果往往具有不可修复性、不可逆性。尤其是随着国际竞争的日益激烈，对于矿产资源的科学规划、有效利用与严格保护，更关乎着包括国防安全、经济安全在内的整个国家安全。一旦矿产资源遭到毁灭性破坏，则势必严重削弱国家的国际话语权和国际地位，在国际斗争中也往往会处于被动地位。

这些因子的共同作用决定了矿产资源犯罪刑事立法完善的现实迫切性和极端重要性。其对于整个国家生态文明建设、保护国家生态安全而言，无疑具有十分重要意义；亦是推动经济与社会文明实现可持续发展的重要物质保障之一。因此，从宏观角度来讲，进一步完善我国矿产资源犯罪刑事立法的相关内容是认真贯彻落实习近平生态文明思想的必然要求。

第二节　中观意义：推动完善国家法律体系建设

习近平总书记在党的十八届四中全会上明确提出："新中国成立以来，特别是改革开放以来，经过长期努力，我国形成了中国特色社会主义法律体系，国家生活和社会生活各方面总体上实现了有法可依，这是一个了不起的重大成就。"当前，以宪法为统帅，以宪法相关法、民法、商法、经济法、行政法、社会法、刑法、诉讼和非诉讼法等多个法律部门的法律为主干，由法律、行政法规、地方性法规等多个层次的中国特色社会主义法律体系已经形成并不断完善，为我国改革开放和社会主义现代化建设提供了坚实的法治保障。

2018 年 3 月 11 日，十三届全国人大一次会议第三次全体会议投票表决通过《中华人民共和国宪法修正案》。"生态文明"正式入宪。这使得党和人民的意志上升到国家整体意志。正如有学者所言，生态文明入宪、新的生态观塑型至少包括以下四种重大意义：[1]

（1）生态观成为我国宪法价值观体系的重要组成部分。生态文明写入宪法意味着我国宪法观体系进一步丰富，即在原有的宪法经济观、政治观、文化观、社会观之外，孕育了新的生态观。我国宪法的生态观将与环境保护有关的环境观、发展观、权利义务观等的整合，兼顾了环境要素与环境保护，兼顾人的权利诉求与生态的发展规律，属于上述几项所涉内容的最高层次。

---

〔1〕　参见张震："生态文明入宪及其体系性宪法功能"，载《当代法学》2018 年第 6 期。

生态观是对我国宪法中原有的经济观、政治观、文化观、社会观的补充与完善。

（2）生态观标志着自然成为我国宪法法律关系的主体之一。在传统的宪法法律关系中，一方是国家，另一方是公民。而生态文明入宪，意味着自然也应该参与到宪法所调整的法律关系之中。被誉为生态伦理学之父的奥尔多·列奥鲍德曾提出"大地理论"，对人与自然关系的调整将成为人类的第三代伦理，土壤、水体、植物、动物或者它们的集合体的伦理规范将被包含到人与社会的关系中的社会的概念之中。正如党的十九大报告中指出，"要充分认识人与自然均属生命共同体"。自然不再只是被支配的对象，将自然纳入具体的宪法关系中，意味着"自然"应被得到足够的尊重和保护，如此对于国家与人民则两利，反之则两损。

（3）生态观进一步丰富了我国宪法法律关系的内容。正如上文所言，自然已成为我国宪法关系的主体之一。在国家、自然与公民三者构成的宪法关系中，三者权利义务的主要内容均发生了深刻变革与调整。甚至有学者主张，自然权利应被认为属于宪法学独有的基石范畴。国家面向自然，选择尊重自然，意味着不再仅仅只是生态权力和职责，自然将回报国家以可永续发展的权益；公民面向自然，当然应该选择尊重自然，这意味着公民不仅仅只是主张自己的权利，还须履行公共利益的自然义务。

（4）生态观将深入推动我国宪法和法律的革新与实施。我国宪法意义上的生态观的确立，会对宪法制度比如生态制度的系统化等产生内在需求，即便在宪法不再进一步修改的背景下，也可通过宪法解释对宪法上的生态文明条款与其他制度条款之间的逻辑关系进一步梳理，以构成一个更具逻辑自恰性和规范自足性的宪法文本。与此同时，生态文明与生态观对于宪法实施的方式与内容必将产生积极的推动作用。此外，宪法上的生态观必将形塑部门法上的基本概念，例如甚至可能会整合环境资源法的核心概念范畴，影响民法中关于部分环境条款的最终表达等。当然，这也会直接影响到我国刑事法律中关于环境资源犯罪立法理念的深刻变革与内容描述。

具体到矿产资源犯罪惩治这一问题，在新的历史条件下，须从根本上更新矿产资源犯罪刑事法律的立法理念，将新的生态观作为惩治矿产资源犯罪的重要指导思想之一，不再只是盯住矿产资源的经济价值属性，而是以更加理性、全面、客观的态度来审视矿产资源的法律地位。在此引导下，重新审视与科学调整国家、公民与矿产资源之间的法律关系，并不断完善矿产资源犯罪刑事立法的相关内容，继续严密其刑事法网以及相关刑罚配置，将对于矿产资源的保护水平提高到一个新的高度。这从根本上有助于进一步丰富和发展我国刑事法律体系的相关内容，并推动我国环境刑法理论的深化与完善。

此外，矿产资源犯罪刑事立法的完善也有助于进一步实现涉及矿产资源保护的各部门法之间尤其是实现刑法与行政法之间的协调互融，打通各部门法之间的"制度壁垒"，促进"法法衔接"；并从刑法作为"保障法"的角度来积极推动其他部门法的有效贯彻落实，为涉及矿产资源保护的行政执法工作提供必要保障，努力以"良法"这一源头工作来助推"善治"这一末端实践。

因此，从这个角度来讲，对矿产资源犯罪刑事立法予以结构性地调整与完善，有利于补足目前立法工作的"短板"，将我国宪法中的相关原则性规定具体化，必将进一步丰富中国特色社会主义法律体系内容。这也恰恰是中国特色社会主义法治体系本身所具备开放性与发展性的具体例证之一。

第三节　微观意义：引导保障公正司法有序开展

从法理学的基本原理出发，"法律的生命在于实施"。而法律实施的前提和基础又在于立法的科学性和公正性。正所谓"立善法于天下，则天下治；立善法于一国，则一国治。"

立法是否科学与公正，往往成为衡量一个国家或者地区法治文明综合程度的重要标志之一，其也会最终反映到司法实际效果和社会公众的感知层面上来。科学立法的关键就是要求在立法过程中须尊重和体现客观规律。[1]具体来讲，其主要包括两个方面内容：一方面，立法需遵循所调整的社会关系的客观规律。这实质上是强调立法的客观理性，是一种立法的理念和精神。另一方面，立法要遵循立法工作本身的规律，具体而言：一是科学立法是一种科学合理的立法制度安排，其实质是专业化、规范化的知识积累；二是科学立法体现为立法技术的科学运用，这是工具意义上的，强调立法表现形式

---

〔1〕　参见刘焰："坚持全面推进科学立法、严格执法、公正司法、全民守法"，载《人民日报》2021年3月18日。

的科学性。

刑事立法作为国家立法的一项重要分支，同样强调立法工作的科学性。客观而言，当前我国矿产资源刑事立法理念与内容均相对滞后，并与刑事司法实践之间产生了结构性的矛盾与冲突。在具体的司法适用过程中，产生了越来越多的法律争议问题，比如，由于对法律条文适用的理解不同，出现了诸多所谓"同案不同判"的问题，继而严重影响了我国矿产资源犯罪惩治的实施效果。究其原因主要有以下三点：第一，改革开放以来，我国坚持以经济建设为中心，在相当长的一段时间内，整个国家和社会层面非常注重矿产资源的经济利益价值及其对国家经济增长和发展的贡献，而轻视甚至忽视矿产资源本身及在整个生态环境圈内的生态利益价值。第二，我国虽然对矿产资源犯罪进行了初步刑事立法，但由于当时立法者并未对矿产资源犯罪的严峻形势及生成规律加以深入分析，加之当时国家刑事立法技术较为粗糙，从而造成对矿产资源犯罪惩治力度的预测不充分、不到位，造成所谓的"立法漏洞"。第三，我国环境刑法虽然发展较快，但起步较晚、底蕴不深厚，尚未真正形成一套非常成熟的理论体系。尤其是一些基本性、原则性问题还未从理论高度予以真正厘清与解答。这从根本上造成理论对我国矿产资源犯罪立法和司法工作的理论指导力度非常有限。

为此，加强对我国矿产资源犯罪刑事立法工作力度，切实遵循矿产资源犯罪生成与惩治的基本规律，不断提升矿产资源犯罪刑事立法技术水平，填补相关法律"漏洞"，体现对矿产资源给予的特殊刑事法律保护，努力实现科学公正立法的价值目标。这对于从本源上有效保障矿产资源犯罪刑事司法实践的依法、公正、有序开展具有十分重要的现实指导意义。申言之，科学合理的立法内容能够最大限度地缩减具体司法实践中诸多争议性的法律适用问题，统一司法裁量尺度，促进个案公平正义得以实现，防止出现"同案不同判"的问题。从而将矿产资源刑事立法的良好质效充分发挥出来。

因此，从微观角度来讲，不断调整和持续完善我国矿产资源犯罪刑事立法的相关内容，对于严格公正司法而言，具有直接引领和重要保障之强大功效。

第七章
CHAPTER 07

我国矿产资源犯罪刑事立法完善的基本原则

矿产资源犯罪刑事立法的基本原则是指用于指导矿产资源犯罪的刑事法律制定、修改或者完善实践的基本准则。作为一项较为特殊的环境犯罪，矿产资源犯罪刑事立法的规定完善应当注意分析矿产资源犯罪发生的基本机理与发展规律，从立法学的基本原理出发，须坚持以下几项基本原则：预防原则、民主原则、绿色原则、法治原则、科学原则与衔接原则。

第一节　预防原则

在环境法中，预防原则是一项十分重要的基本原则，即指对开发和利用环境行为所造成的环境质量下降或者环境破坏等后果应当事前采取预测、分析和防范措施，以避免、消除由此可能带来的环境损害。预防原则要求在环境利用行为实施前，注意采取政治、法律、经济和行政等各种手段，防止环境利用行为导致环境污染或者破坏现象的发生，即所谓的"防患于未然"。[1]

预防原则作为一项环境法的基本原则，其经历一个发展过程。联合国环境规划署（UNEP）和世界自然保护联盟（IUCN）于 1980 年起草的《世界自然资源保护大纲》在环境与资源保护方面首先提出"预期环境政策"，即任何可能影响环境的重大决定，都能在其最早阶段充分考虑到资源保护及其他环境要求。20 世纪 80 年代后，各国在环境保护政策及制度的调整、发展过程中，预防原则越来越受到重视，并成为各国环境管理和立法中的重要指导原则。我国于 20 世纪 70 年代在开展环境保护工作起步之际，就将"预防为主、防治结合"作为防治污染的基本方针。1979 年制定的《环境保护法（试

---

〔1〕　参见汪劲：《环境法学》（第 4 版），北京大学出版社 2018 年版，第 49 页。

行）》将防治污染和其他公害作为立法的指导思想之一，并且为之规定了环境影响评价制度、"三同时"制度以及防治自然环境破坏的其他措施。此后，我国制定和修订的许多环境保护法律法规以及规章等均将预防原则作为立法的指导思想之一。

一般认为，预防原则的主要内涵包括：第一，损害预防原则（preventive principle），即当科学知识对某一环境问题已经有了充分的了解时，必须采取事先的预防行为，以防止环境危害的产生。第二，风险预防原则（precaution principle），即当科学知识对某一环境问题的认识未达成一致意见或者存在冲突时，如果存在可能对环境造成严重或者不可逆转损害的威胁，科学上的不确定性不能成为延迟或者拒绝采取预防措施的理由，从而降低环境风险发生的可能性及风险损害程度。[1]之所以要注意区分"损害预防原则"和"风险预防原则"，是因为传统意义上的预防原则只强调"损害预防原则"，而在科学不确定性面前持的是观望和等待的态度，折射出的环境保护理念主要为在科学尚未证明是"环境有害"之前就假定"环境是安全"的。这样，科学不确定性就成为潜在的污染者、管制机关不采取事前行动的一个理由或者说"权利来源"：当有关环境问题的危害存在科学不确定性时，潜在的污染者可以科学没有证实为由而拒绝采取措施加以预防。而"风险预防原则"则坚持即使没有充分的科学证据，只要有造成严重或者不可逆转环境损害的威胁存在，也必须采取防范措施。因此，现代环境法则主张将原来的预防原则予以拓展，更注重对未来可能的环境风险的认真防范。[2]

结合上述环境法中预防原则的主要内容，具体到矿产资源犯罪刑事立法领域，预防原则主要是指对于矿产资源犯罪的刑事法律规定须特别关注事前防范的基本要义，注意从源头上提升刑事法律规定效率，不能仅仅依赖于事后治理，从而尽量降低矿产资源犯罪发生的概率及由矿产资源犯罪所引发的相关风险及其他不良后果，充分显示矿产资源犯罪惩治的及时性。

从我国矿产资源犯罪刑事立法的沿革来观察，其基本遵循了预防原则的基本要求。从最初结果犯的规定到现在行为犯的规定实现重大调整，进一步

---

〔1〕 参见唐双娥：《环境法风险防范原则研究——法律与科学的对话》，高等教育出版社 2004 年版，第 135 页。

〔2〕 参见吕忠梅主编：《环境法学概要》，法律出版社 2016 年版，第 80~81 页。

降低了对于矿产资源犯罪打击的门槛，这背后实质所反映的是从过去只注重打击犯罪的立法观念到现在兼顾预防犯罪的立法观念的重要转变，体现国家对矿产资源特别是特定矿种的刑事法律保护力度。因为矿产资源作为一项特殊的自然资源，其所蕴含的多种重要价值利益以及受损后的不可逆性等因素决定了对矿产资源的刑事立法保护须坚持预防原则，加大刑事法律的惩罚与警示功效，切实从源头上有效地减少矿产资源犯罪发生的概率。

进一步完善矿产资源犯罪刑事立法须秉持上述预防原则，即不仅仅是预防矿产资源犯罪的实际结果的发生，而且应注重预防矿产资源犯罪的相关风险的发生。尤其是对于国家重点保护的矿产资源或者战略性矿产资源的刑事法律保护更应将预防原则放在突出位置，体现对其优先保护。

第二节　民主原则

在环境法视野下，民主原则，可称为公众参与原则，[1]亦可称为环境民主原则，[2]或称为依靠群众保护环境的原则，其主要是指公众有权通过一定的程序或者途径参与一切与公众环境权益相关的开发决策等活动，并有权取得相应的法律保护和救济，以防止决策的盲目性，使得该项决策符合广大公众的切身利益和内在需要。

20世纪60年代末，资本主义国家爆发了以环境保护为中心的生态运动。作为一场影响力大、持续时间长的社会运动，它不仅对资本主义国家乃至世界范围内环境保护事业的发展产生了重大而深远的影响，也直接催生了当代环境法。社会公众强烈要求应当享有一系列的环境权以及改善生态环境的主要诉求。环境民主原则也是在这一时期被高度重视，并作为一项基本原则予以正式确立的。比如，美国于1969年颁布的《国家环境政策法》正式确立环境民主原则（公众参与原则），并通过环境影响评价制度予以落实；其于20世纪70年代制定的《清洁水法》《清洁空气法》等重要环境立法也规定体现民主原则的公民诉讼制度。此外，1972年6月16日，在斯德哥尔摩举办的联

---

〔1〕　在法的意义上，公众特指对决策所涉及的特定利益作出反应的，或者与决策的结果有法律上的利害关系的一定数量的人群或者团队。它不仅包括不特定的公民（自然人）个人，也包括与特定利益相关的政府机构、企事业单位、社会团队或者其他组织。

〔2〕　吕忠梅主编：《环境法学概要》，法律出版社2016年版，第86页。

合国人类环境会议全体会议通过《联合国人类环境宣言》以及后续诸多的国家环境法文件均强调了公众在生态环境和自然资源保护中的重要地位和作用。比如，联合国环境与发展会议于 1992 年通过的《里约环境与发展宣言》进一步强调了公众参与的重要性，其明确指出："环境问题最好是在全体有关市民的参与下，在有关级别上加以处理。" 1998 年 6 月 25 日，联合国为欧洲制定的《在环境问题上获得信息、公众参与决策和诉诸法律的公约》是国际上首个专门规定公众的知情权、参与权和诉诸司法权的公约。[1]

在我国，随着经济社会的发展与环境保护的持续，使得民主原则的实践更为深入。2014 年修订的《环境保护法》专设"信息公开和公众参与"一章（第五章），集中规定了相对完整、科学的环境民主制度，保障公众参与环境保护的一系列权利，具体包括以下内容：

（1）明确公众的环境知情权、参与权与举报监督权，即《环境保护法》第 53 条规定："公民、法人和其他组织依法享有获取环境信息、参与和监督环境保护的权利。各级人民政府环境保护主管部门和其他负有环境保护监督管理职能的部门，应当依法公开环境信息，完善公民参与程序，为公民、法人和其他组织参与和监督环境保护提供便利。"此外，《环境保护法》第 57 条规定："公民、法人和其他组织发现任何单位和个人有污染环境和破坏生态行为的，有权向环境保护主管部门或者其他负有环境保护监督管理职责的部门举报。公民、法人和其他组织发现地方各级人民政府、县级以上人民政府环境保护主管部门和其他负有环境保护监督管理职责的部门不依法履行职责的，有权向其上级机关或者监察机关举报。接受举报的机关应当对举报人的相关信息予以保密，保护举报人的合法权益。"

（2）明确政府环境信息公开制度与环境违法企业的"黑名单"制度，即《环境保护法》第 54 条规定："国务院环境保护主管部门统一发布国家环境质量、重点污染源监测信息及其他重大环境信息。省级以上人民政府环境保护主管部门定期发布环境状况公报。县级以上人民政府环境保护主管部门和其他负有环境保护监督管理职责的部门，应当依法公开环境质量、环境监测、

----

〔1〕该《公约》主要内容为：①明确了公众环境知情权以及政府保证公众环境知情权实现的义务。②明确公众环境决策参与权的主要内容：公众对具体环境活动决策的参与、公众对与环境有关的计划和政策决策的参与以及公众对环境行政法规和法律决策及执行过程的参与等。③明确公众环境知情权和环境决策参与权受到侵害的司法救济请求权。

突发环境事件以及环境行政许可、行政处罚、排污费的征收和使用情况等信息。县级以上地方人民政府环境保护主管部门和其他负有环境保护监督管理职责的部门，应当将企业事业单位和其他生产经营者的环境违法信息记入社会诚信档案，及时向社会公布违法者名单。"

（3）明确有关企业环境信息公开制度，即《环境保护法》第55条规定："重点排污单位应当如实向社会公开其主要污染物的名称、排放方式、排放浓度和总量、超标排放情况，以及防治污染设施的建设和运行情况，接受社会监督。"

（4）明确建设项目环境影响报告书公示制度，即《环境保护法》第56条规定："对依法应当编制环境影响报告书的建设项目，建设单位应当在编制时向可能受影响的公众说明情况，充分征求意见。负责审批建设项目环境影响评价文件的部门在收到建设项目环境影响报告书后，除涉及国家秘密和商业秘密的事项外，应当全文公开；发现建设项目未充分征求公众意见的，应当责成建设单位征求公众意见。"

具体到矿产资源犯罪刑事立法领域，矿产资源是全人类的共同物质基础和宝贵财富，对于矿产资源犯罪刑事立法应坚持所谓的民主原则，即国家在矿产资源刑事立法过程中应依法保障公民参与其中的各项权利，充分体现立法的民意广泛性和代表性，进而实现刑事立法的科学性。正如有学者所言："因为矿产资源是经过地质成矿作用形成的，而它的形成没有人为作用和人类劳动，具有公共性、大众性，是国家财富、公共财富、集体财富，是天然赋存于地壳内部或者地表埋藏于地下或者出露于地表，呈固态、液态或者气态的，具有开发利用价值的矿物或者有用元素的集合体，是无主物。此外，矿产资源是不可再生资源，其储量是很有限的。要处理好这些复杂的利益关系，在矿产资源保护立法中应当使矿产资源法律体系具有广泛的民主性和公益代表性。"[1]

此外，强调矿产资源犯罪刑事立法完善的民主原则，及时回应社会公众的关注和需求，可以进一步增强刑事立法的正当性之根基。正如有论点所述："立法者将人民群众的同意与支持塑造为立法的正当性根基，刑事立法的初衷是为了保护人民的合法权益，刑事立法是立法者与人民群众达成共识的产物。

---

〔1〕　廖欣：《我国矿产资源保护立法创新研究》，法律出版社2018年版，第149~150页。

在历次刑法修正案的通过前后，官方媒体总是反复强调'人民群众反响强烈''尊重人民意愿'等字眼。此意在表明刑事立法的出发点与关注点在于人民群众的切实利益，刑事立法活动受到了人民群众的支持与拥护。"[1]

为此，进一步完善矿产资源犯罪刑事立法应秉持与彰显民主原则，具体来讲：其一，充分保障公民参与矿产资源犯罪刑事立法的知情权，即在矿产资源犯罪立法过程中应当公开向社会公众尤其是大型矿山企业发布相关的立法信息与参与途径，鼓励公民参与到国家刑事立法工作中来。其二，充分保障公民参与矿产资源犯罪刑事立法的建议权，即相关立法机关在矿产资源犯罪立法过程中应当全面收集、认真分析公民对于矿产资源犯罪惩治与矿产资源保护的各项意见或者建议，进一步完善矿产资源犯罪刑事立法的相关内容。其三，充分保障公民参与矿产资源犯罪刑事立法的监督权，即公民在矿产资源犯罪刑事立法中依法享有对国家立法工作的批评和提示的权利。

总之，民主原则是矿产资源犯罪刑事立法所须坚持的一项基本原则，是体现立法文明性的重要衡量标尺之一，有助于从根本上推动矿产资源犯罪刑事法律规定的科学化进程，也为矿产资源犯罪惩治的司法实践提供了较为坚实的民意基础。

第三节　绿色原则

我国《民法典》第9条规定："民事主体从事民事活动，应当有利于节约资源、保护生态环境。"这条规定被称为"绿色原则"。绿色原则是贯彻《宪法》关于保护环境规定的要求，同时也是落实党中央关于建设生态文明、实现可持续发展理念的要求，将环境资源保护上升至《民法典》基本原则地位，具有鲜明的时代特征，将全面开启资源环境保护的民法通道，有利于构建生态时代下人与自然的新型关系，顺应绿色立法的潮流。绿色原则的适用意义在于：其一，确立国家立法规范民事活动的基本导向，即要以节约资源、保护生态环境作为重要的考量因素；其二，要求民事主体本着有利于节约资源、保护生态环境的理念从事民事活动，树立可持续发展的理念；其三，司法机

---

〔1〕 参见陈庆安："《刑法修正案（十一）》的回应性特征与系统性反思"，载《政治与法律》2022年第8期，第3页。

关在审判民事案件、适用民事法律规定时，要加强对节约资源、保护生态环境的民事法律行为的保护。

绿色原则在《民法典》各编中均有规定。比如，"物权编"第 346 条规定，"设立建设用地使用权，应当符合节约资源、保护生态环境的要求，遵守法律、行政法规关于土地用途的规定，不得损害已经设立的用益物权。"此外，"合同编"第 509 条第 3 款规定："当事人在履行合同过程中，应当避免浪费资源、污染环境和破坏生态。"第 625 条规定："依照法律、行政法规的规定或者按照当事人的约定，标的物在有效使用年限届满后应予回收的，出卖人负有自行或者委托第三人对标的物予以回收的义务。"还有在"侵权责任编"所规定的"环境污染和生态破坏责任"一章对于环境污染和生态破坏的民事法律责任作了详细规定。

一、绿色矿山的理论与实践

具体到矿产资源领域，绿色原则也是当今我国矿产资源保护与开发利用所应坚持的基本原则之一。一般认为，所谓绿色矿山（Green Mining，也可称 Bio-friendly Mine）是一种综合考虑资源开发利用和环境影响的现代矿山建设模式，其目标是使矿山资源的开发从设计、建设、生产、服务期满的整个生命周期中，资源利用率高、对环境负面影响小、综合效益大，使矿山企业经济效益与社会效益得到协调优化的生产模式。从一定意义上来说，构建绿色矿山，就是实施矿山企业的清洁生产以及随其伴生的绿色技术体系。

（一）我国绿色矿山发展的主要阶段

我国绿色矿山建设经过十余年的发展，从最初的宣言理念逐步变为操作规范，取得了积极成效。具体而言，我国绿色矿山发展经历了以下四个主要阶段：

1. 绿色矿山的理念生成阶段

相比西方发达国家而言，"绿色矿山"在我国提出的时间较晚。2007 年 11 月 13 日，中国国际矿业大会在北京召开，原国土资源部部长徐绍史在会上提出"发展绿色矿业"的倡议，目的在于从根本上转变发展方式和经济增长方式，真正实现矿产资源合理开发利用与环境保护相协调。

2008 年 11 月 25 日，中国矿业循环经济论坛在广西南宁举行，中国矿业联合会与 11 家大型矿山企业倡导发起签订《绿色矿山公约》，得到许多矿山企业的广泛肯定和积极响应。

2008 年 12 月 31 日，原国土资源部发布《全国矿产资源规划（2008—2015 年）》，提出发展"绿色矿业"的明确要求，并确定了"2020 年基本建立绿色矿山格局"的战略目标。

2009 年 1 月 20 日，中国矿业联合会第四届第五次常务理事会提出坚持科学发展观，规范企业行为与加强行业自律，推进绿色矿业，构建资源节约型、环境友好型社会，并通过《中国矿业联合会绿色矿业公约》。

2009 年 10 月 20 日，中国国际矿业大会在天津召开，国务院时任副总理的李克强同志致信大会，要求推动科技创新，发展绿色矿业和循环经济，提高资源开采和使用率，为促进世界可持续发展作出新贡献。

2009 年 11 月 8 日，中国矿业循环经济论坛在山东烟台举办，本次论坛的主题为"绿色矿山"。原国土资源部规划司负责人表示，将从积极推进绿色矿山建设试点和建立标准体系研究出台相关鼓励支持政策。

在这短短三年时间内，关于绿色矿山建设和发展的理念在矿山行业内部得到初步认同和确立，为接下来的具体实践奠定了相关思想基础。

2. 绿色矿山的初步实践阶段

2010 年 8 月 13 日，在全国范围内正式实施的国土资源部《关于贯彻落实全国矿产资源规划发展绿色矿业建设绿色矿山工作的指导意见》，被视为第一份由官方正式提出的关于绿色矿山建设的规范性文件。其明确指出："力争 1~3 年完成一批示范试点矿山建设工作，建立完善的绿色矿山标准体系和管理制度，研究形成配套绿色矿山建设的激励政策。到 2020 年，全国绿色矿山格局基本形成，大中型矿山基本达到绿色矿山标准，小型矿山企业按照绿色矿山条件严格规范管理。资源集约节约利用水平显著提高，矿山环境得到有效保护，矿区土地复垦水平全面提升，矿山企业与地方和谐发展。"此外，其还明确了国家级绿色矿山基本条件：依法办矿、规范管理、综合利用、技术创新、节能减排、环境保护、土地复垦、社会和谐、企业文化等九个方面内容。这标志着我国绿色矿山企业发展进入制度化、规范化运行的新阶段。

2011 年 3 月 19 日，经矿山企业自愿申请、协会推荐、专家评估及社会公示，原国土资源部公布了首批"绿色矿山"试点单位名单，包括煤炭、黑色金属、有色金属、黄金、化工和建材六大类矿山企业，同煤大唐塔山煤矿等37 家单位上榜。这标志着我国绿色矿山建设正式进入实操阶段，基本实现了由"纸面上的绿色矿山"到"行动上的绿色矿山"的跨越。2012 年 4 月 18 日，原国土资源部公布第二批"绿色矿山"试点单位名单，共 183 家单位被列为第二批国家级绿色矿山试点单位。2013 年 2 月 28 日，原国土资源部公布第三批"绿色矿山"试点单位名录，共 239 家单位被列为第三批国家级绿色矿山试点单位。

在国家行政机关的积极规划和推动下，在矿山企业行业协会的积极引导和引领下，这一阶段的绿色矿山发展进入了一个全新的实践时期，取得了生产发展与环境保护兼顾的良好成效。

3. 绿色矿山的深化发展阶段

2017 年，原国土资源部、财政部、原环境保护部、原国家质量监督检验检疫总局、原中国银行业监督管理委员会、中国证券监督管理委员会联合发布《关于加快建设绿色矿山的实施意见》，对于进一步推进全国矿产资源规划实施、加强矿业领域生态文明建设、加快矿业转型与绿色发展具有十分重要的指导意义。其为我国绿色矿山建设与发展制定了总体目标：一是基本形成绿色矿山建设新格局；[1]二是构建矿业发展方式转变新途径；[2]三是建立绿色矿业发展工作新机制。[3]

2018 年 6 月 22 日，自然资源部发布已通过全国国土资源标准化技术委员会审查的《非金属矿行业绿色矿山建设规范》等 9 项行业标准进行公告，于 2018 年 10 月 1 日起实施。其主要涉及非金属、化工、黄金、煤炭、砂石、陆上石油天然气、水泥灰岩、冶金、有色金属等矿山行业企业。相关具体编号及名称如下，《DZ/T0312-2018　非金属矿行业绿色矿山建设规范》《DZ/T0313-2018　化工行业绿色矿山建设规范》《DZ/T0314-2018　黄金行业绿色

---

〔1〕 新建矿山全部达到绿色矿山建设要求，生产矿山加快改造升级，逐步达到要求。树立千家科技引领、创新驱动型绿色矿山典范，实施百个绿色勘查项目示范，建设 50 个以上绿色矿山发展示范区，形成一批可复制、能推广的新模式、新机制、新制度。

〔2〕 坚持转方式与稳增长相协调，创新资源节约集约和循环利用的产业发展新模式和矿业经济增长的新途径，加快绿色环保技术工艺装备升级换代，加大矿山生态环境综合治理力度，大力推进矿区土地节约集约利用和耕地保护，引导形成有效的矿业投资，激发矿山企业绿色发展的内生动力，推动我国矿业持续健康发展。

〔3〕 坚持绿色转型与管理改革相互促进，研究建立国家、省、市、县四级联创、企业主建、第三方评估、社会监督的绿色矿山建设工作体系，健全绿色勘查和绿色矿山建设标准体系，完善配套激励政策体系，构建绿色矿业发展长效机制。

矿山建设规范》《DZ/T0315-2018　煤炭行业绿色矿山建设规范》《DZ/T0316-2018　砂石行业绿色矿山建设规范》《DZ/T0317-2018　陆上石油天然气开采业绿色矿山建设规范》《DZ/T0318-2018　水泥灰岩绿色矿山建设规范》《DZ/T0319-2018　冶金行业绿色矿山建设规范》《DZ/T0320-2018　有色金属行业绿色矿山建设规范》。

此外，有些地方还对绿色矿山发展进行了一些创新探索。2020年12月起，已有15年绿色矿山创建历史的浙江省启动了智能化绿色矿山建设试点工作。一年多来，杭州建德海螺水泥有限公司、湖州新开元碎石有限公司、浙江交投矿业有限公司按照试点工作要求，较好地完成了智能化绿色矿山"164"体系建设，即建成一个三维地质孪生模型，建成矿山越界开采预警系统、智能卡车调度系统、全方位视频监控系统、矿山粉尘在线实时监测系统、人员车辆实时定位跟踪系统、自动化智能配矿系统等6个系统，建成大数据平台、决策服务平台、智控平台、应用场景平台等4个平台。2022年1月12日，浙江省3家矿山企业通过省自然资源厅组织的智能化绿色矿山建设试点验收，成为全省首批智能化绿色矿山。

截至2021年1月，自然资源部门正式印发《关于将河北华澳矿业开发有限公司蔡家营锌矿等矿山纳入全国绿色矿山名录的公告》，将301家通过遴选的矿山纳入全国绿色矿山名录。截至目前，全国绿色矿山名录共有1249家，其中，大型矿山775家，占总数的62%；中型矿山358家，占总数的28.7%；小型矿山116家，占总数的9.3%。[1]

（二）绿色矿山的主要内容

绿色矿山发展的重点内容包括以下几个方面：资源利用高效化、开采方式现代化、采矿作业清洁化、矿山管理规范化、生产安全标准化、内外关系和谐化以及矿区环境生态化等。具体而言：[2]

1. 资源利用高效化

在矿产资源开发过程中，应坚持科学规划，合理利用，严格按照矿山开采设计方案开展资源开发活动，提高资源开采回采率和选矿回收率，降低采

---

[1] 参见中华人民共和国自然资源部编：《中国矿产资源报告2021》，地质出版社2021年版，第19页。

[2] 参见崔彬等编著：《矿产资源产业发展》，中国发展出版社2015年版，第337~338页。

矿贫化率，上述指标最低要满足设计方案的要求，并通过管理、技术手段等措施不断提升。遵守资源开发的相关规范，稳步提高资源利用效率，加大对低品位、难采难选资源的利用，无采富弃贫、破坏资源等现象。积极采取先进技术方法及相关工艺，不断降低资源开发能耗，提升资源开发效益。

2. 开采方式现代化

开采方式现代化的要求包括：第一，应遵守已经经过批准的资源开发利用方案，真正实现开采的流程设置合理、开采的方法科学、开采的进度有序，不断促进开采技术水平的提升。第二，加大对于采选技术的引进、设备的改造以及人才的培养。第三，设计相关开采方案要统筹考虑对生态环境的影响，从开采工期和开采方式上尽量避免对于生态环境的影响，尽可能减少对于植被的破坏和降低水土流失的影响。第四，不断提升开采的机械化水平，尽可能实现全流程机械化及无尘作业，减少压矿、丢矿等现象的出现。

3. 采矿作业清洁化

采矿作业清洁化要求整个采矿作业过程应尽可能减少对各类环境要素的污染和破坏。具体而言：第一，严格执行矿山建设与环境保护的"同时设计、同时施工、同时运行"的"三同时"制度，对矿山生产的生态环境实行全流程监管。第二，在技术更新与设备改造中要尽可能考虑选择有利于清洁生产和保护生态环境的方案。第三，对于"三废"的排放要严格遵守国家的相关标准，鼓励废物循环利用。第四，通过先进的手段和技术，促使噪声、震动等影响降到合理标准范围。

4. 矿山管理规范化

矿山企业必须健全组织，明确分工，层层落实目标责任制，确保责任到位、措施到位和投入到位，并按有关规定要求认真执行矿山开采监理。矿山企业依法建立各项管理制度，真正做到规章制度完善、各类报表完善、台账和档案资料完整。此外，矿山企业还应切实做到生产区和生活区分离，生产区建设布局规范合理，生活区的生活辅助设施符合安全、卫生及环保要求，确保人居环境的安全。

5. 生产安全标准化

生产安全是绿色矿山发展的底线，生产安全标准化有助于将生产安全的目标真正落到实处。生产安全标准化的内容主要包括：第一，严格实施矿产企业安全技术标准和管理制度，健全安全生产责任制，建立各项安全生产管理规程和安全操作规程，搞好全员安全教育和安全生产技能培训，确保安全生产专业人员持证上岗。第二，落实矿山企业安全生产准备金制度，足额提供安全生产费用，保障设备安全性能，设置危险区自动报警装置，杜绝职业病发生等，保证安全生产投入的有效实施。第三，完善安全防范规章制度和各类预案，健全应急救援机制，加大对火工器材的管理力度，及时消除生产环节安全隐患，建立安全生产长效机制。

6. 内外关系和谐化

矿业开发首先要取得当地政府和当地居民的认可和信任，这是矿业开发必须要获得的"社会执照"。要共同建立信息沟通机制与突发事件磋商机制。此外，矿业开发者应积极主动参与当地的公益事业，及时调整影响社区的采矿作业，及时妥善应对意外事故和涉及人身安全和环境破坏的事件。而且，应当把这些内容置入职工培训体系，在提高职工生产技能、绿色环保意识、营造良好的企业文化的同时，要让职工领悟到当地政府和居民的认可与信任是矿业开发的要件。

7. 矿区环境生态化

矿区环境生态化主要内容包括：第一，应当制定矿山环境与治理方案并严格实施，边生产边恢复（治理），矿山环境治理资金的年投入达矿石销售收入的一定比例以上。第二，矿区的生产区、生活区和复垦区绿化覆盖率达标。第三，矿山开采尽量减少对生态环境的破坏，不对主要交通干线和景区直观可视区的地貌景观造成破坏，无地质灾害隐患和险情，治理率达100%。第四，应当具有完备的矿山闭坑规划和后续土地利用与监测方案（计划），并且开采、闭坑等阶段矿山环境治理率及土地复垦率达标，破坏的植被修复效果显著，确保与周边环境相协调。

（三）绿色矿山建设的典型模式

有学者将我国绿色矿山建设的典型模式概括为以下几种：

1. 矿山绿色开采模式

矿山绿色开采模式是一种以最小的环境代价来实现矿产资源最大效益的建设模式。绿色开采从广义上是认识和对待一切资源，在矿产开采中追根溯源，从源头上治理环境污染。绿色开采主要是通过控制和利用采动岩层破断运动，在实现经济效益的同时实现资源开发与环境效益、社会效益的有机协调。绿色开采模式主要适用于煤炭开采，其开采技术包括保水开采、充填开采、煤与瓦斯开采、减沉开采、矸石减排、地下气化开采。绿色开采模式可以有效治理传统开采方式造成的地表塌陷、水土流失、沙漠化严重、大气污染等。

2. 矿山复垦模式

矿山复垦模式是指对矿山开发全过程受到人为破坏或者自然灾害的土地采取治理措施。根据《保护规定》提出的，因矿产资源勘查开采等活动造成矿区地面塌陷等环境破坏的预防和治理恢复或者开采矿山资源涉及土地复垦的，均需要按照国家土地复垦的法律法规执行。矿山恢复模式应以"预防为主、防治结合、谁开发谁保护、谁破坏谁治理、谁投资谁受益"为原则，综合考虑复垦后土地利用的社会效益、经济效益和生态效益。

3. 矿山科技创新模式

矿山科技创新模式是指通过核心技术、关键技术、共性技术的更新换代推动矿山企业产业结果升级。科技发展规划是企业提高竞争力、发展自身优势的主要途径，其中技术创新主要是实施通过产学研的形式实现技术与经济的有机结合，贯彻绿色矿山建设的始终，实现节能减排降本增效的企业生产目标。原国土资源部于 2017 年 3 月发布《关于加快建设绿色矿山的实施意见》提出，"坚持转方式与稳增长相协调，创新资源节约集约和循环利用的产业发展新模式和矿业经济增长的新途径，加快绿色环保技术工艺装备升级换代"，实现绿色矿山的现代化科技化发展。

4. 矿地和谐模式

矿地关系是指采矿主体与地方政府、矿区居民的关系。矿地和谐模式主要是指兼顾三方利益，通过强化矿产资源管理机制，使得三者高度配合、相互协作，实现耕地资源占有率少、环境污染率低以及矿产资源利用率高的矿山建设模式。

经过之前的不懈努力，我国矿产资源综合利用水平不断提高，绿色矿业发展取得明显成效。为了推进绿色矿山发展，原国土资源部和有关部门先后共遴选出三批次、共 459 家国家级绿色矿山试点单位。这些绿色矿山试点单位按行业性质划分，涉及油气、煤炭、有色金属、冶金、黄金、化工、建材及非金属等行业，树立了一批绿色矿山发展的典型。绿色矿山试点单位在绿色矿山理念的指引下，走"开发一方资源、造福一方百姓"的绿色发展之路，很多矿山企业积极承担社会责任，重视企业文化，营造社区和谐，共享发展成果。例如，中金集团西藏甲玛铜矿将企业文化与绿色矿业理念高度融合，秉持"建一座矿山，绿一片环境；富一方经济，扶一方百姓；促一方和谐，树一座丰碑"的办企宗旨，带领当地群众共享发展成果，实现了企业与地方的利益共享以及企业自身的可持续发展。[1]

二、绿色勘查的理论与实践

2018 年 6 月 28 日，中国矿业联合会正式发布《绿色勘查指南》，这是第一个绿色勘查的国家级的团体标准。《绿色勘查指南》规定了勘查工作中开展实践绿色勘查的基本原则和基本要求、施工企业管理、勘查工作中的生态环境保护和环境恢复治理、和谐勘查等内容。

《绿色勘查指南》将绿色勘查定义为，以绿色发展理念为引领，以科学发展理念为统领，以科学管理和先进技术为手段，通过运用先进的勘查手段、方法、设备和工艺，实施勘查全过程环境影响最小化控制，最大限度地减少对生态环境的扰动，并对受扰动的生态环境进行修复的勘查方式。

（一）制定绿色勘查行业标准规范

2021 年，自然资源部正式发布《绿色地质勘查工作规范》，弥补我国绿色勘查标准建设空白；此外，《地质勘查活动质量管理规范》（修订稿）公开征求意见。截至目前，我国在铁、锰、铬、硫铁矿等 15 类矿种的行业标准勘查规范中提出绿色勘查要求，在《固体矿产地质勘查报告编写规范》中设置绿色勘查章节。贵州、青海、山东、内蒙古、宁夏等省（区）自然资源主管部门结合地方特色，制定了地方（省级）标准。

比如，按照青海省委及省自然资源厅党组的安排部署，作为具体的业务实施部门，青海省地质调查局紧紧围绕"两山"理论，精心谋划部署、积极深入省级地质勘查专项资金矿产勘查项目现场，以及社会资金项目一线和矿山企业等进行调查，就绿色勘查现状、方式、方法、成效和存在的问题，广泛听取意见建议，全面进行梳理总结，并结合工作要求，形成一套科学、统一、规范的，能够满足青海的高原绿色勘查需求的管理办法和地方标准，同时创新应用"高分遥感+无人机拍摄+野外实地核查"的"空天地一体化"监督检查技术，从而有效地推进青海省绿色勘查工作的全面实施。

---

〔1〕 参见崔彬等编著:《矿产资源产业发展》，中国发展出版社 2015 年版，第 314~319 页。

（二）开展绿色勘查项目示范工作

2019 年，自然资源部办公厅正式印发《关于开展绿色勘查项目示范工作的通知》，评选产生了首批 18 个具有一定示范效应的绿色勘查项目，宣传推广地勘行业绿色发展典型经验。

2021 年，自然资源部组织开展了第二批绿色勘查示范项目评选工作，共评选出 77 个绿色勘查示范项目。

（三）建立绿色勘查管理新的机制

目前，我国初步建立了"源头预防、过程控制、事后治理、全程监管"的绿色勘查管理新机制。具体到矿产资源犯罪刑事立法领域，须意识到坚守绿色原则的重要性。绿色原则被视为矿产资源犯罪刑事立法的特殊原则之一。这就要求矿产资源犯罪刑事立法应当高度关注矿产资源犯罪对于生态环境所造成的一系列不良影响，并将刑事立法的基本理念与主要内容所表述的重点不断向保护矿产资源的生态利益价值层面来倾斜，为绿色矿山和绿色勘查等工作提供刑事法律的支撑和保障作用，并做好一系列的"行刑衔接"工作，进一步形成矿产资源保护的有效合力。

此外，绿色原则要求在矿产资源犯罪的刑罚配置方面也应当有所积极回应与适度调整完善。一方面，应注重加大财产刑的处罚力度，发挥财产刑自身优势，以用来积极有效地修复矿产资源犯罪对于生态环境所造成的损害；另一方面，还须注意将刑罚措施与非刑罚措施实现彼此的有机结合与运用，最大限度地保护好生态环境与矿产资源，为国家和社会的可持续发展提供有力支撑。

第四节　法治原则

在我国，法治可分为政党法治与国家法治，两者在本质上具有高度的一致性，在运行中则存在紧密的互动关系。党的十八大以后，我国进入中国特色社会主义新时代。习近平法治思想的要义之一就是要坚持党的集中统一领导，并正确处理政党法治与国家法治的关系，坚持以政党法治引领和带动国家法治，将党的领导、人民当家做主和依法治国有机衔接起来，将党和人民群众的意志上升为国家法治层面的高度，真正做到科学立法、严格执法、公正司法、全民守法。

以我国环境资源和生态文明法治建设路径分析为例，2021年6月，中共中央办公厅、国务院办公厅联合印发《中央生态环境保护督察工作规定》（以下简称《环保督察规定》）。《环保督察规定》是生态环境保护领域的第一部党内法规。正如生态环境部副部长翟青所说："在第二轮中央生态环境保护督查即将启动之前，规定（《环保督察规定》）以党内法规的形式规范督查工作，充分体现了党中央、国务院推进生态文明建设、加强生态环境保护工作的坚强意志和坚定决心，将为依法推动生态环保督查向纵深发展发挥重要作用。"

与之前《环保督察方案》相比，《环保督察规定》的变化主要体现在三个方面：第一，更加强调督查工作要坚持和加强党的全面领导。《环保督查规定》提出要提高政治站位，强调督查应当严明政治纪律和政治规矩；要求中央生态环保督察组在进驻地方时，组建临时党支部，严格落实全面从严治党要求。第二，更加突出和强调纪律责任。《环保督察规定》关于纪律要求大幅度增加，既对被督查对象提出纪律要求，也对中央生态环保督察组、督察人员和生态环境部、中央生态环保督查办公室提出明确纪律要求。第三，更加丰富和完善关于环保督察的一系列顶层设计。《环保督察规定》确立中央生态环境保护督察是中央级、省级两级督察体制；并明确了三种督察方式，即例行督察、专项督察和"回头看"等。第四，更加明确和细化了环保督察的工作内容，主要包括：督察事项、督察程序、督察方法、督察权限、督察考核、督察问责等，[1]使得环保督察更加明确、具可操作性。

比如，《环保督察规定》第21条规定："中央生态环境保护督察进驻时间应当根据具体督察对象和督察任务确定。督察进驻主要采取以下方式开展工作：（一）听取被督察对象工作汇报和有关专题汇报；（二）与被督察对象党政主要负责人和其他有关负责任人进行个别谈话；（三）受理人民群众生态环境保护方面的信访举报；（四）调阅、复制有关文件、档案、会议记录等资料；（五）对有关地方、部门、单位以及个人开展走访问询；（六）针对问题线索开展调查取证，并可以责成有关地方、部门、单位以及个人就有关问题做出书面说明；（七）召开座谈会，列席被督察对象有关会议；（八）到被督

---

〔1〕 参见张蕾："推动中央生态环保督察向纵深发展——解读《中央生态环境保护督察工作规定》"，载《光明日报》2019年6月28日。

察对象下属地方、部门或者单位开展下沉督察；（九）针对督察发现的突出问题，可以视情对有关党政领导干部实施约见或者约谈；（十）提请有关地方、部门、单位以及个人予以协助；（十一）其他必要的督察工作方式。"这就为环保督察的开展提供了明确的工作措施与方法，既增强了督察工作的可操作性，也为督察权力运行划定了边界。

目前，在我国语境下，党中央、国务院通过建立专业化、规范化、常态化的中央环保督察制度，初步形成了"科层化"的环保督察实践机制与组织体系，实现生态环境监管从单一"监督政府"到"党政同责""一岗双责"的重大转变。[1]

具体到我国矿产资源犯罪惩防领域，刑事法律的规定往往涉及人身自由、财产利益等重大公民权益。为此，我国矿产资源犯罪刑事立法应当始终牢固树立法治思维，坚决秉持法治原则。从我国的具体国情出发，及时将执政党对于矿产资源保护和矿产资源犯罪惩罚的方针政策及实践经验上升为国家法律层面的具体规定，积极推动"政党法治"向"国家法治"的重要转变。此外，应注意提高立法技术水平，不断创新立法工作方法，切实加强关于矿产资源犯罪的立法解释和司法解释工作，不断增强刑事法律条文的科学性与可操作性。

总而言之，法治原则要求从矿产资源的规划开始，到矿产资源的勘查、开采，再到矿产资源的保护，真正促使每一环节均有具体、清晰的刑事法律规范和指引，实现"全链条、无缝隙"地覆盖，切实做到有法可依、执法必严、违法必究。

第五节　科学原则

科学原则主要是指矿产资源犯罪的立法工作应当遵循矿产资源生成、保护与开发的基本规律，客观、理性、完整地设置矿产资源犯罪的相关罪名和刑罚体系，不断增强针对矿产资源司法工作的现实可操作性，力求最大限度地实现矿产资源犯罪刑事立法的科学化目标。

笔者在调研座谈中发现，多数检察官、法官普遍反映对于破坏性采矿罪

---

[1]　陈海嵩：《中国环境法治转型的规范阐释》，社会科学出版社 2022 年版，第 133 页。

的定罪量刑案件极少，而且在办案中对"破坏性采矿"这一客观行为的认识和判定并不清楚，到底何为"破坏性方法"存在着不小争议。从立法层面的角度分析，其主要由于针对该罪的立法规定存在模糊不清之处；换言之，立法层面的相关内容表述过于笼统和原则，缺乏现实可操作性。这就从根本上为具体的司法适用工作造成了不小的困扰。

不同于其他自然资源的开发与利用，矿产资源的开发与利用有着较为独特的规律，其一般呈现出技术难度大、覆盖范围广、风险程度高、收益预测难等显著特点。在此，以矿产资源勘查工作为例，整装勘查是地质找矿机制的核心，是指在具有一定工作程度、资源潜力较大的地区，按照地质找矿新机制的要求，统筹中央、地方和企业各类勘查资金，集中力量开展的勘查工作，是在同一个构造成矿区带或者相似的地质成矿条件区域内，以寻找一种或者数种矿产资源为目的，统一部署、统一组织实施、统一技术标准、综合研究与评价，通过科学的成矿理论，运用数种有效的勘查技术手段，开展系统化、规模化的矿产勘查活动。[1]整装勘查整个过程涉及当地政府、地勘单位、企业、投资人和当地群众等多个方面，国家级整装勘查区是以全国矿产资源潜力评价结果为重要依据确定的，主要针对能源和重要矿产资源，结合国家区域经济发展和产业布局设立的，已经成为找矿突破的龙头，取得了大量阶段性成果。

整装勘查区的矿产资源开发利用对生态环境会产生两方面的重大负面影响：一方面，矿产资源的勘查、开发和利用主要表现为大量的工程活动，其

---

〔1〕 继2011年3月2日设立第一批47片整装勘查区、第二批31片整装勘查区，2013年11月14日，原国土资源部又设立第三批整装勘查区。至此，国家级整装勘查区的数量扩大至109片，总面积约为50.55万平方公里，分布在我国25各省（区、市），其中，河北1片、山西2片、内蒙古11片、辽宁2片、黑龙江2片、吉林1片、安徽5片、福建2片、江西6片、山东2片、河南6片、湖北3片、湖南3片、广东7片、广西4片、重庆3片、四川2片、贵州5片、云南9片、西藏8片、陕西3片、甘肃5片、青海7片、新疆9片、海南1片。主攻矿种以国家紧缺和大宗支柱型矿产为主，兼顾锰、锡和新兴材料资源，其中，铀矿12片、铁矿21片、铜矿24片、铝土矿6片、铅锌矿11片、金矿19片、锰矿5片、钾盐矿2片、钨矿1片、锡矿3片、钼矿1片、镍矿1片、金刚石1片、磷矿1片、石墨矿1片。主攻矿种以铀、铁、铜、铅、铅锌、金、钾盐等国家紧缺和大宗支柱矿产为主，兼顾锰、锡和新兴材料资源，对于成矿条件优越、具备开展整装勘查工作的集中连片特殊困难地区，可优先考虑。2014年，原国土资源部滚动调整、不断优化整装勘查布局，原有109个整装勘查区退出11个、新增9个。据不完全统计，多个整装勘查区取得重大找矿进展：西藏多龙地区铜钼矿整装勘查区新探获铜资源量355万吨；新疆西天山阿吾拉勒地区新增铁矿石资源量约1.62亿吨。参见崔振民："整装勘查浅议"，载《中国矿业》2011年第10期，第25~27页。

直接作用于矿区生态环境，改变了矿区生态环境的要素构成、布局形态和质量。另一方面，矿产资源的利用会产生大量的废水、废气、废渣，直接造成矿区生态环境的严重污染；也会诱发滑坡、崩塌、泥石流等环境灾害。

在整装勘查中，环境约束条件从总体水平上反映出矿产资源开发与自然环境之间的密切关系，其具体可从环境承载力、环境恢复难度和潜在污染程度等三个主要方面予以认定。[1]

（1）环境承载力，又称为环境承受力或者环境忍耐力，是指一定时期内，在维持相对稳定的前提下，环境资源所能容纳的人口规模和经济规模的大小。一个地区的面积、空间和资源都是有限的。这就决定其环境承载力是有限的。当人类社会经济活动对环境的影响超过了环境所能支持的极限，即外界"刺激"超过了环境系统维护其动态平衡与抗干扰的能力，环境就遭到了破坏。对一个地区自然环境承载力评价需要考虑的因素包括：①主体功能区的定位；②地质构造稳定性；③矿产资源开发可能引起的地质灾害强度。

（2）环境恢复难度，其主要是指用以衡量矿山环境治理、环境再造难易程度的指标。矿产资源会带来一些系列环境问题，比如，开发会带来土地占压；露天开采因地表剥离而对生态系统造成破坏；采矿过程会改变地下水系统（疏干地下水）造成地表生态环境破坏。环境恢复难度指标可用环境恢复成本来衡量。单位面积环境恢复成本是反映单位面积修复可能性的指标。如果整装勘查区矿产资源开发利用造成的环境破坏严重，很难修复，进而可以判定该整装勘查区矿产资源开发利用不可行。

（3）潜在污染程度，即指用来衡量矿产资源开发活动对环境可能造成的污染情况的指标。具体可用大气污染程度、水污染程度和土壤污染程度三个具体指标来衡量。大气污染程度用 SO_2 排放量/万元 GDP 来衡量（粉尘排放量/万元 GDP 来衡量）；水污染程度用单位面积污染物排出量衡量；土壤污染程度用单位面积重金属含量来表示。

为此，矿产资源犯罪刑事立法须秉持科学原则，切实尊重不同种类的矿产资源生成的共同规律和个性规律，认真、客观地分析矿产资源保护和开发利用中所面临的一系列难题和困境；而不能主观臆断，凭借所谓的主观意志和想象来设定矿产资源犯罪的刑事法律规定内容，切实为矿产资源犯罪刑事

---

〔1〕 参见崔彬等编著：《矿产资源产业发展》，中国发展出版社 2015 年版。

立法的完善作出科学规定和制度安排，增强矿产资源刑事立法的现实可操作性，继而为刑事司法实践开展提供坚强的立法保障。

此外，需要强调的是，矿产资源犯罪刑事立法工作应当关注当前国家关于矿产资源开发与保护的一系列技术标准和规范要求，并将其融入刑事立法的规定之中，不断增强矿产资源犯罪刑事立法工作的科学性，为司法实践提供明确指引。

第六节　衔接原则

刑事立法的研究不仅在于关注刑事法律本身，而且在于科学关照与其相关联的其他法律。衔接原则主要是指矿产资源刑事立法既应实现其与其他环境资源刑事立法之间的有效衔接，也应实现矿产资源刑事立法与矿产资源行政立法相关内容的衔接。之所以须坚持衔接原则，是因为我国矿产资源犯罪惩防工作是一项系统工程；而且矿产资源犯罪属于典型的行政犯，其不仅仅需要刑事法律层面的主要规范和保障作用，而且需要行政法层面的有效补充和支撑作用。

一、实现与其他环境资源犯罪刑事立法间的有效衔接

根据学界通说，矿产资源犯罪本质上是一种典型的环境资源犯罪，矿产资源犯罪与破坏动植物资源犯罪、破坏土地资源犯罪具有共同性。这就决定了关于矿产资源犯罪的刑事立法工作规定须以环境资源犯罪的相关规定为基础。无论是在犯罪构成的设置方面，还是在具体刑罚的配置方面，矿产资源犯罪应与其他环境资源犯罪的整体立法设计相协调一致。

客观而言，相较于西方发达国家或者地区而言，我国环境犯罪和环境刑法研究起步晚但发展快，已形成了相对成熟的法律体系。但关于矿产资源犯罪的专门性研究相对薄弱，且相关国家立法建设相对滞后。尤其是长期以来，对于非法采矿罪和破坏性采矿罪的法律规定并未发生实质性的调整与完善。此外，2016 年《司法解释》相关规定也无法有效地满足当今矿产资源犯罪惩防任务的现实迫切需求。这均迫切要求对照我国环境犯罪和环境刑法的研究新成果，进一步加强对我国矿产资源犯罪的相关理论研究与刑事立法建设，及时更新矿产资源犯罪的刑事法律规定，并与其他环境资源犯罪的刑事法律

规定相协调，为矿产资源保护与开发的"善治"提供"良法"的坚实支撑。比如，同样作为自然资源的要素内容，矿产资源犯罪刑事立法应注意参照、比较和借鉴植物资源犯罪刑事立法、动物资源犯罪刑事立法、土地资源犯罪刑事立法等的相关内容。

二、实现矿产资源犯罪刑事法与行政法间的有效衔接

矿产资源犯罪是一种典型的行政犯。在我国语境下，行政犯的本质内涵主要是以违反行政法的前置性条件，且危害严重，需要动用刑罚处罚的犯罪类型。其基本特点包括以下几方面内容：第一，以违反行政法为前提；第二，危害严重，行政法规及行政处罚不足以惩治；第三，应当承担刑事责任，给予刑罚处罚；第四，其范围显然要小于法定犯，主要集中在经济犯罪、环境犯罪等领域。申言之，在司法认定上，行政犯构成要件符合性的判断要依赖行政法的规定，没有行政法依据的，不得轻易认定为犯罪；在立法上，只有当某种行为用行政法中处罚措施不足以保护法益的时候，才能动用刑法，不得轻易将行政法尚属空白的行为直接上升为刑事立法。

在我国涉及矿产资源的法律体系中，行政法律体系占据着主体和主导地位，其涉及矿产资源管理秩序、探矿权人与采矿权人的权利和义务、矿产资源环境保护工作、矿山利用后的治理与修复等。我国涉及矿产资源的行政法律规定主要包括：《矿产资源法》《煤炭法》《矿山安全法》《矿产资源法实施细则》《勘查管理办法》《矿产资源开采登记管理办法》《保护规定》《矿产资源监督管理暂行办法》等。在矿产资源保护实践中，我国矿产资源主管部门通过行政执法方式来发挥重要的基础性功能。比如，2021 年 7 月 15 日，自然资源部正式印发《自然资源部办公厅关于加强和改进矿产执法工作的通知》规定："要求各级矿产执法部门严格依照矿产资源法律法规，从严查处无证勘查采矿、越界勘查采矿和破坏性采矿等违法行为，严肃查处矿产资源违法的突出问题。加强矿产资源违法形势分析研判，加强矿产违法发现和制止，深化矿产执法工作，并着力纠正矿产执法不严的问题。"[1]

以非法探矿行为为例，《勘查管理办法》第 9 条规定："禁止任何单位和个人进入他人依法取得探矿权的勘查作业区内进行勘查或者采矿活动。"此

---

〔1〕　中华人民共和国自然资源部编：《中国矿产资源报告 2021》，地质出版社 2021 年版，第 21 页。

外，其第 26 条规定："违反本办法规定，未取得勘查许可证擅自勘查工作的，超越批准的勘查区块范围进行勘查工作的，由县级以上人民政府负责地质矿产管理工作的部门按照国务院地质矿产主管部门规定的权限，责令停止违法行为，予以警告，可以并处 10 万元以下的罚款。"实践中，非法探矿现象比较普遍，尤其是"以探代采"的问题比较突出，这同样可能会对矿产资源造成严重损害。行政法律法规只是对非法探矿行为及处罚进行初步规制，但显然不足以有效地惩治和预防在情节和后果上更为严重的非法探矿行为。此时就需要充分发挥刑法作为"保障法""二次法""事后法"的重要功能和价值。然而，我国《刑法》并未对在情节或者后果上更为严重的非法探矿行为进行明确规定，于是出现了"行刑断链"的问题，不利于依法打击非法探矿行为。有必要在我国今后的刑事立法中对非法探矿行为予以关注并完善。

因此，在我国语境下，矿产资源犯罪的刑事立法完善工作须及时关注和认真研究涉及矿产资源的各项行政法律制度的调整与完善，注意从"行刑衔接"的基本原则出发，切实做好刑事立法与行政立法之间规定的良好衔接，从而真正发挥惩治与预防矿产资源犯罪的法治合力，推动良法善治目标之达成。

第八章
CHAPTER 08

我国矿产资源犯罪立法模式的选择与完善

整体而言，当前我国矿产资源犯罪刑事立法工作相对滞后，已影响我国矿产资源犯罪惩治的司法工作效果。为此，须从本源性、基础性的国家立法层面，来对我国矿产资源犯罪的刑事立法规定予以结构性重塑，切实为"善治"的实践提供真正坚实的"良法"保障。对于矿产资源犯罪刑事立法的完善须首先关注其立法模式问题，因为这关乎着最终的立法走向和立法质量问题。

所谓刑事法律立法模式主要是指国家立法机关在进行刑事法律创制、完善时所选择采用和遵循的一般标准样式和流程规范。不同国家的矿产资源犯罪立法模式有着自身的显著特征。而在我国，一般将矿产资源犯罪作为一类重要的环境资源犯罪来研究。因此，我国矿产资源犯罪立法模式必然受到环境资源犯罪立法模式的直接影响和制约。

第一节 矿产资源犯罪立法模式的具体样态

每个国家均有自身的实际国情以及立法规律、立法传统、立法技术等。这就决定了每个国家对于包括矿产资源犯罪在内的整个犯罪惩治的刑事法律规定有着较为独特的立法模式。笔者将其概括为以下几种具体立法模式，具体而言：

一、复合型刑事立法模式

复合型刑事立法模式也被称为综合性的刑事立法模式，即主要指以刑法（或者刑法典）规定内容为主、以附属刑法规定内容等为辅来惩治环境资源犯罪的立法范式和相关标准。此种立法模式常见于成文法国家，其比较讲究刑法自身结构的统一性与内容的系统性，同时也较为注重立法完善的灵活性。

复合型立法模式对于立法技术要求非常高；此外，其自身具有的滞后性也是显而易见的问题，即对于新的犯罪态势以及犯罪方法的预测性与适应性较差。当前我国关于矿产资源犯罪的相关规定就是较为典型的复合型立法模式，即对于矿产资源犯罪的规定主要集中在我国《刑法》中，其他涉及矿产资源犯罪的规定则散见在其他附属刑法及相关司法解释中。

二、独立型刑事立法模式

独立型刑事立法模式主要是指通过制定统一单独的特别刑事法律来惩治环境资源犯罪的立法范式和相关标准。此种立法模式强调对环境资源犯罪的特别关照与重点惩防，往往具有较强的现实针对性与适用性。此外，这种立法模式往往强调刑事实体法与刑事程序法的有机结合，体现了单独立法的精准性、系统性，但需要注意的是独立性模式可能会造成刑事法律体系的分散。

三、分散型刑事立法模式

分散型刑事立法模式主要是指将环境资源犯罪的内容分散在各项法律规定中，并无完整统一的立法范式和相关标准。此种立法模式常见于英美法系国家。因为英美法系国家的法律渊源是判例法，不可能像大陆法系国家那样通过修订刑法典增加环境资源犯罪的内容，或者制定单独某项环境资源犯罪的特别法。分散型立法最突出的优点之一就是可对相关犯罪惩罚规定予以及时调整、补充和完善。但分散型立法的体系结构往往存在着不协调的主要问题。

第二节　我国矿产资源犯罪立法模式选择的具体路径

我国矿产资源犯罪立法模式的选择与完善应坚持立足我国具体国情、现实司法实践需求及未来发展考量，可考虑采取"渐进式"完善路径，从现实角度和长远角度相结合来加以具体实现，实现"良法"与"善治"的有机结合。

一、现实角度：我国矿产资源犯罪刑事立法采用复合型模式

从我国当前国家宏观立法规定和刑事法律体系来看，我国矿产资源犯罪刑事立法应在较长一段时间内，坚持"复合型"立法模式。具体而言，以我国刑法中对矿产资源犯罪给予规定为主，对矿产资源犯罪进行集中明确规定，不断织密刑事法网；同时，以矿产资源行政法中关于附属刑法立法规定作为辅助，进一步推动"行刑衔接"的具体落实。之所以将"复合型"立法模式作为现实路径选择，是主要基于以下因素的考量：

首先，我国作为成文法国家，立法传统带有鲜明的法律综合化、体系化的倾向。虽然我国尚未制定《刑法典》，但比较强调通过《刑法》来统一规制各类犯罪，具体在刑法分则中予以集中。矿产资源犯罪作为一类具体犯罪，主要需要《刑法》来加以规定，以体现整个刑法体系结构的完整性与系统性。

其次，正如有学者所言："环境刑法的附属性决定了环境犯罪与环境行政法之间有着割不断的关系，所以，我国环境犯罪立法工作不可能纯粹通过刑法承担，而必须借助于环境行政立法加以辅助。实质上，环境犯罪属于一种行政犯罪，这可以从一系列环境犯罪罪状的表述中涉及'违反……规定'中得到充分的说明。所以，可以说，一系列环境犯罪是紧紧依附于有关的环境行政法之中，大部分环境犯罪的一些构成要件需要参考环境行政法才可以得到解释和说明。除此之外，我国行政立法对诸多照应性的提示规定已经成为一种习惯，并明确规定一些违反法律、触犯刑律的行为，需要追究其刑事责任，在有关环境行政立法中也不例外。所以，环境刑法的附属特性加上我国刑事及行政立法的特点，决定了我国在环境犯罪方面的规定一定要借助于环境行政法律和法规的规定作为辅助。"[1]因此，矿产资源犯罪作为一项特殊的环境资源犯罪，也是一种行政犯。国家对矿产资源犯罪的有效惩治当然离不开矿产资源行政法律的明确规定、积极回应和有效衔接。申言之，当前仍需要发挥附属刑法的重要价值与意义。

最后，之所以选择并采用现实主义的复合型的刑事立法模式，是因为这与我国当前的立法现状以及立法水平具有相当密切的关联性。虽然我国环境

---

[1]　丰晓萌：《环境犯罪的基本理论及刑法立法研究》，中国水利水电出版社 2018 年版，第 223～224 页。

刑法研究与实践取得了积极成效，但仍未完全孕育发展为成熟的法律品格，还有诸多基础性的理论问题需要加以统一认识与规范表述。同时，我国矿产资源行政立法规定虽然范围广泛、种类齐全、内容丰富，但还处于不断发展与完善的阶段，涉及矿产资源保护与利用的一系列行政法律规定内部还存在诸多结构性冲突问题；此外，我国矿产资源监管的一系列行政改革工作并未完成。这些因素均决定了我国矿产资源刑事立法模式尚不能采取单纯的特别立法模式。换言之，目前尚不具备单独制定一套关于矿产资源犯罪方面的刑事特别法的条件和时机；而仍须发挥各个部门法的优势所在，在统一规范的《刑法》规定之基础上，将附属刑法等作为必要补充。

为此，在我国《刑法》现有的结构框架和体系下，笔者认为包括矿产资源犯罪在内的环境资源犯罪基于生成发展机理以及侵犯法益的特殊性等综合因素，应考虑在《刑法》中单设一章"环境资源犯罪"，将矿产资源犯罪的具体内容纳入其中，以体现刑法对此类犯罪的特别关照。在此基础上，进一步完善和细化关于矿产资源犯罪的各个罪名设置及刑罚配置，以科学弥补矿产资源保护在刑事法律层面的漏洞。

二、长远角度：我国矿产资源犯罪刑事立法采用独立型模式

从长远发展角度而言，笔者建议我国矿产资源犯罪立法模式可考虑选择独立型的特别立法模式，即针对矿产资源犯罪惩治工作制定一部单独的刑事特别法，以充分体现国家对矿产资源保护的高度重视。之所以最终选择独立型的刑事立法模式，主要是基于以下几点关键因素考量：

其一，与其他环境资源犯罪比较而言，矿产资源犯罪的形成、发展机理和规律具有自身特殊性；而且矿产资源犯罪所侵犯的客体具有多元性，不单单是对国家矿产资源监管秩序的破坏，还包括对整个生态环境法益的侵害等。此外，矿产资源行政法律体系内容虽然纷繁复杂，但存在一定的内在逻辑体系性，其与矿产资源犯罪惩治具有千丝万缕的关联性。在我国环境刑法以及矿产资源立法和行政体制改革成熟的条件下，笔者建议我国矿产资源犯罪的惩治可选择独立型刑事立法模式，以刑事实体法为主，兼具刑事程序法的内容，真正形成对我国矿产资源犯罪的惩防合力，最大限度地实现矿产资源犯罪的综合治理效果。

其二，我国已开始探索并实施了刑事特别法的先例，能够为我国矿产资

源犯罪刑事立法完善提供借鉴。比如，正如有学者所言："《反有组织犯罪法》实质上部分修改了我国刑法关于惩治黑恶势力犯罪的既有规定。由司法规定确定的半正式制度，发展为专门法律规定的正式制度，是《反有组织犯罪法》中刑法规范的重要特征。在防治有组织犯罪的整体法秩序构建并运行之后，惩治规范与防治规范的功能协调，集中体现于惩治规范应以严格限制入罪、精准裁处刑罚为适用准则，防治规范努力追求最佳的反有组织犯罪效果；具体表现为惩治规范以狭义有组织犯罪为适用对象，防治规范以广义有组织犯罪为适用对象。《反有组织犯罪法》新增涉反有组织犯罪的治安规范，也是对刑法既有规范进行实质修改的方式，这种治安规范，因体系地位的特殊性，具有惩治规范和防治规范的双重功能。"[1]因此，笔者认为，从长远角度来思考，针对矿产资源犯罪的特殊性及对其惩治工作的系统性进行综合考量，可有效借鉴上述《反有组织犯罪法》的相关立法示范，有效地整合涉及矿产资源犯罪惩治的各项法律法规资源，以对矿产资源犯罪惩治相关内容进行单独、清晰且统一的立法规范表述，从根本上提升矿产资源犯罪惩治的刑事立法保障水平，进一步体现中国特色社会主义法治体系的先进性与优越性。

---

　　〔1〕　参见黄京平："扫黑除恶历史转型的实体法标志——《反有组织犯罪法》中刑法规范的定位"，载《江西社会科学》2022 年第 2 期。

第九章
CHAPTER 09

我国矿产资源犯罪罪名体系的调整与完善

所谓罪名，即犯罪行为的具体名称。作为对犯罪现象最为精准的文字表述，罪名可以反映一个国家、一个社会乃至一个时代的刑事法治水平，折射出刑法制定者和实施者对犯罪现象的理性认知程度。[1]从当前我国《刑法》相关规定来看，其直接涉及到矿产资源犯罪的罪名主要为非法采矿罪和破坏性采矿罪。此外，在我国《刑法》中走私类犯罪、渎职类犯罪等也会涉及到矿产资源犯罪的内容。但总体而言，我国《刑法》关于矿产资源犯罪的相关规定比较滞后；而且法网粗疏，其不足以有效地应对严峻复杂的矿产资源犯罪形势，直接影响到我国矿产资源犯罪惩治的司法效果。为此，首先应从罪名的设置角度，来科学审视我国矿产资源犯罪罪名设置问题并加以及时有效地调整与完善。

第一节　矿产资源犯罪罪名体系调整完善的基本标准

矿产资源犯罪罪名调整直接关系着何种行为应"入罪"这一刑法基本问题。从刑事立法角度来讲，我国矿产资源犯罪罪名相对较少，需要在对矿产资源犯罪规律进行科学认知和把握的基础上，遵循科学的衡量标准，对涉及矿产资源犯罪的罪名予以科学地结构性调整与完善，体现生态文明思想的基

---

〔1〕　现阶段我国《刑法》中罪名确定的主要情形包括以下几类：①以刑法规定的简单罪状为罪名，比如故意杀人罪；②对危害行为的本质特征加以抽象、概括后确定为罪名，如伪证罪；③直接将刑法条文中的某个关键词或者词组确定为罪名，比如强奸罪；④以危害行为加危害后果确定罪名，比如签订、履行合同失职被骗罪；⑤以犯罪主体的特点确定罪名，比如受贿罪与非国家工作人员受贿罪；⑥根据犯罪对象确定罪名，比如走私武器、弹药罪以及走私核材料罪；⑦根据犯罪所侵犯的客体确定罪名，比如侵害英雄烈士名誉、荣誉罪；⑧将特定时间作为罪名确定的关键词，比如《刑法》第376条至381条规定的带有"战时"字样的犯罪行为；⑨经行为人拒不履行某种法定义务作为罪名确定的关键词，比如巨额财产来源不明罪；⑩根据犯罪行为的具体差别确定罪名，比如诈骗罪、合同诈骗罪、票据诈骗罪以及金融诈骗罪等。参见胡云腾："刑法罪名确定研究"，载《中国应用法学》2022年第3期。

本要求与规范要以。具体而言，我国矿产资源犯罪罪名调整完善的基本标准包括以下主要内容：

一、犯罪情况：我国矿产资源犯罪的基本情势判断

就任何一种或者一类犯罪来讲，对其刑事立法的完善应当首先关注、剖析和预测该种或者该类犯罪的基本情况和发展态势。若当某种或者某类犯罪行为及衍生行为在特定历史时期内一直处于高发态势的情况下，国家刑事立法者应当予以及时关注并积极回应；否则的话，极其容易导致严重的社会危害后果发生，继而诱发整个社会秩序的紊乱甚至失范。

对于我国矿产资源犯罪的刑事立法完善而言，同样如此。正如上文对我国矿产资源犯罪的基本情势分析，其矿产资源犯罪情势依然严峻，而且随着经济发展以及矿产资源需求的持续增加，可预见我国矿产资源犯罪数量会在未来较长的时间内继续保持高位运行态势。此外，受执法与司法能力不足等综合因素的影响，我国矿产资源犯罪的"黑数"一直较大，严重影响司法实效。我国矿产资源犯罪的基本情势在一定程度反映了我国《刑法》关于此类犯罪罪名设置的不科学、不合理。因此，有必要从刑事立法层面来对我国矿产资源犯罪的罪名进行调整和完善，进一步科学地严密刑事法网，充分发挥刑法对于犯罪的惩治力度和预防效果。

二、危害后果：我国矿产资源违法的严重程度分析

之所以将某种或者某类违法行为纳入刑事法律规制的视野，其中关键的一项衡量标准就是该种行为的危害后果（社会危险性）。只有某种或者某类违法行为具备严重的社会危害性之时，才会有刑法予以规制的可能性，从而有效发挥刑法"事后法""保障法""二次法"的主要功能。申言之，在其他法律（比如行政法律）足以对某类违法行为进行有效惩罚、警示与预防之时，就无刑事法律介入之必要。这是现代刑法所始终强调和秉持的谦抑性原则的内在要求。比如，之前我国执法和司法机关力推的"醉驾入刑"，而其中的主要原因之一就是考虑到"醉驾"已对公民合法权益和社会公共安全等造成了严重危害性，而且社会对此反应比较强烈。因此，作为刑事立法理应对这一问题作出及时回应，有必要发挥刑法作为惩治此类行为的最后关口的重要作用。再比如，《刑法修正案（十一）》正式将抢夺司机方向盘、袭警、冒名顶替入学、高空抛物、

催收非法债务、捕食野生动物、随意丢弃外来物种以及侮辱、诽谤英烈等行为纳入刑法规制的范围，这也是刑事立法对社会热点问题的及时有效回应。

具体到我国矿产资源领域而言，当前我国对于矿产资源违法行为的规制主要存在于涉及矿产资源的相关行政法律法规之中。比如，《矿产资源法》《矿产资源法实施细则》《勘查管理办法》《矿产资源开采登记管理办法》以及《保护规定》等。但实践已证明，主要依靠行政法律体系对于矿产资源违法行为进行惩治的实践效果并不理想。这就导致了各类矿产资源违法行为层出不穷、形式不断翻新、危害后果严重。甚至部分矿产资源违法行为人仅仅将有关行政处罚只视为所谓投资矿产资源开发的"经营成本"，从而肆无忌惮地从事违法行为，造成矿产资源以及周边生态环境的严重破坏，并极大地干扰了矿产资源监管秩序和社会秩序，甚至危及国家安全。根据犯罪学的基本原理，一般来讲，犯罪成本越高，犯罪发生的意愿与概率就越小。只有不断地加大犯罪成本，才有可能真正实现对犯罪行为的有效遏制与警示。因此，已达到危害后果严重的各类矿产资源违法行为应当被及时依法纳入刑事法律规制的视野中。这有助于从根本上加大违法犯罪的成本，发挥刑法独特的作用。

三、刑法状况：我国矿产资源犯罪的立法现状透视

从立法学角度来讲，国家法律规定应当保持相对稳定性，以保证人们行为选择导向的明晰与确定。否则的话，国家法律的随意变更会直接引起具体法律适用的混乱问题，也会导致社会公众对于自身行为的选择期待存在不确定性，增加维护社会秩序的成本。但同时社会始终处于一种不断发展变化中，这就导致了现有法律具有一定的滞后性，需要根据社会变化而不断提升立法技术和水平，助推法律修改和完善，从根本上促进"良法善治"的实现。具体到刑事法律这一视角，我国刑法所规定的罪名之所以需要调整，其中一个主要原因就是刑法相关内容的滞后性问题。当刑法相关内容已经出现滞后性问题之时，应当从立法层面上进行一番理性反思分析与科学调整完善，从而有效适应社会实践的快速发展变化与社会公众的迫切现实需求。因此，当前我国关于矿产资源犯罪惩治的立法现状也是决定我国矿产资源犯罪刑事立法需要继续完善的重要因素之一。

从我国《刑法》以及相关司法解释来看，我国关于矿产资源犯罪的刑事法律内容已呈现出明显的滞后性。这种立法滞后性集中体现在以下三个方面：

其一，我国《刑法》中直接涉及矿产资源犯罪的罪名较少，且长时间没有结构性的变动和完善，已不足以满足对矿产资源犯罪的全过程惩治的现实司法需求。其二，矿产资源犯罪作为一项环境资源犯罪，其与其他环境资源犯罪的刑事立法体系和进程相比较而言，也呈现出一定的滞后性。其三，我国矿产资源犯罪的刑事法律规定与其紧密相关的行政法律规定的衔接层面并不顺畅，存在着诸多断层问题，因而具有一定的滞后性。正因为我国矿产资源犯罪的刑事法律规定存在着如此严重的结构性缺陷，才有了从刑事立法层面上对矿产资源犯罪体系加以调整与完善的及时必要性。

四、立法效果：我国矿产资源犯罪的立法效益预测

立法效益指的是立法收益扣除立法成本之后对国民所作的贡献，具体而言可分为经济效益、社会效益、政治效益等。如果用公式表示立法效益与立法收益、立法成本三者之间的关系的话，则为立法效益＝立法收益－立法成本。对立法效益进行经济学分析，就需要分析立法的边际成本和立法的机会成本这两个基本问题。首先，立法的边际成本指的是投入在关键点上的法律可以通过最小社会投入获得的最大收益，它的经济学规律是边际成本递增，边际效用递减，在法律上则体现为法律数量越多和立法收益越小的反比例函数关系。根据这一规律，在出台的法律文件达到社会需求饱和度之前，边际成本最低，边际效用最高，但当新增加的法律达到社会需求饱和度之后，边际成本递增，边际效用递减。这就要求立法过程中，国家立法机关须注重立法的边际成本分析，注意关注和控制立法数量，不断提升立法技术和水平，追求立法质量，从而达到最大的立法效益。其次，立法的机会成本主要是指立法者为了实现不同的法律目的从而制定出不同的法律，但是基于种种原因只能选择其中一个而不得不放弃其他法律的成本。立法的机会成本可分为两种：第一，法律作为一种社会管理手段，并不必然是最佳之选，其他选择例如经济手段有时也可达到同等效果。此时，如果立法者基于成本最小化与收益最大化的考虑，选择经济手段解决而放弃法律手段，基于此种考虑对社会产生的效用则为机会成本。第二，在不同立法方案中进行抉择，选择一种方案必然意味着其他方案的放弃，此时也为机会成本。[1]

---

〔1〕　参见李翔：《我国刑法立法方法与价值取向研究》，上海人民出版社 2021 年版，第 26~28 页。

因此，从这一角度来讲，对于立法效益预测分析也应为我国矿产资源犯罪罪名调整完善的基本标准之一。一方面，从当前对我国矿产资源犯罪的刑事法律规定分析来看，其法律供给量依然小于社会需求量，并未达到所谓的"社会需求饱和点"。换言之，矿产资源犯罪的刑事立法力度不够，需要进一步加大国家层面的刑事立法资源的配置力度，进一步细化矿产资源犯罪的各项法律规定，从而追求矿产资源犯罪惩治的最佳效益。另一方面，矿产资源犯罪具有明显的逐利性经济犯罪的主要特征，正如有学者所言："单纯民事上的或者行政上的责任不足以遏制危害环境或者通过环境危害公正健康或者生命的行为，严厉的刑罚将是不可或缺的措施。"[1]这决定了动用刑事手段和方法来实现矿产资源的有效保护为不可或缺的手段之一。

第二节　我国矿产资源犯罪罪名体系调整完善的主要内容

立法工作的基本内容为"立改废"。其中，"改"是重中之重。就刑事立法而言，其核心就是罪名的科学完善为体系的协调优化。我国矿产资源犯罪罪名体系调整完善主要包括两个方面内容：一是对现有的关于矿产资源犯罪罪名进行调整；二是增设新的涉及矿产资源犯罪罪名，从而进一步推动我国矿产资源犯罪罪名体系的系统化、科学化。

一、调整现有矿产资源犯罪的罪名

当前我国《刑法》直接规定矿产资源犯罪主要为非法采矿罪和破坏性采矿罪这两个罪名。但这两个罪名存在着结构性问题，已无法充分满足司法实践需求，须认真审视和加以修改。

（一）调整非法采矿罪相关内容

正如上文分析，非法采矿罪的司法适用较为混乱，尤其是与盗窃罪难以科学区分。这一司法困境的存在从本质上反映出立法层面所存在的主要问题。其实，非法采矿罪与盗窃罪有诸多相似之处。非法采矿罪往往是采用秘密窃取的方法来非法获取矿产资源。只不过，非法采矿罪的犯罪对象是国家矿产

---

〔1〕　参见丰晓萌：《环境犯罪的基本理论及刑法立法研究》，中国水利水电出版社 2018 年版，第76 页。

资源，其不同于一般的公私财物。最高人民法院《关于充分发挥环境资源审判职能作用　依法惩处盗采矿产资源犯罪的意见》明确提出"盗采矿产资源犯罪"这一说法。

为此，笔者认为，应当将"非法采矿罪"更名为"盗采矿产资源罪"。这样的罪名表述更符合对于"无证开采矿产资源"这一行为的高度概括规定和本质特征，也有助于解决长期以来司法实践中对于盗窃罪与非法采矿罪难以区分的思想迷雾和尴尬现状。

但与此同时，笔者主张应加大"盗采矿产资源罪"的刑罚力度，以真正贯彻落实罪责刑相适应的基本的刑法原则。"违反矿产资源法的规定，未取得采矿许可证擅自开采矿产资源，处三年以下有期徒刑、拘役或者管制，并处或者单处罚金；情节严重的，处三年以上七年以下有期徒刑，并处罚金；情节特别严重的，处七年以上有期徒刑，并处罚金或者没收财产。"

（二）删除破坏性采矿罪罪名

从上文对于破坏性采矿罪的法律规定与具体适用分析，笔者认为，应当删除破坏性采矿罪这一罪名设置，主要理由如下：

首先，从目前司法适用的情况来分析，破坏性采矿罪适用基本处于"休眠"状态。公安部、最高人民法院于2022年所公布的矿产资源犯罪典型案例所涉罪名全部为非法采矿罪。这主要是由于缺乏清晰确定的适用标准，给具体司法实践带来不小的困扰。其次，从矿产资源学的角度来讲，破坏性采矿行为的发现和认定均存在较大困难。在司法实践中，对于煤、磷等一些较大型的沉积型矿床的开采，由于其含矿层位相对稳定，易于判定是否采取破坏性采矿的行为。但对于诸多金属矿产以及形态比较复杂矿体的开采，则很难判定是否为破坏性开采行为。换言之，对于部分矿产资源在开采利用中是否存在破坏性采矿行为存在着技术上的难题。最后，正如上文所分析，即使企业所正常开展的矿产资源开采行为，由于开采过程的风险性以及其他不确定性因素的综合作用影响，最终也可能导致矿山开采回收率、采矿贫化率、选矿回收率以及综合利用率等存在不达标的问题。显然，当前司法适用中将上述指标作为判断是否属于破坏性采矿的主要依据是不科学的。

因此，破坏性采矿罪罪名设置本意主要是为了解决"有证滥采"的问题，但由于其缺乏具体的司法操作性，导致这一罪名的设置缺乏科学性与适用性。为此，笔者建议我国《刑法》应当删去"破坏性采矿罪"这一罪名。

二、增设新的矿产资源犯罪罪名内容

针对我国《刑法》的结构体系安排，笔者认为，应当进一步完善我国矿产资源犯罪的刑事法网，增设以下涉及矿产资源犯罪罪名，以充分体现我国矿产资源犯罪惩治的立法科学化水平。具体而言：

（一）增设非法探矿罪

矿产资源勘探是矿产资源开采的前提与基础。正如上述所言，当前我国《刑法》只对矿产资源开采环节和领域的犯罪行为进行了规制，并未关注矿产资源勘探环节和领域的相关危害行为。但非法探矿行为同样具有严重的社会危害性，甚至有的时候非法探矿行为所造成的社会危害性并不亚于非法采矿行为所造成的社会危害性。在具体的实践中，最为普遍的问题就是"以探矿之名、行采矿之实"，严重破坏矿产资源和矿区生态环境。

当前，我国对于非法探矿行为的法律责任追究主要以相关行政法律的规定为主。《勘查管理办法》第 26 条规定："违反本办法规定，未取得勘查许可证擅自进行勘查工作的，超越批准的勘查区块范围进行勘查工作的，由县级以上人民政府负责地质矿产管理工作的部门按照国务院地质矿产主管部门规定的权限，责令停止违法行为，予以警告，可以并处 10 万元以下的罚款。"此外，《勘查管理办法》第 27 条规定："违反本办法规定，未经批准，擅自进行滚动勘探开发，边探边采或者试采的，由县级以上人民政府负责地质矿产管理工作的部门按照国务院地质矿产主管部门规定的权限，责令停止违法行为，予以警告，没收违法所得，可以并处 10 万元以下的罚款。"

为此，笔者建议，从"行刑衔接"角度出发，有必要增设"非法探矿罪"这一罪名，以加大对探矿权和相关矿产资源的刑事法律保护力度，保障绿色勘查工作的有效实施。所谓"非法探矿罪"是指自然人或者单位违反矿产资源法律规定，未取得探矿许可证擅自勘探矿产资源，情节严重的行为。这一罪名在我国《刑法》中可具体表述为："违反矿产资源法的规定，未取得探矿许可证擅自勘探矿产资源，情节严重的，处五年以下有期徒刑、拘役或者管制，并处或者单处罚金；情节特别严重的，处五年以上十年以下有期徒刑，并处罚金。"

1. 犯罪主体

该罪的犯罪主体为一般主体，即具备刑事责任的自然人或者单位均可成为本罪主体。

2. 犯罪客体

该罪所侵犯客体是国家对于矿产资源的勘探管理秩序与矿产资源生态环境。而犯罪对象是各种矿产资源。

3. 犯罪客观方面

该罪客观方面表现为行为人违反矿产资源法的规定，未取得探矿许可证而擅自进行矿产资源勘探的行为。

4. 犯罪主观方面

该罪主观方面要求行为人是故意，其包括直接故意与间接故意。过失不构成此罪。

（二）增设盗采国家重点保护矿产资源罪

正如上文所述，基于矿产资源的储量规模、分布情况、稀有程度以及在国家经济发展和国家安全中的重要程度等因素综合分析，我国行政机关将部分矿产资源列为国家实行保护性开采的特定矿种的矿产资源以及国家战略性矿产资源。[1]早在1991年，国务院决定将钨、锡、锑、离子型稀土矿产列为国家实行保护性开采的特定矿种，加强统一规划、利用与管理。这体现了国家从战略高度和长远眼光，坚持"共同但带有区别"的原则，来对国家矿产资源进行精细分类、重点监管与综合保护。相较于其他矿产资源而言，国家保护性开采的特定矿种的矿产资源以及国家战略性矿产资源显然更具有稀有性、珍贵性、战略性，其往往直接关乎着国家经济命脉及国际地位与话语权；而且其本身也具有非常重要的生态价值。比如，一般而言，非法开采黄金或者稀土矿产资源可能要比非法开采普通河砂矿产资源所造成的破坏程度和危害程度大得多。这与矿产资源的生成属性与利用价值有着直接关系。因此，需要国家对于部分矿产资源予以重点关注和强力监管。不仅是我国这样为之，以美国为代表的发达国家同样也高度重视所谓的战略性矿产资源（也有的称为重点矿产资源），并且不断更新相关国家政策和法律制度规定。比如，美国在20世纪30年代颁布了《战略性和危机性原材料储备法》，并从70年代开始，基于战略物资储备和军备竞赛，对保障国家资源安全的矿种开展研究；美国内政部于2018年根据国家安全影响程度、供应链脆弱程度、产业依赖程度等，提出了35种关键矿产品清单草案（Interior Department of the

----

〔1〕 参见《保护性开采的特定矿种勘查开采管理暂行办法》。

U. S. 2018）。再比如，自 2011 年起，欧盟基于再工业化战略及新兴产业、国防工业、清洁技术等领域的矿产资源需求，将确保原材料的安全性和可持续性供给列为"优先事务"，相继发布《对欧盟生死攸关的原料报告》《欧盟关键矿产原材料》等报告，先后 4 次公布了关键矿产清单，其中 2011 年为 14 种、2014 年为 20 种、2017 年为 27 种、2020 年为 30 种材料（European Commission. 2020）。

为此，笔者建议，我国《刑法》应当及时有效地回应并体现对重点矿产资源的特殊保护力度，可考虑增设"非法开采国家重点保护矿产资源罪"。具体而言，在《刑法》中可具体表述为，"违反矿产资源法的规定，未取得采矿许可证擅自开采国家重点保护的矿产资源，处五年以下有期徒刑，并处罚金；情节严重的，处五年以上十年以下有期徒刑，并处罚金；情节特别严重的，处十年以上有期徒刑，并处罚金或者没收财产。"该罪的犯罪构成要件如下：

1. 犯罪主体

该罪的犯罪主体为一般主体，即具备刑事责任的自然人或者单位均可成为本罪主体。

2. 犯罪客体

该罪所侵犯客体是国家对于重点保护矿产资源的管理秩序与矿产资源生态环境。而犯罪对象是国家重点保护矿产资源，具体包括两大类：第一，国家实行保护性开采的特定矿种的矿产资源；第二，国家战略性矿产资源。

3. 犯罪客观方面

该罪客观方面表现为行为人违反矿产资源法的相关法律规定，未取得采矿许可证擅自开采国家重点保护的矿产资源的行为。值得注意的是，此罪应为行为犯，即只要行为人实施了非法开采国家重点保护矿产资源的行为则构成犯罪，应当承担相应的刑事责任。

4. 犯罪主观方面

该罪主观方面要求行为人是故意，其包括直接故意与间接故意。过失不构成此罪。

（三）增设非法转让探矿权、采矿权罪

笔者在调查中发现，司法人员普遍反映非法转让探矿权、采矿权的问题非常普遍。其中，最常见的做法之一就是以"劳务承包"之名，来行"非法转让探矿权、采矿权"之实，即双方通过签订所谓的劳务承包合同，实际将原本合法的探矿权、采矿权予以非法转让，用于非法牟利。这一问题主要导致出现以下三种严重结果，具体而言：

（1）非法转让探矿权、采矿权的行为会加大国家对于矿产资源的监管难度，甚至会严重扰乱国家对矿产资源的监督秩序，对全国矿产资源的测量和规划工作造成巨大困难，不利于矿产资源保护和开发的健康长远发展。因为探矿权、采矿权的审批直接涉及国家对于矿产资源的行政监管，具有严格的实体性标准和程序性要求。第一，对于探矿权的转让而言，根据《探矿权采矿权转让管理办法》第 5 条规定，应当具备以下条件：①自颁发勘查许可证之日起满 2 年，或者在勘查作业区内发现可供进一步勘查或者开采的矿产资源；②完成规定的最低勘查投入；③探矿权属无争议；④按照国家有关规定已经缴纳探矿权使用费、探矿权价款；⑤国务院地质矿产主管部门规定的其他条件。第二，对于采矿权的转让而言，根据《探矿权采矿权转让管理办法》第 5 条规定，则应当具备下列条件：①矿山企业投入采矿生产满 1 年；②采矿权属无争议；③按照国家有关规定缴纳采矿权使用费、采矿权价款、矿产资源补偿费和资源税；④国务院国土资源主管部门规定的其他条件。此外，采矿权转让人应当向审批机关提交以下资料：①采矿权转让申请书；②转让人与受让人签订的转让合同；③受让人资质条件的证明文件；④审批管理机关要求提交的其他有关资料。

（2）非法转让探矿权、采矿权会极易造成国家矿产资源的严重破坏。这是因为将合法的探矿权或者采矿权私自转让给非法的个体采矿者，而这些个体采矿者往往并不具备达标的安全标准、生产条件、生产设备及生产人员，并且往往采用的是相对落后的生产工艺，随意滥采矿产资源。换言之，正是非法转让探矿权、采矿权这一"因"，才会造成矿产资源市场秩序的混乱，继而极易导致矿产资源严重破坏这一"果"。

（3）非法转让探矿权、采矿权会形成所谓的"交易黑市"。各方为了争夺矿产资源经济利益价值，往往会采取其他各种非法手段，继而导致腐败犯罪以及黑恶势力犯罪，从根本上对正常社会秩序造成严重干扰，加剧社会矛盾的激化。

为此，笔者建议，从全链条惩治矿产资源犯罪的视角来思考，立足长远角度，有必要将非法转让探矿权、采矿权纳入到刑事法律视野中来，增设"非法转让探矿权、采矿权罪"。此外，结合我国矿产资源领域的行政法律法规等规定,[1]其在《刑法》中可具体表述为:"违反矿产资源法的规定,非法转让探矿权、采矿权的,处三年以下有期徒刑、拘役或者管制,并处或者单处罚金;情节严重的,处三年以上七年以下有期徒刑,并处罚金;情节特别严重的,处七年以上有期徒刑,并处罚金或者没收财产。"该罪的犯罪构成要件如下:

1. 犯罪主体

该罪的犯罪主体为一般主体,即具备刑事责任的自然人或者单位均可成为本罪主体。

2. 犯罪客体

该罪所侵犯客体是国家对于探矿权、采矿权的监督管理秩序。该罪的犯罪对象为各类矿产资源。

3. 犯罪客观方面

该罪客观方面表现为行为人违反矿产资源法的相关法律规定,私自转让探矿权、采矿权,应当承担相应的刑事责任。值得注意的是,此犯应当为行为犯,即只要非法转让探矿权、采矿权即可构成犯罪。对于非法转让探矿权、采矿权造成矿产资源破坏的,只应作为量刑情节加以考虑。

4. 犯罪主观方面

该罪主观方面要求行为人是故意,其包括直接故意与间接故意。过失不构成此罪。

(四)增设非法收购、运输、出售非法开采所得矿物罪

当前我国矿产资源违法犯罪行为活动已形成一条"灰色产业利益链",其涉及矿产资源的勘查、开采以及后续的收购、运输、出售以及生态保护等各个领域和环节。这不仅仅提醒立法者应注意加强对矿产资源犯罪行为的前端刑事治理,而且须特别关注矿产资源犯罪行为的中端与末端刑事治理,从而实现对矿产资源犯罪的全链条打击与预防,最大限度地保护矿产资源及其生态价值利益。

为此,笔者建议,在我国《刑法》中增设"非法收购、运输、出售非法

---

[1] 《矿产资源法》第42条规定:"买卖、出租或者以其他方式转让矿产资源的,没收违法所得,处以罚款。违反本法第六条的规定将探矿权、采矿权倒卖牟利的,吊销勘查许可证、采矿许可证,没收违法所得,处以罚款。"此外,《矿产资源法实施细则》第42条第3项规定:"买卖、出租或者以其他形式转让矿产资源的,买卖、出租采矿权的,对卖方、出租方、出让方处以违法所得一倍以下的罚款。"

开采所得矿物罪"。具体而言,可考虑借鉴我国《刑法》之前关于"非法收购、运输、出售国家重点保护的珍贵、濒危野生动物及其制品罪"的相关内容,对"非法收购、运输、出售非法开采所得矿物罪"的刑法条款加以明确规定,即"非法收购、运输、出售非法开采所得矿物罪的,处五年以下有期徒刑或者拘役,并处罚金;情节严重的,处五年以上十年以下有期徒刑,并处罚金;情节特别严重的,处十年以上有期徒刑,并处罚金或者没收财产。"该罪的犯罪构成要件如下:

1. 犯罪主体

该罪的犯罪主体为一般主体,即具备刑事责任的自然人或者单位均可成为本罪主体。

2. 犯罪客体

该罪所侵犯客体是国家对于矿产资源的管理监督秩序。其犯罪对象必须是非法开采所得矿物。

3. 犯罪客观方面

该罪为行为犯,即只要实施了非法收购、运输、出售非法开采所得矿物就构成犯罪。其主要表现为涉及矿产资源犯罪的下游各个环节运行,即非法收购、运输与出售非法开采所得矿物。

4. 犯罪主观方面

该罪主观方面为故意,即行为人明知是非法开采所得矿物而依然采取收购、运输、出售等行为。

(五) 增设拒不履行矿山地质环境恢复治理义务罪

矿山地质环境是整个国家生态环境的重要组成部分。矿产资源的勘探和开发必然引起矿山生态环境功能性减损以及结构性破坏。2001 年以来,我国政府相继采取一系列措施,组织开展摸底调查。2009 年 3 月 2 日,原国土资源部正式颁布《保护规定》,继而实施《矿山地质环境保护与治理规划》,推进专项治理,开展矿山复绿行动,建设国家矿山公园;建立矿山地质环境治理恢复保证金制度,初步构建起开发补偿保护的经济机制。截至 2015 年,中央和地方及企业投入超过 900 多亿元,治理矿山地质环境面积超过 80 万公顷,一批资源枯竭型城市的矿山地质环境得到有效恢复。但总体上看,我国矿山地质环境恢复和综合治理仍不能适应新形势要求,粗放开发方式对矿山地质环境造成的影响仍然严重,地面塌陷、土地损毁、植被和地形地貌景观破坏等一系列问题依然突出。为此，原国土资源部、工业和信息部、财政部、原环境保护部、国家能源局联合制定《关于加强矿山地质环境恢复和综合治理的指导意见》，其明确提出："加强开发和保护过程监管。将矿山地质环境恢复和综合治理的责任与工作落实情况作为矿山企业信息社会公示的重要内容和抽检的重要方面，强化对采矿权人主体责任的社会监督和执法监管。各级地方国土资源主管部门要加大监督执法力度，提高监督执法频率，督促矿山企业严格按照恢复治理方案边开采边治理。对拒不履行恢复治理义务的在建矿山、生产矿山，要将该矿山企业纳入政府管理相关信息向社会公开，列入矿业权人异常名录或者严重违法名单。情节严重的，依法依规严肃处理。"

为此，笔者建议，从"行刑衔接"角度审视，可考虑在我国《刑法》中增设"拒不履行矿山地质环境恢复治理义务罪"，以充分保障绿色矿山等战略的实施，其在《刑法》中可具体表述为："违反矿产资源法的规定，应当履行矿山地质环境恢复治理义务而拒不履行，情节严重的，处三年以下有期徒刑、拘役或者管制，并处罚金；情节特别严重的，处三年以上七年以下有期徒刑，并处罚金。单位犯前款犯罪的，对单位判处罚金，并对其直接负责的主管人员和其他直接责任人员，依照前款的规定处罚。"拒不履行矿山地质环境恢复治理义务罪的犯罪构成要件为：

1. 犯罪主体

该罪的主体为特殊主体，即负有矿山地质环境恢复治理义务的自然人和单位。

2. 犯罪客体

该罪侵犯的客体是矿山地质环境与矿山地质环境恢复治理的管理秩序。

3. 犯罪客观方面

该罪的客观方面表现为行为人在开采矿产资源同时或者之后所造成矿山地质环境破坏，应当履行恢复治理义务而拒不履行，且情节严重的。所谓情节严重包括：①经过矿产资源和环境等主管部门两次督促履行矿山地质环境修复治理义务而拒不履行的或者拒不完全履行的。②因拒不履行矿山地质环境修复治理义务而造成严重后果的，比如矿山环境"二次污染"、造成人身伤亡等。

4. 犯罪主观方面

该罪的主观方面为故意，即行为人明知其应当履行矿山地质恢复治理义务而经过相关主管部门督促后仍拒不履行的。过失不构成此罪。

（六）增设违法发放探矿许可证、采矿许可证罪

矿产资源犯罪所涉及的犯罪主体是多元化的，不仅仅是违法探矿人员和采矿人员，还应当包括矿产资源管理的公职人员等。在具体实践中，诸多矿产资源犯罪发生均和某些矿产资源主管部门及其公职人员的违法犯罪行为有着直接或者间接的关联性。比如，有的矿产资源主管行政部门及其公职人员超越批准权限，违法审批发证；有的矿产资源主管行政部门及其公职人员违法给不具备办矿资质条件的申请人发放探矿许可证或者采矿许可证等。上述矿产资源主管部门及其公职人员的不公正履职行为将成为后续各种破坏矿产资源问题发生的直接原因之一，甚至引发一系列更为严重的危害后果，根据我国《矿产资源法》第 47 条规定，负责矿产资源勘查，开采监督管理工作的国家工作人员和其他有关国家工作人员非法发放勘查许可证、采矿许可证的，应当追究相应的刑事责任或者行政责任。因此，违法发放探矿许可证、采矿许可证的行为具有严重的社会危害性，需要刑法发挥"保障法""事后法"的重要功能。将违法发放探矿许可证、采矿许可证的行为纳入刑法规制的视野中，有助于进一步织密刑事法网，并从源头上达成依法惩治矿产资源犯罪的效果。

为此，笔者建议，可借鉴我国《刑法》中关于"违法发放林木采伐许可证罪"的相关规定，增设"违法发放探矿许可证、采矿许可证罪"。所谓"违法发放探矿许可证、采矿许可证罪"主要是指矿产资源主管部门工作人员违反矿产资源法律的相关规定，擅自发放探矿许可证、采矿许可证，致使矿产资源遭到破坏的行为。在我国《刑法》中可具体表述为，"矿产资源主管部门的工作人员违反矿产资源法的规定，擅自发放探矿许可证、采矿许可证，致使矿产资源遭受破坏的，处三年以下有期徒刑或者拘役，并处罚金；情节严重的，处三年以上七年以下有期徒刑，并处罚金；情节特别严重的，处七年以上十五年以下有期徒刑，并处罚金。"违法发放探矿许可证、采矿许可证罪的构成要件如下：

1. 犯罪主体

该罪主体为特殊主体，即矿产资源主管部门有权批准采矿许可证的工作人员，其他人员不构成此罪。

2. 犯罪客体

该罪主要客体为国家矿产资源勘探与开采等相关管理制度。

3. 犯罪客观方面

该罪客观方面表现为违反国家矿产资源法律的相关规定，擅自发放探矿许可证或者采矿许可证，造成矿产资源破坏的。

4. 犯罪主观方面

该罪主观方面为间接故意或者过失，不包括直接故意。行为人明知不符合采矿许可证发放条件而仍然发放，但对其行为会造成矿产资源破坏，则为间接故意或者过失。

（七）增设矿产资源开发利用监管失职罪

从我国现行的矿产资源立法规定主要是行政法律规定来看，对于矿产资源开发利用的监督管理工作始终贯穿于矿产资源勘探、开发、利用以及矿山环境保护与恢复治理等各个环节。国家矿产资源主管部门及其工作人员在矿产资源开发利用监督管理中负有首要责任和主要责任，其处于惩罚矿产资源违法犯罪的"第一线"，也是"行刑衔接"的主要力量之一。2009 年 10 月 28 日，原国土资源部正式发布《关于健全完善矿产资源勘查开采监督管理和执法监察长效机制的通知》，其明确要求如下内容：一是严格矿业权人勘查开采活动的监管；[1]二是矿产资源合理开发利用的监管。[2]

〔1〕 严格矿业权人勘查开采活动的监管，具体包括：①建立采矿权标识制度，即"依法新设立的采矿权（开采放射性矿产的除外）在正式开采前，采矿权人必须在开采作业场所的明显位置设立采矿权标识牌，接受国土资源行政主管部门和社会的监督。采矿权标识牌的内容应当包括采矿许可证载明的事项、制牌时间和监制单位，具体式样和内容由省（区、市）国土资源行政主管部门规定，县级人民政府国资资源行政主管部门负责本行政区域内采矿权标识牌的监制。现有采矿权人应当在 2010 年 6 月底前完成采矿权标识牌的立牌工作"。②加强矿产督查管理，即"省（区、市）国土资源行政主管部门要按照《矿产督察工作制度》（国土资发〔2003〕62 号）的要求，依据督察工作任务量，聘请地方矿产督察员。……矿产督察员任务分工要具体到矿山（矿区），现场督察每年不得少于 4 次。完善矿产督察员年度考核管理，考核不称职和不能胜任工作的应当及时解聘。每年 1 月底前向内部报送矿产督察年度工作报告"。③加强矿产资源勘查开采活动的日常监管，即"地方各级国土资源行政主管部门必须加强对矿业权人的日常监管，明确监管任务，规范监管程序；对矿业权人勘查开采和矿山地质环境治理、土地复垦情况进行重点监管；建立矿业权人档案，将日常监管中发现的矿业权人违法行为记录在案，作为年度检查的依据。探矿权人必须按照规定向国土资源行政主管部门报送勘查项目开工报告和年度报告。采矿权人必须及时编绘采掘工程图件，每半年向县级以上人民政府国土资源行政主管部门报送'井上井下工程对照图''采掘工程平面图'"。④加强矿业权人勘查开采活动的年度检查，即"地方各级国土资源行政主管部门要严格按照年度检查的有关规定，加强矿产资源勘查开采的年度检查，并将采矿权标识、矿山储量动态监管、矿山地质环境治理恢复和矿区土地复垦等制度的执行情况列入矿产资源开发利用年度检查内容。矿业权人不接受年度检查或者检查不合格的，矿业权登记管理机关不得批准其延续、变更、转让等申请；涉及违法的，依法进行查处。省（区、市）国土资

　　根据 2020 年 3 月 20 日《自然资源部关于第二批废止和修改的部门规章的决定》修正的《自然资源执法监督规定》第 29 条规定："县级以上自然资源主管部门及其执法人员有下列情形之一，致使公共利益或者公民、法人和其他组织的合法权益遭受重大损失的，应当依法给予处分：（一）对发现的自然资源违法行为未依法制止的；（二）应当依法立案查处，无正当理由，未依法立案查处的；（三）已经立案查处，依法应当申请强制执行、移送有关机关追究责任，无正当理由，未依法申请强制执行、移送有关机关的。"此外，其第 30 条明确规定："县级以上自然资源主管部门及其执法人员有下列情形之一的，应当依法给予处分；构成犯罪的，依法追究刑事责任：（一）伪造、销毁、藏匿证据，造成严重后果的；（二）篡改案件材料，造成严重后果的；（三）不依法履行职责，致使案件调查、审核出现重大失误的；（四）违反保密规定，向案件当事人泄露案情，造成严重后果的；（五）越权干预案件调查处理，造成严重后果的；（六）有其他徇私舞弊、玩忽职守、滥用职权行为的。"

　　因此，笔者认为，须从刑事法律层面来真正压实矿产资源主管部门及其工作人员对于矿产资源监管的首要责任和主体责任。因为其对矿产资源违法犯罪的治理具有"源头性功效"。若仅仅对于矿产资源主管部门及其工作人员在矿产资源监管中的违法失职行为予以行政处分或者纪律处分，无法从根本上引起其高度重视和警示；并且其失职行为所造成的后果往往具有严重的社会危害性。

（接上页）源行政主管部门必须将上年度矿产资源勘查年度检查总结报告、矿产开发利用年度检查快报（包括应检、实地检查、初审合格矿山数，以及年生产矿山量、销售收入、实缴补偿费等）和矿产开发利用年度检查总结报告分别于每年 1 月底前、3 月底前和 5 月底前报部"。

　　〔2〕 加强矿山资源合理开发利用的监管，具体包括：（1）严格矿产资源开发利用方案的管理，即"采矿权登记管理机关要认真把好资源合理开发利用的源头关，严格审查矿产资源开发利用方案。地方各级国土资源主管部门要按照开发利用方案加强矿山企业合理开发利用矿产资源的监管。采矿权登记管理机关颁发采矿许可证后及时将矿产资源开发利用方案及其它相关资料送交矿区所在地的市（地）、县（市）国土资源行政主管部门"。（2）全面开展矿山储量动态监督管理，即"大、中型矿山企业应当设立矿山地质测量机构，小型矿山企业应当配备地质测量相关专业人员。各类矿山企业要按规定开展矿山地质测量，每年 1 月底前向国土资源行政主管部门报送由符合条件的矿山地质测量机构编制的上年度《矿山储量年报》。国土资源行政主管部门要认真组织对《矿山储量年报》的审查，并按规定进行抽查，特别要加强对年度资源储量变化大、矿山储量年报中存在问题较多和保有资源储量少的矿山企业的抽查"。（3）加强矿山企业矿产资源回收利用指标的管理，即"地方各级国土资源行政主管部门应当定期核定矿山企业开采回收率、选矿回收率、共伴生资源综合利用率和土地复垦率等指标，严格矿产资源补偿费征收与开采回采率挂钩的管理，促进矿山企业提高资源利用水平"。

为此，笔者建议在我国《刑法》中增设"矿产资源开发利用监管失职罪"，即具体可表述为："负有矿产资源开发利用职责的国家机关工作人员严重不负责，违反矿产资源法的规定，在矿产资源开发利用中出现监管失职行为，致使矿产资源遭受破坏的，处三年以下有期徒刑或者拘役，并处罚金；情节严重的，处三年以上七年以下有期徒刑，并处罚金；情节特别严重的，处七年以上十五年以下有期徒刑，并处罚金。"此罪与违法发放探矿许可证、采矿许可证罪的主要区别在于，前者主要关注的是矿产资源开发利用环境的相关失职犯罪行为；而后者主要关注的是矿产资源勘查与开采的审批环节的相关失职犯罪行为。笔者认为，矿产资源开发利用监管失职罪的犯罪构成具体如下：

1. 犯罪主体

该罪的主体是特殊主体，即负有矿产资源开发利用监管的国家工作人员。不仅是矿产资源主管部门的国家工作人员，而且还包括与矿产资源开发利用相关的其他国家工作人员。

2. 犯罪客体

该罪侵犯的客体是国家对于矿产资源开发利用的正常监管秩序。

3. 犯罪客观方面

该罪客观方面主要表现为：①严重不负责任，在矿产资源开发利用中出现监管失职行为；②该行为造成一定危害后果。

4. 犯罪主观方面

该罪的主观上是过失，也不能排除放任的间接故意存在。如明知相关行为会造成矿产资源破坏等危害后果，但严重不负责任，不采取任何措施予以制止，而是采取放任的态度，以致产生严重后果。

第十章
CHAPTER 10

我国矿产资源犯罪刑罚体系的完善路径

一国刑罚体系是否文明、科学和完善是衡量其刑事法治文明的重要标志之一。我国矿产资源犯罪既具有一般环境资源犯罪的共同特征，也带有自身鲜明的个性特征。为此，对矿产资源犯罪的具体刑罚配置既要遵循一般规律要求，也更注意突出此类犯罪惩治的特殊性，从而对其作出更为科学与合理的立法制度安排。笔者认为，我国矿产资源犯罪刑罚体系的配置完善应当紧密结合我国矿产资源犯罪的实际情况，并秉持现代化文明化的刑罚理念，遵循宽严相济刑事政策的基本要求，注意刑罚体系内部的统一性与协调性，从自由刑、财产刑、资格刑三方面予以全面、审慎考量和科学设计，以切实有效地发挥刑罚在矿产资源犯罪惩防中的重要功能，切实加强刑事法律层面的保护力度。

第一节　自由刑的配置完善

18 世纪开始的改善监狱状况和犯罪人待遇的改良运动，促使人们重新思考和认识监狱的功能，监禁场所矫正和教育改造的作用得到了进一步重视。由此，现代意义上的自由刑才正式产生。之后，自由刑便迅速占据了刑罚体系的核心地位。其中最主要的原因在于自由刑能够保留犯罪人的生命，不像死刑那样执行之后会导致劳动力的减损，从根本上有助于维护社会秩序、促进社会发展及保障社会文明；此外，由于资产阶级所谓的自由、平等、人权思想的发展，自由的重要性也得到极大重视，自由刑的报应和威慑功能可以得到最大限度地发挥。最后，从微观视角看，自由刑还有一个明显的优点是其时间上的可伸缩性。这为实现罪责刑相适应原则提供了更为现实可能，增加了刑罚本身的合理性和可操作性。[1]当然，这也为错案冤案的纠正提供变通空间。具体到我国矿产资源犯罪的刑罚配置而言，其主要可从以下两方面论述：

一、剥夺自由刑的配置完善

一般来讲，从刑期是否贯穿犯罪人生命的始终来划分，可将其分为无期自由刑和有期自由刑。其中，无期自由刑是指刑期贯穿了犯罪人生命的始终，直至其生命的终老。而有期自由刑主要是指规定一定期限的监禁期，期限届满之后受刑人就可以重新获得人身自由的一种自由刑。国外刑法对有期自由刑的期限规定各不相同，大体上说，存在两种立法例：一是没有规定有期自由刑的一般期限，只为各种具体犯罪确定最大及最小刑期，英美法系国家多采取这种立法例。二是在立法规定有期自由刑本身的期限，无论适用于何种犯罪，都不能逾越这个界限，许多法典化国家采用这一立法例。就我国《刑法》中的规定而言，其有期自由刑分为拘役和有期徒刑两种。我国《刑法》第42条规定："拘役的期限，为一个月以上六个月以下。"《刑法》第45条规定："有期徒刑的期限，除本法第五十条、第六十九条规定外，为六个月以上十五年以下。"

对于矿产资源犯罪的自由刑配置而言，笔者认为，首先应当承认自由刑作为主刑的重要地位，充分发挥自由刑的剥夺、威慑以及预防等特殊功能价值。一方面，目前我国《刑法》规定的自由刑力度显然不足以应对严重的矿产资源犯罪，应当加重自由刑的力度，进一步加大犯罪人的犯罪成本，增强刑法的威慑功能，以减少犯罪人的犯罪机会。另一方面，应当划定科学的自由刑配置档次，具体以三个档次为宜。结合我国刑事立法传统及刑罚内部结构体系，第一档次为3年以下有期徒刑、拘役或者管制；第二档次为3年以上10年以下有期徒刑；第三档次为10年以上有期徒刑。这样的自由刑配置有助于实现刑罚配置梯次化和科学化，从而基本能够覆盖各类矿产资源犯罪的刑罚需求，有助于实现刑罚正义的价值目标。

值得强调的是，笔者并不主张在刑法中针对矿产资源犯罪配置无期徒刑。

---

〔1〕 参见张学永：《法律经济学视阈下我国刑罚体系改革完善研究》，中国人民公安大学出版社、群众出版社2019年版，第86页。

这主要是基于以下因素的具体考量：第一，在刑罚走向文明化的当今社会，由于无期徒刑的惩罚力度过重，将会大大增加犯罪人的心理负担，往往使得犯罪人产生所谓的"心理绝望"，这从深层次上并不利于犯罪人的教育改造和复归社会，使得刑罚的教育功能被大大削弱。正如有学者所言："对于无期徒刑的受刑人来说，其漫长的人生将在狱中度过，重获自由的希望比较渺茫，尤其是对一些年龄稍长的人来说，无期徒刑基本上就意味着其余生的大部分时间都将在狱中度过，即使再努力改造，其人生的大好年华也已经被高墙所困。不可假释的终身监禁对受刑人心理的摧残就更不用说了，受刑人将在监狱内度过余生，再也没有重获自由的希望，其绝望的心理可想而知。在上述情况下，受刑人生命的价值与意义已基本无从体现，只是一个在监狱内等死的高级生物而已。"[1]第二，从法律经济学的视野来分析，无期徒刑的实施也极大地增加了国家的财政负担，其中包括各种直接经济成本和间接经济成本。国家将耗费大量的司法资源，以确保行刑工作得以安全顺利地实施。因此，对于矿产资源犯罪而言，无期徒刑的配置并不符合刑罚效益性的原则要求。

二、限制自由刑的配置完善

在我国现有的刑罚体系中，存在着一项重要的限制自由刑——管制刑。管制刑是我国的独创，其早在民主革命时期就已经存在。[2]

管制刑是我国主刑中最轻的一种刑罚方法，其主要是指对犯罪人不予关押，但限制其一定自由，由公安机关予以执行的刑罚方法。[3]我国学术界对于管制刑的存废问题一直存在着不小的争议。其中，主张废除管制刑的主要理由为管制刑的使用率极低，而且管制刑在实践操作中存在着一系列模糊之处，而且管制刑自身体现的惩罚性较弱，不能真正满足正义报应和预防犯罪的需要。不利于犯罪人实现教育改造的刑罚目的。此外，管制刑的实施还需要耗费较大的行罚资源成本。

---

〔1〕　张学永：《法律经济学视阈下我国刑罚体系改革完善研究》，中国人民公安大学出版社、群众出版社 2019 年版，第 104 页。

〔2〕　马克昌主编：《刑罚通论》，武汉大学出版社 1999 年版，第 175 页。

〔3〕　根据我国《刑法》第 39 条规定，被判处管制的犯罪分子，在执行期间应当遵守的规定有：①遵守法律、行政法规，服从监督；②未经执行机关批准，不得行使言论、出版、集会、结社、游行、示威自由的权利；③按照执行机关规定报告自己的活动情况；④遵守执行机关关于会客的规定；⑤离开所居住的市、县或者迁居，应当报经执行机关批准。

但笔者认为，从刑罚体系科学配重、刑罚文明进程发展以及惩治矿产资源犯罪的现实需要等多维度进行综合考虑，须从刑事立法层面高度重视管制刑的配置与适用问题，有效激活管制刑的"休眠状态"，注意提高管制刑的适用率，充分体现"罚当其罪"的基本原则。在司法实践中，主要针对那些情节轻微的矿产资源犯罪而言，依法适用管制刑。一方面，由于犯罪人处于限制人身自由但羁押的状态，其仍然有一定的人身自由，可以判令其通过参加劳动来积极恢复被破坏的矿山环境或者植被，同时也减少国家对此方面的财政投入。另一方面，有助于有效地避免出现犯罪人在羁押场所出现所谓的"交叉感染"，最大限度帮助其更好地复归社会，较好地实现刑罚教育和改造的价值功能，这也是彰显我国刑罚文明化发展趋势的重要标志之一。此外，依法适用管制刑不仅不会增加行罚资源成本，反而有助于犯罪人积极参加公益劳动等，并督促其依法履行自身所应承担的相应的民事责任。

需要强调的是，为了保证管制刑得以依法正确有效地实施，须注意加强管制刑的强制性，对管制刑的执行给予一定权威保障。从国外立法来看，限制自由刑与剥夺自由刑往往是配套适用的。一方面，对短期剥夺自由刑的罪犯，应允许法官改处管制刑，以尽量减少监狱羁押人数，消除短期自由刑的弊端；另一方面，对违反限制自由刑相关规定的罪犯，应允许法官将剩余刑期改为执行剥夺自由刑。对此，我国可作为借鉴并在刑法中明确规定。

第二节　财产刑的配置完善

矿产资源犯罪是一项典型的逐利性犯罪（或者称为"贪利性犯罪"）。犯罪人实施该类犯罪的主要目的就在于非法获取矿产资源所蕴含的巨大经济利益价值，以满足自身不断膨胀的物质需求。这正是此类犯罪屡禁不止、日益猖獗甚至在某些地区发案率始终处于高位运行的重要原因之一。因此，从刑事立法层面上来讲，对矿产资源犯罪的刑罚配置须特别关注相关财产刑的科学完善，以实现"对症治疗"。此外，从犯罪事前预防的角度看，通过财产刑的科学运用、强调刑罚的财产剥夺功效，有利于从根本上有效威慑潜在犯罪人，并促使其放弃犯罪行为。从矿产资源犯罪发生后的生态恢复治理角度看，通过财产刑的科学配置和具体适用来实现特殊预防的目的，有助于督促犯罪人积极履行恢复生态环境的义务，并有效预防其不再实施新的矿产资源犯罪。

我国《刑法》所规定的财产刑主要包括罚金刑和没收财产两大类。笔者主要针对这两类财产刑的具体配置完善问题展开以下论述。

一、罚金刑的配置完善

罚金刑在中外刑法中皆为一种古老的刑罚方法，源远流长。当今世界各国基本上都延续着这种古老而有效的刑罚方法。当然，由于世界各国文化、政治、经济和法律习惯等方面各不相同，其对罚金刑的理解和具体适用方法上以及刑法理论上的具体表述都存在着较大的差异。尽管理论上有不尽相同的文字表述，在立法上又有各有所长的法律定义，但丝毫不妨碍各国在司法上的执行，世界各国对罚金所下定义其核心内容基本是一致的，基本上都是对犯罪人处以一定数额的金钱性质的刑罚措施，反映出罚金刑的性质、适用对象和基本执行方法。随着世界经济、文化和社会的不断发展，罚金刑越来越为世界各国所重视，越来越多地被作为处罚犯罪人的主要刑罚手段之一。[1]

发达国家对于罚金刑的适用极为普遍，这种普遍性一方面体现在诸多国家在刑事立法中明确了罚金刑，另一方面则体现在相关国家的司法实践中对于罚金刑的适用率普遍较高。相关研究资料显示，早在 1997 年前后，日本的罚金刑的适用量占刑罚适用总数的 94.93%；英国和威尔士的罚金刑的适用量占刑罚适用总数的 79.33%；德国和奥地利的这一比例分别为 78.31% 和 70.61%。[2]在具体的司法实践中，罚金刑种类主要包括以下几种：

（一）无限额罚金刑

无限额罚金刑是指在刑法典中不规定罚金的数额限度，由法院根据犯罪行为的社会危害性、犯罪人的主观恶性及其经济状况等因素，自由裁量罚金数额的一种制度。

但这种罚金刑的弊端非常明显，即罚金数额并未具体规定一个范围或者幅度，于是导致法官在具体司法适用中的裁量权极大，对具体数额的衡量太难掌握，也容易导致司法不公甚至司法腐败等主要问题。因此，许多国家已很少采用这种无限额罚金刑。我国 1979 年《刑法》中关于无限额罚金刑的比例占总的罚金刑比例高达 70%；而 1997 年《刑法》中关于无限额罚金刑的比

---

〔1〕　参见高铭暄、赵秉志主编：《刑罚总论比较研究》，北京大学出版社 2008 年版，第 314 页。

〔2〕　参见吴宗宪等：《非监禁刑研究》，中国人民公安大学出版社 2003 年版，第 269 页。

例占总的罚金刑比例则在 20% 以下。

（二）限额罚金刑

所谓限额罚金刑是指刑法中规定罚金刑的一定数额，在法定的数额幅度内，由法院根据具体案件情况而作出裁量的罚金制度。关于限额罚金刑的规定，主要有三种方式：①在刑法总则部分规定有罚金刑的上限和下限，或者只规定处以罚金。②在刑法总则中不规定罚金的数额限度，而在分则中规定罚金数额的上限和下限。③在刑法总则对罚金数额作原则性规定，在分则中再具体规定。

相比较无限额罚金刑，限额罚金刑规定一定幅度的数额，既便于法官量刑时有所遵循，又便于根据具体情况进行裁量。但其缺点是由于经济情况的变化，比如一旦遇到经济不景气、通货膨胀和货币贬值等情况，法律所规定的罚金数额往往会变得完全脱离实际生活，无法真正做到罪责刑相适应。

（三）倍比罚金刑

倍比罚金刑，又称按比例罚金刑，是指刑法规定以某个与犯罪有关的数额为基础，然后以其一定的倍数或者几分之一来确定罚金数额的制度，即按照一定数额的倍数或者分数确定的罚金。

（四）日额罚金刑

日额罚金刑主要是指罚金的配置和执行都比较灵活，罚金的数额并不确定，是由法官根据犯罪的情节和犯罪人的情况确定犯罪人缴纳一定日期的罚金，并按逐日缴纳的方式执行。日额罚金刑的确定分两个步骤，首先是确定需要缴纳罚金的天数，然后再确定每日缴纳罚金的数额。一般在刑法总则中规定日额罚金刑的日期区间，同时规定每日需缴纳的罚金数额区间，以合理控制罚金刑的总额，更好地实现刑罚的目的。[1]

为此，综合上述罚金刑的种类，笔者认为，结合矿产资源犯罪的具体特点，在其罚金刑配置中，可考虑日额罚金刑，其主要基于以下几点考虑：

（1）有效地缓解执行难的问题，有助于提高刑罚的具体适用率。我国当前包括对矿产资源犯罪的罚金刑在具体实施过程中之所以存在执行难的问题，一方面是因为罚金刑使犯罪人经济上遭受损失，给其带来了比较大的压力，

---

[1] 参见张学永：《法律经济学视阈下我国刑罚体系改革完善研究》，中国人民公安大学出版社、群众出版社 2019 年版，第 66 页。

犯罪人履行罚金刑的积极性不高；另一方面是因为犯罪人逃避罚金刑的执行相对于逃避其他种类的罚金执行更为容易，而要查清其隐匿和转移财产的行为，则需要付出高昂的人力和物质成本。通过日额罚金制的执行，受刑人的压力比较小，不会出现犯罪人无法承受而选择逃避的窘态。

（2）更多地体现人道主义原则，有助于犯罪人改造与复归社会。日额罚金刑是按照每日固定收取的，不会对犯罪人的正常生活造成过多干扰，有助于减轻犯罪人的经济压力，并促使其安心改造。与此同时，日额罚金刑能够有效地发挥刑罚的教育和矫治的目的。正如贝卡里亚所述，刑罚的威慑力不在于其严酷性，而在于其不可避免性与持续性。[1]普通刑罚执行以后，带给受刑人的教育和警示意义难以很好地持续，而日额罚金刑则因为其执行的特点而产生持续的影响，让受刑人时时感受到刑罚的惩罚和警示作用，带给受刑人的教育和改造效果会更为明显。

（3）有效地贯彻刑罚个别化原则，有助于更好地实现公平正义。因为不同的当事人、不同的案件起因、经过和结果等因素，决定了任何一起矿产资源犯罪案件均有其独特性。日额罚金刑根据矿产资源遭受破坏的程度、犯罪人的经济状况等诸多因素决定每日罚金数额，这无疑很好地体现了刑罚个别化的原则，有助于实现刑法层面的实质性公平正义。

二、没收财产刑的配置完善

没收财产刑是否应当保留一直存在较大争议。诸多学者主张应当彻底废除没收财产刑。比如，意大利著名犯罪学家贝卡里亚很早就对没收财产刑进行了有力的抨击，其认为没收财产刑是一种不公正、非正义的刑罚。对于实施了严重犯罪的行为人来说，即使社会可以驱逐他，也不应该没收其财产，因为没收财产将会使其家人也受到株连，从而使得刑罚伤及无辜，并可能将其家人也逼迫到犯罪的境地。因此，即使是被社会驱逐的罪犯，其财产也应归属于其合法的继承人，而不是被没收。[2]

此外，我国有部分学者也反对没收财产刑的保留。其主要基于以下理由：第一，可能株连无辜，使刑罚殃及犯罪人之外的人。这一理由与贝卡里亚的

---

〔1〕　参见［意］贝卡里亚：《论犯罪与刑罚》，黄风译，中国法制出版社2005年版，第72页。

〔2〕　［意］贝卡里亚：《论犯罪与刑罚》，黄风译，中国法制出版社2005年版，第65~66页。

观念具有相似性。第二，没收财产刑具有不平等性，因为每个人的财富差异巨大，这就使得该刑罚具有很大的不确定性，没有一个统一的数额标准，无法真正保证其平等性和公平性。第三，是没收财产刑不利于犯罪人复归社会，无异于其再社会化的一个障碍。受刑人被剥夺了个人财产以后，其再社会化的难度无疑有所增加，并很可能使其在复归社会后重新走上犯罪的道路。第四，没收财产刑存在执行难的问题。因为受刑人很容易将财产隐蔽或者转移，使刑罚得不到实际的执行，从而严重影响刑罚的实际效果。因此，没收财产刑虽然在世界上很多国家的刑罚体系中都曾存在，但目前仍然保留没收财产刑的国家已经是极少数了。而在保留了没收财产刑的国家，也只将没收财产刑主要适用于非常严重的特定犯罪行为。[1]

笔者认为，针对我国矿产资源犯罪的相对严峻形势，从惩治矿产资源犯罪的实际效果出发，应当客观、理性地看待没收财产刑的存在意义和主要功能，以进一步科学配置和合理适用没收财产刑，其具体理由为：

（1）没收财产刑能够最大限度地发挥刑罚的剥夺功能和威慑功能。一方面，在司法实践中，有些矿产资源犯罪的手段极其恶劣，为了获取非法巨大的经济利益，有些犯罪人不惜动用暴力、投毒等方法来实施矿产资源犯罪，不仅直接造成严重的人员伤亡，而且严重破坏矿产资源所在地的整体生态环境。而且值得注意的是，部分矿产资源犯罪背后往往需要巨大的经济能力支撑和一系列复杂的经济链条。为此，从财产刑的配置角度来讲，有必要针对非常严重的矿产资源犯罪来配置没收财产刑，最大限度地发挥没收财产刑对于犯罪人经济上的剥夺功能，使其切实感受到刑罚所带来的痛苦效应，做到"罪责适应"。另一方面，配置和适用没收财产刑能够有效地发挥刑罚的震慑功能。因为在倡导刑罚文明化和轻缓化的当今社会，死刑、自由刑的配置和适用受到越来越严格的限制；但反而财产刑的适用则越来越普遍，没收财产刑作为非常严厉的财产刑，其类似于"财产刑中的死刑"。针对非常严重的矿产资源犯罪予以科学配置和合理适用，可充分发挥刑罚对于犯罪人的威吓遏制作用，但又不会影响到犯罪人的生命健康权，因而符合现代刑罚文明化的

---

〔1〕 参见陈兴良主编：《刑种通论》（第2版），中国人民大学出版社2007年版，第320~321页；张学永：《法律经济学视阈下我国刑罚体系改革完善研究》，中国人民公安大学出版社、群众出版社2019年版，第58~59页。

发展理念。

（2）我国《刑法》环境资源犯罪中的刑罚体系中配置了没收财产刑，可作以相关借鉴。我国《刑法》对于珍贵、濒危野生动物资源的刑罚体系内容就配置了没收财产刑。比如，我国《刑法》第 341 条第 1 款规定："非法猎捕、杀害国家重点保护的珍贵、濒危野生动物的，或非法收购、运输、出售国家重点保护的珍贵、濒危野生动物及其制品的，处五年以下有期徒刑或者拘役，并处罚金；情节严重的，处五年以上十年以下有期徒刑，并处罚金；情节特别严重的，处十年以上有期徒刑，并处罚金或者没收财产。"这表明我国立法者对于某些非常严重的环境资源犯罪继续保留和适用没收财产刑是持肯定的态度。聚焦我国矿产资源犯罪领域，矿产资源尤其是国家重点保护的矿产资源所具有的战略性、稀缺性以及珍贵性等特征就决定了刑罚对其保护和关照的特殊性。因此，从我国刑罚体系内部的协调性来看，结合我国立法传统，也应对特定类型的矿产资源犯罪配置没收财产刑。

需要强调的是，在矿产资源犯罪中配置没收财产刑，应体现现代刑罚的文明性，采取审慎和严肃的态度，注意以下几方面要求：一是没收财产刑作为一种"经济死刑"，其配置有着极其严格的标准和要求，即只能针对特别严重的矿产资源犯罪来配置，不能随意规定此种刑罚；二是没收财产刑作为一种相对的重刑，须附加于其他主刑适用而不能独立适用；三是没收财产刑的适用必须坚持人道主义原则，即没收财产并非剥夺犯罪人的全部财产，没收财产的执行应为犯罪人及其有关家属保留必需的费用，以切实保证其生存权等基本人权。

第三节　资格刑的配置完善

资格刑亦是一种古老的刑罚。一般认为，大陆法系国家的资格刑最早源自罗马法中的名誉刑。早期的罗马法中的名誉刑，从根本上说是一种民事上的处罚措施，后来被用于处罚犯罪人，体现对犯罪人的惩罚和警戒，也用于警示和教育他人，从而预防他人的犯罪行为。[1]

综合考察世界各个国家或者地区的资格刑立法，其种类主要包括以下几

---

〔1〕　参见陈兴良主编：《刑种通论》（第 2 版），中国人民大学出版社 2007 年版，第 370~372 页。

类：①剥夺政治权利，具体包括：选举权、被选举权、担任公职以及政治自由权利等。如《法国刑法典》明确剥夺公权的内容包括：投票表决权、被选举权、履行裁判职务或者在法院担任专家之权利。②禁止从业，即指禁止行为人从事与所实施的犯罪有着密切关系的职业。一般认为，对从事特种职业者，如医生、律师、司机等在职业上犯罪，剥夺继续其执业资格，可以最大限度地避免在职业上再犯同类之罪。③剥夺民事权利，包括亲属权、教养权、财产处理权、签发支票以及用信用卡付款等权利。④剥夺荣誉称号、军衔、学位、国家奖励等。⑤限制出入特定场所。⑥禁止驾驶、吊销驾驶执照或者禁止颁发驾驶执照。⑦驱逐出境或者禁止进入本国领域。⑧剥夺与公共行政签约的权利，比如，根据《意大利刑法典》的规定，所谓剥夺与公共行政签约的权利是指禁止服刑人与公共行政签订合同关系，其适用对象主要包括三类人：因企业活动的原因或者在企业活动中触犯某些特定刑法规范的；因所得税登记方面的不作为或者弄虚作假而构成犯罪的；因水污染或者违反证券法规而构成犯罪的。⑨禁止或者剥夺其他资格。比如，德国刑法中规定的禁止驾驶，该刑罚是德国刑罚中唯一的附加刑，即在规定的期限内（1个月以上3个月以下）禁止受刑人在街道上驾驶机动车，以达到特殊预防之目的。

从上述域外国家或者地区关于资格刑的立法规定内容来看，资格刑实质上分为两大类：一类是剥夺或者限制公民在公法上的相关权利，比如，剥夺政治权利、剥夺与公共行政签约的权利、驱逐出境或者禁止进入本国领域；另一类则是剥夺或者限制公民在私法上的相关权利，比如，禁止从业、剥夺民事权利、限制出入特定场所等。上述关于资格刑的规定较为精细化，并且具有较强的可操作性，有助于惩防犯罪之功效达成。

当前，我国《刑法》关于资格刑的规定主要包括剥夺政治权利和驱逐出境。两者均为附加刑，既可附加适用，也可独立适用。其中，对于剥夺政治权利而言，其主要剥夺犯罪人如下权利：①选举权与被选举权；②言论、出版、集会、结社、游行、示威自由的权利；③担任国家机关职务的权利；④担任国有公司、企业、事业单位和人民团体领导职务的权利。对于驱逐出境而言，其作为一种特殊的资格刑，只适用于我国依法有权管辖的犯罪的外国人。从具体来看，我国关于资格刑的规定主要是从剥夺或者限制相关人员在公法方面的权利。从其种类上看，由于剥夺政治权利带有很明显的政治色彩，驱逐出境的适用对象极其狭窄，因此种类显得极其单一，而这使得资格刑作为一项刑种的作用无法得到充分发挥。此外，从适用方式上看，剥夺政治权利一经适用，其权利必定被全部剥夺，因而显得极其机械，不够精致。然而，从现实来看，犯罪现象和犯罪人的情况是复杂多样的，而作为对犯罪反应的刑罚方法也应该与这种复杂多样性相适应，从而保证所选刑种不仅与犯罪的社会危害性相适应，而且也与犯罪人的各种具体的情状相适用。[1]

对于矿产资源犯罪的刑罚配置而言，应当注意增设资格刑，因为资格刑具有以下显著优点：第一，有助于最大限度地剥夺犯罪人再次从事矿产资源犯罪的能力和可能性；第二，有效地节省了刑罚的社会成本；第三，对犯罪人起到了道德上或者社会形象上的否定性评价作用，具有一定的警示功能。在对矿产资源犯罪进行资格刑的配置之时，应注意对其进行精细化地设计，避免法律条文规定的空读，从而最大限度地保障资格刑适用效果。具体而言：

一、增设矿产资源犯罪主体为单位的资格刑

正如上文所分析的那样，矿产资源犯罪以单位犯罪居多，很多重大的矿产资源犯罪主要是由大型矿山企业来非法实施的。针对我国《刑法》对于单位犯罪中的单位所处刑罚单一的主要问题，应当增设针对矿产资源犯罪单位适用资格刑。

对矿产资源犯罪单位的资格刑内容主要包括：①禁止犯罪单位从事特定业务，即禁止犯罪单位永久性或者在特定时间内从事与矿产资源开发、利用和保护相关的任何经营性活动。②强制解散犯罪单位，即针对触犯特别严重的矿产资源犯罪的单位，应当予以强制性注销，从根本上剥夺其再犯的可能性，并达到一定的警示功能。这样的规定有助于进一步发挥刑罚在矿产资源犯罪中的重要威慑功能和有效预防功能。

二、针对资格刑的期限问题应作出明确规定

针对矿产资源犯罪的资格刑的适用期限问题也应当作出明确规定，针对不同具体类型的矿产资源犯罪，真正做到罪责刑相一致。按照资格刑的期限不同，可将资格刑分为终身资格刑与定期资格刑。[2]其中，终身资格刑也被

---

〔1〕　参见高铭暄、赵秉志主编：《刑罚总论比较研究》，北京大学出版社 2008 年版，第 385~386 页。
〔2〕　参见高铭暄、赵秉志主编：《刑罚总论比较研究》，北京大学出版社 2008 年版，第 383 页。

称为永久性资格刑，即终身剥夺犯罪人的相应资格。定期资格刑也被称为临时性资格刑，即在一定期限内剥夺犯罪人的相应资格。

对于矿产资源犯罪而言，无论是自然人犯罪还是单位犯罪，在《刑法》中增设资格刑之时，应当按照矿产资源犯罪严重程度以及社会危害性大小，从刑事立法层面直接明确资格刑期限问题，继而为刑事司法实践提供清晰的立法指引和保障。

三、注意资格刑与资格罚两者间区分与衔接

从法理上讲，根据行为违反法律之性质，可将法律责任分为公法责任和私法责任。公法责任是对刑法和行政法的违反而产生的法律责任，包括刑事责任和行政责任；私法责任是对民商事法律的违反而产生的法律责任，即主要为民事责任。其中，刑事责任和行政责任的主要承担方式分别为刑罚和行政罚。而民事责任的主要承担方式为停止侵害、排除妨碍、赔偿损失、恢复原状等，其不涉及到惩罚的问题。因此，我国法律惩罚体系实质上主要是刑罚和行政罚的有机组合。我国行政罚是由行政法律体系中所规定的，其种类具体包括：人身罚、财产罚、资格罚、行为罚和申诫罚。资格罚是行政罚中重要的一种。按照我国《行政处罚法》第9条之规定："行政处罚的种类：（一）警告、通报批评；（二）罚款、没收违法所得、没收非法财物；（三）暂扣许可证件、降低资质等级、吊销许可证件；（四）责令关闭、责令停产停业、限制开展生产经营活动、限制从业；（五）行政拘留；（六）法律、行政法规规定的其他行政处罚。"其中，暂扣许可证件、降低资质等级、吊销许可证件、责令关闭、责令停产停业、限制开展生产经营活动等均属于广义上的资格罚。在现代执法中，资格罚的设置与适用越来越受到重视。[1]

---

〔1〕 比如，据公开报道："2021年9月2日，某上市公司披露称，公司收到中国证监会广东监管局对原董监高及公司出具的《行政处罚决定书》《市场禁入决定书》。广东证监局决定对两位原董监高分别采取10年和5年证券市场禁入措施。证监会数据显示，2016年~2020年，共对298人次的自然人采取市场禁入，分年限看，其中3年至5年、5年至10年两档次市场禁入共计216人次，占比约72%；终身市场禁入82人次，占比约28%。今年以来，截至9月3日，证监会和地方证监局共发布24张市场禁入决定书，合计52人被采取市场禁入措施。其中，9人被采取终身市场禁入措施。从执法效果及社会影响看，与警告、罚款行政处罚相比，证券市场禁入这种'资格罚'是一把更为锋利的利剑，让资本市场的违法违规者切实感受'痛感'，震慑效应更强。"安宁："资格罚让违法违规者更有'痛感'"，载《证券日报》2021年9月3日。

具体到矿产资源违法行为的行政处罚，其主要规定在《违反矿产资源法规行政处罚办法》（已失效）中。其第 8 条第 1 款规定："对违反矿产资源法规的行为的行政处罚包括：（一）警告；（二）责令限期改正，限期补交资料；（三）责令停止开采，退回本矿区范围内开采，停产整顿，停止借阅地质资料；（四）责令赔偿损失；（五）没收违法所得，没收违法采出的矿产品；（六）罚款；（七）通知银行停止拨款或者贷款；（八）吊销勘查许可证、吊销采矿许可证；（九）矿产资源法规规定的其他处罚措施。"其中的责令停止开采、吊销勘查许可证、吊销采矿许可证均为资格罚的具体方式方法。此外，还有其他涉及矿产资源保护和开发的法律法规也涉及到资格罚的规定。

而资格刑是典型的刑罚体系内容，属于刑事法律体系规范内容，是犯罪人承担刑事责任的重要体现。从这一角度来讲，资格刑与资格罚存在着本质上的差别，资格刑应比资格罚的惩罚力度更大。此外，资格刑不仅涉及对于犯罪人在私法上权利的剥夺与限制，而且包括在公法上相关权利的剥夺与限制；而资格罚主要针对违法者在私法权利的制约。

因此，针对矿产资源犯罪配置相应的资格刑，应当注意与矿产资源行政法律体系中的资格罚区别开来，并注意做好与资格罚的必要衔接。具体而言：第一，继续完善我国矿产资源违法行为的资格罚内容，增加市场禁入等资格罚的具体方法；第二，在资格罚的基础上科学设计针对矿产资源犯罪的资格刑内容，并且资格刑应比资格罚的力度要大，以充分发挥刑罚自身剥夺、威慑与预防的强大功能。比如，资格刑对于市场禁入的期限设置应比资格罚的相对较长；而且其对市场禁入的内容应比资格罚的要更为多元。再比如，资格刑对于犯罪人从业限制的内容与期限也应当比资格罚的要更严格，以体现资格刑的严厉刑。

第四节　余论

面对日趋严重的矿产资源犯罪，须从刑事立法层面上对矿产资源犯罪配置以多样而严厉的刑罚，但这不等于意味着就秉持着所谓的"重刑主义思想"。相反，矿产资源犯罪的刑罚配置亦应坚守宽严相济刑事政策的精神实质。对于情节轻微、社会危害不大的若干矿产资源犯罪而言，其刑罚设计和执行方面也应当注意轻缓化。因为正如有学者所言："对于犯罪行为人本人而言，犯罪处罚的严厉性不但体现在以自由刑为主的刑罚结构，而且还在于刑罚的附随后果严重，'犯罪分子'这一污名可能伴随终身。更有甚者，只要存在犯罪认定记录，这就意味着行为人甚至其子女以后的就业、入伍、考试、升职、户籍、个人荣誉等甚至社会福利保障等都将受到影响。"[1]

在我国，当前刑事法律中规定了未成年人犯罪记录封存制度和前科报告免除制度，[2]初步构成了我国刑事制裁体系下的前科消灭制度。这使得未成年人刑事犯罪记录不仅不会随着档案一起流转，行为人本人也无须告知自己的犯罪前科，从而最大限度地消除了刑罚对其所造成的负面影响，因而具有现实的积极意义。但客观而言，这一制度的适用面仍然有些狭窄，无法有效地适应当前快速犯罪化的立法及司法现实需求。

笔者认为，在构建我国矿产资源犯罪刑罚体系时，可重点考虑将犯罪前科消灭制度纳入其中，将当前我国《刑法》中的未成年犯罪人的犯罪前科消灭制度进一步发展为针对所有犯罪人的犯罪前科消灭制度，即对于判处三年以下有期徒刑的犯罪均可适应前科消灭制度。这样对于我国矿产资源犯罪的惩治而言，将更具针对性、科学性、文明性。

---

[1] 我国每年上百万的人被判处刑罚，间接导致上百万个家庭及其成员遭受前科制度的株连，不可否认，这些被株连的家庭会因为前科制度的存在而在未来失去公平的工作机会，因此会产生对我国司法机关、对国家制度的怨恨，进而削弱国家的政治基础。前科制度每年把几百万人推到国家的对立面、推到制度的对立面，这已经是一个必须正视的政治问题。上述内容参见陈庆安："《刑法修正案（十一）》的回应性特征与系统性反思"，载《政治与法律》2022年第8期。

[2] 我国《刑法》第100条第2款规定："犯罪的时候不满十八周岁被判处五年有期徒刑以下刑罚的人，免除前款规定的报告义务。"我国《刑事诉讼法》第286条第1款规定："犯罪的时候不满十八周岁，被判处五年有期徒刑以下刑罚的，应当对相关犯罪记录予以封存。"

一、专著类

1. 罗桂环等主编:《中国环境保护史稿》,中国环境科学出版社 1995 年版。

2. 杜澎:《破坏环境资源犯罪研究》,中国方正出版社 2000 年版。

3. 汪劲:《中国环境法原理》,北京大学出版社 2004 年版。

4. 汪劲:《环境法律的理念与价值追求——环境立法目的论》,法律出版社 2000 年版。

5. 付立忠:《环境刑法学》,中国方正出版社 2001 年版。

6. 周珂:《生态环境法论》,法律出版社 2001 年版。

7. 成金华编著:《矿产资源规划的理论与方法》,中国环境科学出版社 2002 年版。

8. 王秀梅:《破坏环境资源保护罪》,中国人民公安大学出版社 2003 年版。

9. 周训芳:《环境权论》,法律出版社 2003 年版。

10. 董淑君:《刑罚的要义》,人民出版社 2004 年版。

11. 刘仁文:《环境资源保护与环境资源犯罪》,中信出版社 2004 年版。

12. 唐双娥:《环境法风险防范原则研究》,高等教育出版社 2004 年版。

13. 赵秉志、王秀梅、杜澎:《环境犯罪比较研究》,法律出版社 2004 年版。

14. 卢永鸿:《中国内地与香港环境犯罪的比较研究》,中国人民公安大学出版社 2005 年版。

15. 郭建安、张桂荣:《环境犯罪与环境刑法》,群众出版社 2006 年版。

16. 洪大用等:《中国民间环保力量的成长》,中国人民大学出版社 2007 年版。

17. 吴卫星:《环境权研究——公法学的视角》,法律出版社 2007 年版。

18. 陈德敏:《环境法原理专论》,法律出版社 2008 年版。

19. 李洁:《罪与刑立法规定模式》,北京大学出版社 2008 年版。

20. 张梓态主编:《环境与资源保护法学》,北京大学出版社 2008 年版。

21. 陈建宏主编:《矿业经济学》,中南大学出版社 2009 年版。

22. 陈雪平：《立法价值研究——以精益学理论为视阈》，中国社会科学出版社 2009 年版。

23. 吕文生、杨鹏编：《矿产资源法基础》，化学工业出版社 2009 年版。

24. 常纪文：《环境法前沿问题——历史梳理与发展探究》，中国政法大学出版社 2011 年版。

25. 赵秉志主编：《环境犯罪及其立法完善研究——从比较法的角度》，北京师范大学出版社 2011 年版。

26. 都沁军：《矿产资源开发环境压力研究》，北京大学出版社 2012 年版。

27. 谭兆强：《法定犯理论与实践》，上海人民出版社 2013 年版。

28. 王社坤：《环境利用权研究》，中国环境出版社 2013 年版。

29. 王志华、张振利执行主编：《俄罗斯中亚国家矿产资源法》，中国政法大学出版社 2013 年版。

30. 彭渤编著：《矿产资源学》，地质出版社 2014 年版。

31. 赵宁：《罪状解释论》，上海人民出版社 2014 年版。

32. 崔彬等编著：《矿产资源产业发展》，中国发展出版社 2015 年版。

33. 傅学良：《刑事一体化视野中的环境刑法研究》，中国政法大学出版社 2015 年版。

34. 骆云：《中国近代矿产资源法律制度研究》，法律出版社 2015 年版。

35. 王宇、谭立勤、淳伟德：《国际矿产资源战略对我国重要矿产资源安全影响及对策研究》，经济管理出版社 2015 年版。

36. 吕忠梅主编：《环境法学概要》，法律出版社 2016 年版。

37. 严励主编：《刑法学前沿与热点问题研究》，中国法制出版社 2016 年版。

38. 张明楷：《外国刑法纲要》，清华大学出版社 2007 年版。

39. 侯艳芳：《环境资源犯罪常规性治理研究》，北京大学出版社 2017 年版。

40. 金晶：《我国环境保护刑事立法的完善》，知识产权出版社 2017 年版。

41. 史学瀛主编：《环境法案例教材》，南开大学出版社 2017 年版。

42. 喻海松：《环境资源犯罪实务精释》，法律出版社 2017 年版。

43. 廖欣：《我国矿产资源保护立法创新研究》，法律出版社 2018 年版。

44. 胡雁云：《环境犯罪及其刑事政策研究》，法律出版社 2018 年版。

45. 汪劲：《环境法学》（第 4 版），北京大学出版社 2018 年版。

46. 吴卫星：《环境权理论的新展开》，北京大学出版社 2018 年版。

47. 高铭暄主编：《当代刑法前沿问题研究》，人民法院出版社 2019 年版。

48. 姚建龙：《社会变迁中的刑法问题》，北京大学出版社 2019 年版。

49. 张辉：《中国、东盟与美国矿产资源法比较研究》，厦门大学出版社 2019 年版。

50. 张继钢：《风险社会下环境犯罪研究》，中国检察出版社 2019 年版。

51. 张学永：《法律经济学视阈下我国刑罚体系改革完善研究》，中国人民公安大学出版社、群众出版社 2019 年版。

52. 蔡一军：《刑罚立法技术初论》，中国政法大学出版社 2020 年版。

53. 邓琳君：《环境犯罪预防论》，中国林业出版社 2020 年版。

54. 严良、武剑、孙理军：《矿产资源密集型区域可持续发展研究——基于生态创新系统的视角》，人民出版社 2020 年版。

55. 李翔：《我国刑法立法方法与价值取向研究》，上海人民出版社 2021 年版。

56. 陈海嵩：《中国环境法治转型的规范阐释》，社会科学文献出版社 2022 年版。

二、论文类

1. 吕忠梅："再论公民环境权"，载《法学研究》2000 年第 6 期。

2. 谢雄伟："非法采矿罪若干问题研究"，载《中国矿业大学学报（社会科学版）》2003 年第 3 期。

3. 黄霞、唐双娥、董邦俊："试析我国林木资源之刑法保护——盗伐林木罪的社会危害性之思考"，载《现代法学》2003 年第 4 期。

4. 孙军工："《关于审理非法采矿、破坏性采矿刑事案件具体应用法律若干问题的解释》的理解与适用"，载《人民检察》2003 年第 7 期。

5. 谢青霞、孔国荣、邹权："我国矿产资源刑事保护立法及其完善研究"，载《企业经济》2004 年第 12 期。

6. 李永升："破坏环境资源保护罪的构成特征探究"，载《现代法学》2005 年第 2 期。

7. 刘建民、林毅："破坏矿产资源犯罪的认定及立法完善"，载《社会科学论坛》2005 年第 10 期。

8. 简基松："论生态法益在刑法法益中的独立地位"，载《中国刑事法杂志》2006 年第 5 期。

9. 李长生："我国矿产资源刑事立法问题探析"，载《学术交流》2006 年第 8 期。

10. 吴念胜、何琰："论破坏性采矿罪的认定"，载《资源与产业》2008 年第 4 期。

11. 赵宝红："非法采矿罪立法缺陷与完善建议"，载《人民检察》2008 年第 22 期。

12. 张明楷："盗伐林木罪与盗窃罪的关系"，载《人民检察》2009 年第 3 期。

13. 巩固："环境权热的冷思考——对环境权重要性的疑问"，载《华东政法大学学报》2009 年第 4 期。

14. 黄锡生、张磊："生态法益与我国传统刑法的现代化"，载《河北法学》2009 年第 11 期。

15. 徐新卫："环境犯罪与环境刑法的完善"，山东大学 2009 年硕士学位论文。

16. 姜红波："环境犯罪立法问题研究"，东北林业大学 2010 年硕士学位论文。

17. 彭运朋："环境权辨伪"，载《中国地质大学学报（社会科学版）》2011 年第 3 期。

18. 张璐:"矿产资源损害法律责任的结构失衡与矫正",载《甘肃政法学院学报》2011年第4期。

19. 土勇:"从《刑法》修订看中国环境犯罪立法观转变",载《环境保护》2011年第7期。

20. 刘艳红:"我国应该停止犯罪化的刑事立法",载《法学》2011年第11期。

21. 周建达:"转型期我国犯罪治理模式之转换——从'压力维控型'到'压力疏导型'",载《法商研究》2012年第2期。

22. 冯安生、许大纯:"矿产资源新'三率'指标研究",载《矿产保护与利用》2012年第4期。

23. 陆案:"犯罪的边界——我国轻罪制度的立法思考",载《河北法》2012年第7期。

24. 康纪田:"论非法采矿罪的归位与拓展",载《时代法学》2012年第5期。

25. 郑丽萍:"轻罪重罪之法定界分",载《中国法学》2013年第2期。

26. 刘媛媛:"非法采矿罪的立法困境及其破解——以《刑法修正案（八）》为视角",载《郑州大学学报（哲学社会科学版）》2013年第5期。

27. 张建军:"论刑法中兜底条款的明确性",载《法律科学（西北政法大学学报）》2014年第2期。

28. 王树义、冯汝:"我国环境刑事司法的困境及其对策",载《法学评论》2014年第3期。

29. 王绍光:"国家治理与基础性国家能力",载《华中科技大学学报（社会科学版）》2014年第3期。

30. 竺效:"论中国环境法基本原则的立法发展与再发展",载《华东政法大学学报》2014年第3期。

31. 吕忠梅:"《环境保护法》的前世今生",载《政法论丛》2014年第5期。

32. 徐祥民、朱雯:"环境利益的本质特征",载《法学论坛》2014年第6期。

33. 高峰:"污染环境罪法律适用困境之破解",载《人民检察》2014年第7期。

34. 巩固:"自然资源国家所有权公权说再论",载《法学研究》2015年第2期。

35. 肖中华:"刑法目的及其实践价值",载《法治研究》2015年第5期。

36. 于阳:"法定刑设定模式的缺陷与调整研究",载《行政与法》2015年第8期。

37. 朱谦:"环境公共利益的法律属性",载《学习与探索》2016年第2期。

38. 魏兆峰:"我国区域环保督查制度体系、困境及解决路径",载《江西社会科学》2016年第5期。

39. 何艳玲、汪广龙:"中国转型秩序及其制度逻辑",载《中国社会科学》2016年第6期。

40. 陈健鹏等:"'十三五'时期中国环境监管体制改革的形势、目标与若干建议",载《中国人口·资源与环境》2016年第11期。

41. 白建军："犯罪圈与刑法修正的结构控制"，载《中国法学》2017 年第 5 期。

42. 焦艳鹏："自然资源的多元价值与国家所有的法律实现——对宪法第 9 条的体系性解读"，载《法制与社会发展》2017 年第 1 期。

43. 刘华："国家治理现代化视域下的中央与地方关系"，载《江苏社会科学》2017 年第 2 期。

44. 张明楷："终身监禁的性质与适用"，载《现代法学》2017 年第 3 期。

45. 王勇："正确把握国家法律与党内法规之间的关系"，载《理论视野》2017 年第 4 期。

46. 张文显："治国理政的法治理念和法治思维"，载《中国社会科学》2017 年第 4 期。

47. 鹿爱莉："我国矿产资源法律制度研究"，载《国土资源情报》2017 年第 5 期。

48. 张维宸："《矿产资源法》修改的重点内容与方向选择——基于'《矿产资源法》修改重点内容调查表'的分析"，载《中国矿业大学学报（社会科学版）》2017 年第 6 期。

49. 封丽霞："马克思主义法律理论中国化的当代意义"，载《法学研究》2018 年第 1 期。

50. 刘作翔："论重大改革于法有据：改革与法治的良性互动——以相关数据和案例为切入点"，载《东方法学》2018 年第 1 期。

51. 吕忠梅："习近平新时代中国特色社会主义生态法治思想研究"，载《江汉论坛》2018 年第 1 期。

52. 马腾："我国生态环境侵权责任制度之构建"，载《法商研究》2018 年第 2 期。

53. 任恒："我国环境问责制度建设中的'党政同责'理念探析"，载《北京工业大学学报（社会科学版）》2018 年第 2 期。

54. 张海涛："如何理解党内法规与国家法律的关系——一个社会系统理论的角度"，载《中共中央党校学报》2018 年第 2 期。

55. 陈海嵩："中国环境法治中的政党、国家与社会"，载《法学研究》2018 年第 3 期。

56. 方世南、周心欣："社会主义生态文明观：内涵、价值、培育与践行"，载《南京工业大学学报（社会科学版）》2018 年第 3 期。

57. 谭冰霖："环境行政处罚规制功能之补强"，载《法学研究》2018 年第 4 期。

58. 陈明明："双重逻辑交互作用中的党治与法治"，载《学术月刊》2019 年第 1 期。

59. 黄云波、黄太云："论稳健型刑法立法观"，载《中国刑事法杂志》2019 年第 3 期。

60. 王立峰："法政治学视域下党内法规和国家法律的衔接与协调"，载《吉林大学社会科学学报》2019 年第 3 期。

61. 李浩："生态损害赔偿诉讼的本质及相关问题研究——以环境民事公益诉讼为视角的分析"，载《行政法学研究》2019 年第 4 期。

62. 习近平："加强党对全面依法治国的领导"，载《奋斗》2019 年第 4 期。

63. 冀学德："论公法制裁后环境民事公益诉讼中的重复责任"，载《行政法学研究》2019 年第 5 期。

64. 秦前红、刘怡达："中国现行宪法中的'党的领导'规范"，载《法学研究》2019 年第 6 期。

65. 刘作翔："当代中国的规范体系：理论与制度结构"，载《中国社会科学》2019 年第 7 期。

66. 景跃进："将政党带进来——国家与社会关系范畴的反思与重构"，载《探索与争鸣》2019 年第 8 期。

67. 徐以祥："论生态环境损害的行政命令救济"，载《政治与法律》2019 年第 9 期。

68. 吴文盛、王琳、宋泽峰、周吉光："新时期我国矿产资源开发与生态环境保护矛盾的探讨"，载《中国矿业》2020 年第 3 期。

69. 黄文艺："新时代中国法理研究方法论"，载《法学》2020 年第 4 期。

70. 于文轩、冯瀚元："基于生态文明理念的环境犯罪行政从属性研究"，载《南京工业大学学报（社会科学版）》2021 年第 4 期。

71. 刘仁海、蔡楠楠："环境犯罪'刑行共治'之困境与出路"，载《青少年犯罪问题》2021 年第 5 期。

72. 李灿："污染环境犯罪惩治的恢复性司法模式"，载《刑事法评论》2021 年第 2 期。

73. 黄京平："扫黑除恶历史转型的实体法标志——《反有组织犯罪法》中刑法规范的定位"，载《江西社会科学》2022 年第 2 期。

74. 胡云腾："刑法罪名确定研究"，载《中国应用法学》2022 年第 3 期。

75. 侯铮："生态环境领域犯罪行政刑事执法一体化执法机制探究"，载《广西警察学院学报》2022 年第 3 期。

76. 康纪田、严旭："非法采矿罪的反思与重构"，载《中国地质大学学报（社会科学版）》2022 年第 2 期。

77. 焦艳鹏："基于司法大数据的生态环境犯罪刑法惩治分析"，载《重庆大学学报（社会科学版）》2022 年第 4 期

78. 曹中文："生态法益视野下污染环境罪犯罪形态之辨析"，载《西部学刊》2022 年第 12 期。

79. 王菡、李梁："环境犯罪行刑衔接问题研究"，载《广西政法管理干部学院学报》2022 年第 2 期。

80. 孟庆源："污染环境犯罪之实务解读与分析"，载《环境经济》2022 年第 4 期。

81. 陈庆安："《刑法修正案（十一）》的回应性特征与系统性反思"，载《政治与法律》2022 年第 8 期。

三、报纸类

1. 王法："丽江首例非法采矿案宣判"，载《中国矿业报》2011 年 10 月 11 日。

2. 陈伟："南平审理首例非法采矿案"，载《中国环境报》2018 年 3 月 22 日。

3. 徐波、夏立红、施雨："镇江调解违法者赔偿环境修复费用"，载《中国环境报》2018
   年 8 月 28 日。

4. 张蕾："推动中央生态环保督察向纵深发展——解读《中央生态环境保护督察工作规
   定》"，载《光明日报》2019 年 6 月 28 日。

5. 韩东良、徐璐："江苏首例海洋领域非法采矿公益诉讼开审——人民检察院针对监管疏
   漏推动非法码头专项治理"，载《中国环境报》2019 年 7 月 22 日。

6. "洞庭湖'黑老大'一审宣判八罪并罚获刑 25 年"，载《中国环境报》2019 年 11 月
   26 日。

7. 黄昌华："中央环保督查交办件何以 3 年问题依旧？——湖南省衡南县车江镇采石场生
   态环境问题虚假整改案例调查"，载《中国环境报》2020 年 10 月 9 日。

8. 李志超："非法采砂 8000 余吨，公益损害如何认定"，载《检察日报》2020 年 10 月
   19 日。

9. 吴越："一面惩治'采砂大盗'　一面搬山填坑"，载《检察日报》2021 年 1 月 25 日。

10. 杨建军："盗采膨润土犯罪团伙被诉"，载《检察日报》2021 年 4 月 7 日。

11. 阮少哲、林志标："包工头受雇非法采矿是否构成共犯"，载《检察日报》2021 年 4 月
    13 日。

12. 谢佳沥："盐湖能源涉嫌在木里矿区非法采矿——作为盐湖股份全资子公司，其超 3 亿
    元非法所得要退缴"，载《中国环境报》2021 年 10 月 14 日。

13. 安宁："资格罚让违法违规者更有'痛感'"，载《证券日报》2021 年 9 月 3 日。

14. 李洁："叫停非法盗采海砂需要多策并举"，载《检察日报》2021 年 9 月 30 日。

15. 刘文杰、罗开革："源头治理　助力生态环境保护"，载《人民公安报》2021 年 10 月
    27 日。

16. 蒙茜、刘传勇："桂林破获一起景区内非法采矿案"，载《人民公安报》2021 年 11 月
    8 日。

17. 牟琦、张博、刘盼盼："办理非法采矿类民事公益诉讼案需要把握的关键点"，载《检
    察日报》2021 年 11 月 18 日。

18. 卢志坚、范伟义、左飞："透视海洋'采砂之患'——江苏灌南：斩断盗采海砂'户
    业链'保护海洋生态"，载《检察日报》2021 年 12 月 2 日。

19. 王宇、时晗："保护'水中软黄金'，让他们得不偿失！"，载《检察日报》2022 年 2 月
    9 日。

20. 郑兴春："发挥司法作用　保障长江生态安全"，载《中国环境报》2022 年 3 月 16 日。

21. 管莹、徐荣蓉、徐婷婷："昼伏夜出盗采'软黄金'46765 吨"，载《检察日报》2022
    年 3 月 23 日。

22. 卢金增、张慧、李春鹏：“打响保卫战　守护耕地红线——山东临沂：打击破坏耕地违法犯罪化解涉耕地矛盾纠纷”，载《检察日报》2022 年 3 月 28 日。

23. 卢金增等：“山东淄博：生态检察让绿水青山带笑颜”，载《检察日报》2022 年 4 月 17 日。

24. 史兆琨：“严惩盗采矿产资源犯罪　守护绿水青山——一季度全国检察机关共起诉非法采矿、破坏性采矿犯罪 1556 人”，载《检察日报》2022 年 4 月 25 日。

25. 梁雅丽：“环境犯罪应注意行刑交叉问题”，载《中国环境报》2022 年 4 月 26 日。

26. 张吟丰、罗大钧、张明秀：“矿区修复怎能由政府买单”，载《检察日报》2022 年 4 月 28 日。

四、外国文献

1. ［日］藤木英雄：《公害犯罪》，丛选功等译，中国政法大学出版社 1992 年版。

2. ［奥］凯尔森：《法与国家的一般理论》，沈宗灵译，中国大百科全书出版社 1996 年版。

3. ［美］贝思·J. 辛格：《实用主义、权利和民主》，王守昌等译，上海译文出版社 2001 年版。

4. ［日］西原春夫：《刑法的根基与哲学》，顾肖荣等译，法律出版社 2004 年版。

5. ［美］尼尔·K. 考默萨：《法律的限度——法治、权利的供给与需求》，申卫星等译，商务印书馆 2007 年版。

6. ［日］西田典之：《日本刑法总论》，刘明祥、王昭武译，中国人民大学出版社 2007 年版。

7. ［美］道格拉斯·C. 诺思：《制度、制度变迁与经济绩效》，杭行译，格致出版社、上海三联书店、上海人民出版社 2008 年版版。

8. ［日］山口厚：《刑法总论》（第 2 版），付立庆译，中国人民大学出版社 2011 年版。

9. ［美］汤姆·蒂坦伯格、琳恩·刘易斯：《环境与自然资源经济学》（第 8 版），王晓霞等译，中国人民大学出版社 2011 年版。

10. ［德］施密特·阿斯曼：《秩序理念下的行政法体系构建》，林明锵等译，北京大学出版社 2012 年版。

11. ［德］乌尔斯·金德霍伊泽尔：《刑法总论教科书》，蔡桂生译，北京大学出版社 2105 年版。

12. ［德］卡尔·拉伦茨：《法学方法论》，陈爱娥译，商务印书馆 2003 年版。

13. ［日］南川秀树等：《日本环境问题：改善与经验》，社会科学文献出版社 2017 年版。

附录一
appendix 01

法律篇

中华人民共和国矿产资源法

（1986 年 3 月 19 日第六届全国人民代表大会常务委员会第十五次会议通过　根据 1996 年 8 月 29 日第八届全国人民代表大会常务委员会第二十一次会议《关于修改〈中华人民共和国矿产资源法〉的决定》第一次修正　根据 2009 年 8 月 27 日第十一届全国人民代表大会常务委员会第十次会议《关于修改部分法律的决定》第二次修正）

第一章　总则

第一条　为了发展矿业，加强矿产资源的勘查、开发利用和保护工作，保障社会主义现代化建设的当前和长远的需要，根据中华人民共和国宪法，特制定本法。

第二条　在中华人民共和国领域及管辖海域勘查、开采矿产资源，必须遵守本法。

第三条　矿产资源属于国家所有，由国务院行使国家对矿产资源的所有权。地表或者地下的矿产资源的国家所有权，不因其所依附的土地的所有权或者使用权的不同而改变。

国家保障矿产资源的合理开发利用。禁止任何组织或者个人用任何手段侵占或者破坏矿产资源。各级人民政府必须加强矿产资源的保护工作。

勘查、开采矿产资源，必须依法分别申请、经批准取得探矿权、采矿权，并办理登记；但是，已经依法申请取得采矿权的矿山企业在划定的矿区范围内为本企业的生产而进行的勘查除外。国家保护探矿权和采矿权不受侵犯，保障矿区和勘查作业区的生产秩序、工作秩序不受影响和破坏。

从事矿产资源勘查和开采的，必须符合规定的资质条件。

第四条 国家保障依法设立的矿山企业开采矿产资源的合法权益。

国有矿山企业是开采矿产资源的主体。国家保障国有矿业经济的巩固和发展。

第五条 国家实行探矿权、采矿权有偿取得的制度；但是，国家对探矿权、采矿权有偿取得的费用，可以根据不同情况规定予以减缴、免缴。具体办法和实施步骤由国务院规定。

开采矿产资源，必须按照国家有关规定缴纳资源税和资源补偿费。

第六条 除按下列规定可以转让外，探矿权、采矿权不得转让：

（一）探矿权人有权在划定的勘查作业区内进行规定的勘查作业，有权优先取得勘查作业区内矿产资源的采矿权。探矿权人在完成规定的最低勘查投入后，经依法批准，可以将探矿权转让他人。

（二）已取得采矿权的矿山企业，因企业合并、分立，与他人合资、合作经营，或者因企业资产出售以及有其他变更企业资产产权的情形而需要变更采矿权主体的，经依法批准可以将采矿权转让他人采矿。

前款规定的具体办法和实施步骤由国务院规定。

禁止将探矿权、采矿权倒卖牟利。

第七条 国家对矿产资源的勘查、开发实行统一规划、合理布局、综合勘查、合理开采和综合利用的方针。

第八条 国家鼓励矿产资源勘查、开发的科学技术研究，推广先进技术，提高矿产资源勘查、开发的科学技术水平。

第九条 在勘查、开发、保护矿产资源和进行科学技术研究等方面成绩显著的单位和个人，由各级人民政府给予奖励。

第十条 国家在民族自治地方开采矿产资源，应当照顾民族自治地方的利益，作出有利于民族自治地方经济建设的安排，照顾当地少数民族群众的生产和生活。

民族自治地方的自治机关根据法律规定和国家的统一规划，对可以由本地方开发的矿产资源，优先合理开发利用。

第十一条 国务院地质矿产主管部门主管全国矿产资源勘查、开采的监督管理工作。国务院有关主管部门协助国务院地质矿产主管部门进行矿产资源勘查、开采的监督管理工作。

省、自治区、直辖市人民政府地质矿产主管部门主管本行政区域内矿产资源勘查、开采的监督管理工作。省、自治区、直辖市人民政府有关主管部门协助同级地质矿产主管部门进行矿产资源勘查、开采的监督管理工作。

第二章　矿产资源勘查的登记和开采的审批

第十二条　国家对矿产资源勘查实行统一的区块登记管理制度。矿产资源勘查登记工作，由国务院地质矿产主管部门负责；特定矿种的矿产资源勘查登记工作，可以由国务院授权有关主管部门负责。矿产资源勘查区块登记管理办法由国务院制定。

第十三条　国务院矿产储量审批机构或者省、自治区、直辖市矿产储量审批机构负责审查批准供矿山建设设计使用的勘探报告，并在规定的期限内批复报送单位。勘探报告未经批准，不得作为矿山建设设计的依据。

第十四条　矿产资源勘查成果档案资料和各类矿产储量的统计资料，实行统一的管理制度，按照国务院规定汇交或者填报。

第十五条　设立矿山企业，必须符合国家规定的资质条件，并依照法律和国家有关规定，由审批机关对其矿区范围、矿山设计或者开采方案、生产技术条件、安全措施和环境保护措施等进行审查；审查合格的，方予批准。

第十六条　开采下列矿产资源的，由国务院地质矿产主管部门审批，并颁发采矿许可证：

（一）国家规划矿区和对国民经济具有重要价值的矿区内的矿产资源；

（二）前项规定区域以外可供开采的矿产储量规模在大型以上的矿产资源；

（三）国家规定实行保护性开采的特定矿种；

（四）领海及中国管辖的其他海域的矿产资源；

（五）国务院规定的其他矿产资源。

开采石油、天然气、放射性矿产等特定矿种的，可以由国务院授权的有关主管部门审批，并颁发采矿许可证。

开采第一款、第二款规定以外的矿产资源，其可供开采的矿产的储量规模为中型的，由省、自治区、直辖市人民政府地质矿产主管部门审批和颁发采矿许可证。

开采第一款、第二款和第三款规定以外的矿产资源的管理办法，由省、自治区、直辖市人民代表大会常务委员会依法制定。

依照第三款、第四款的规定审批和颁发采矿许可证的，由省、自治区、直辖市人民政府地质矿产主管部门汇总向国务院地质矿产主管部门备案。

矿产储量规模的大型、中型的划分标准，由国务院矿产储量审批机构规定。

第十七条 国家对国家规划矿区、对国民经济具有重要价值的矿区和国家规定实行保护性开采的特定矿种，实行有计划的开采；未经国务院有关主管部门批准，任何单位和个人不得开采。

第十八条 国家规划矿区的范围、对国民经济具有重要价值的矿区的范围、矿山企业矿区的范围依法划定后，由划定矿区范围的主管机关通知有关县级人民政府予以公告。

矿山企业变更矿区范围，必须报请原审批机关批准，并报请原颁发采矿许可证的机关重新核发采矿许可证。

第十九条 地方各级人民政府应当采取措施，维护本行政区域内的国有矿山企业和其他矿山企业矿区范围内的正常秩序。

禁止任何单位和个人进入他人依法设立的国有矿山企业和其他矿山企业矿区范围内采矿。

第二十条 非经国务院授权的有关主管部门同意，不得在下列地区开采矿产资源：

（一）港口、机场、国防工程设施圈定地区以内；

（二）重要工业区、大型水利工程设施、城镇市政工程设施附近一定距离以内；

（三）铁路、重要公路两侧一定距离以内；

（四）重要河流、堤坝两侧一定距离以内；

（五）国家划定的自然保护区、重要风景区，国家重点保护的不能移动的历史文物和名胜古迹所在地；

（六）国家规定不得开采矿产资源的其他地区。

第二十一条 关闭矿山，必须提出矿山闭坑报告及有关采掘工程、不安全隐患、土地复垦利用、环境保护的资料，并按照国家规定报请审查批准。

第二十二条 勘查、开采矿产资源时，发现具有重大科学文化价值的罕见地质现象以及文化古迹，应当加以保护并及时报告有关部门。

第三章 矿产资源的勘查

第二十三条 区域地质调查按照国家统一规划进行。区域地质调查的报告和图件按照国家规定验收,提供有关部门使用。

第二十四条 矿产资源普查在完成主要矿种普查任务的同时,应当对工作区内包括共生或者伴生矿产的成矿地质条件和矿床工业远景作出初步综合评价。

第二十五条 矿床勘探必须对矿区内具有工业价值的共生和伴生矿产进行综合评价,并计算其储量。未作综合评价的勘探报告不予批准。但是,国务院计划部门另有规定的矿床勘探项目除外。

第二十六条 普查、勘探易损坏的特种非金属矿产、流体矿产、易燃易爆易溶矿产和含有放射性元素的矿产,必须采用省级以上人民政府有关主管部门规定的普查、勘探方法,并有必要的技术装备和安全措施。

第二十七条 矿产资源勘查的原始地质编录和图件,岩矿心、测试样品和其他实物标本资料,各种勘查标志,应当按照有关规定保护和保存。

第二十八条 矿床勘探报告及其他有价值的勘查资料,按照国务院规定实行有偿使用。

第四章 矿产资源的开采

第二十九条 开采矿产资源,必须采取合理的开采顺序、开采方法和选矿工艺。矿山企业的开采回采率、采矿贫化率和选矿回收率应当达到设计要求。

第三十条 在开采主要矿产的同时,对具有工业价值的共生和伴生矿产应当统一规划,综合开采,综合利用,防止浪费;对暂时不能综合开采或者必须同时采出而暂时还不能综合利用的矿产以及含有有用组分的尾矿,应当采取有效的保护措施,防止损失破坏。

第三十一条 开采矿产资源,必须遵守国家劳动安全卫生规定,具备保障安全生产的必要条件。

第三十二条 开采矿产资源,必须遵守有关环境保护的法律规定,防止污染环境。

开采矿产资源,应当节约用地。耕地、草原、林地因采矿受到破坏的,矿山企业应当因地制宜地采取复垦利用、植树种草或者其他利用措施。

开采矿产资源给他人生产、生活造成损失的，应当负责赔偿，并采取必要的补救措施。

第三十三条 在建设铁路、工厂、水库、输油管道、输电线路和各种大型建筑物或者建筑群之前，建设单位必须向所在省、自治区、直辖市地质矿产主管部门了解拟建工程所在地区的矿产资源分布和开采情况。非经国务院授权的部门批准，不得压覆重要矿床。

第三十四条 国务院规定由指定的单位统一收购的矿产品，任何其他单位或者个人不得收购；开采者不得向非指定单位销售。

第五章　集体矿山企业和个体采矿

第三十五条 国家对集体矿山企业和个体采矿实行积极扶持、合理规划、正确引导、加强管理的方针，鼓励集体矿山企业开采国家指定范围内的矿产资源，允许个人采挖零星分散资源和只能用作普通建筑材料的砂、石、粘土以及为生活自用采挖少量矿产。

矿产储量规模适宜由矿山企业开采的矿产资源、国家规定实行保护性开采的特定矿种和国家规定禁止个人开采的其他矿产资源，个人不得开采。

国家指导、帮助集体矿山企业和个体采矿不断提高技术水平、资源利用率和经济效益。

地质矿产主管部门、地质工作单位和国有矿山企业应当按照积极支持、有偿互惠的原则向集体矿山企业和个体采矿提供地质资料和技术服务。

第三十六条 国务院和国务院有关主管部门批准开办的矿山企业矿区范围内已有的集体矿山企业，应当关闭或者到指定的其他地点开采，由矿山建设单位给予合理的补偿，并妥善安置群众生活；也可以按照该矿山企业的统筹安排，实行联合经营。

第三十七条 集体矿山企业和个体采矿应当提高技术水平，提高矿产资源回收率。禁止乱挖滥采，破坏矿产资源。

集体矿山企业必须测绘井上、井下工程对照图。

第三十八条 县级以上人民政府应当指导、帮助集体矿山企业和个体采矿进行技术改造，改善经营管理，加强安全生产。

第六章　法律责任

第三十九条　违反本法规定，未取得采矿许可证擅自采矿的，擅自进入国家规划矿区、对国民经济具有重要价值的矿区范围采矿的，擅自开采国家规定实行保护性开采的特定矿种的，责令停止开采、赔偿损失，没收采出的矿产品和违法所得，可以并处罚款；拒不停止开采，造成矿产资源破坏的，依照刑法有关规定对直接责任人员追究刑事责任。

单位和个人进入他人依法设立的国有矿山企业和其他矿山企业矿区范围内采矿的，依照前款规定处罚。

第四十条　超越批准的矿区范围采矿的，责令退回本矿区范围内开采、赔偿损失，没收越界开采的矿产品和违法所得，可以并处罚款；拒不退回本矿区范围内开采，造成矿产资源破坏的，吊销采矿许可证，依照刑法有关规定对直接责任人员追究刑事责任。

第四十一条　盗窃、抢夺矿山企业和勘查单位的矿产品和其他财物的，破坏采矿、勘查设施的，扰乱矿区和勘查作业区的生产秩序、工作秩序的，分别依照刑法有关规定追究刑事责任；情节显著轻微的，依照治安管理处罚法有关规定予以处罚。

第四十二条　买卖、出租或者以其他形式转让矿产资源的，没收违法所得，处以罚款。

违反本法第六条的规定将探矿权、采矿权倒卖牟利的，吊销勘查许可证、采矿许可证，没收违法所得，处以罚款。

第四十三条　违反本法规定收购和销售国家统一收购的矿产品的，没收矿产品和违法所得，可以并处罚款；情节严重的，依照刑法有关规定，追究刑事责任。

第四十四条　违反本法规定，采取破坏性的开采方法开采矿产资源的，处以罚款，可以吊销采矿许可证；造成矿产资源严重破坏的，依照刑法有关规定对直接责任人员追究刑事责任。

第四十五条　本法第三十九条、第四十条、第四十二条规定的行政处罚，由县级以上人民政府负责地质矿产管理工作的部门按照国务院地质矿产主管部门规定的权限决定。第四十三条规定的行政处罚，由县级以上人民政府工商行政管理部门决定。第四十四条规定的行政处罚，由省、自治区、直辖市人民政府地质矿产主管部门决定。给予吊销勘查许可证或者采矿许可证处罚的，须由原发证机关决定。

依照第三十九条、第四十条、第四十二条、第四十四条规定应当给予行政处罚而不给予行政处罚的，上级人民政府地质矿产主管部门有权责令改正或者直接给予行政处罚。

第四十六条 当事人对行政处罚决定不服的，可以依法申请复议，也可以依法直接向人民法院起诉。

当事人逾期不申请复议也不向人民法院起诉，又不履行处罚决定的，由作出处罚决定的机关申请人民法院强制执行。

第四十七条 负责矿产资源勘查、开采监督管理工作的国家工作人员和其他有关国家工作人员徇私舞弊、滥用职权或者玩忽职守，违反本法规定批准勘查、开采矿产资源和颁发勘查许可证、采矿许可证，或者对违法采矿行为不依法予以制止、处罚，构成犯罪的，依法追究刑事责任；不构成犯罪的，给予行政处分。违法颁发的勘查许可证、采矿许可证，上级人民政府地质矿产主管部门有权予以撤销。

第四十八条 以暴力、威胁方法阻碍从事矿产资源勘查、开采监督管理工作的国家工作人员依法执行职务的，依照刑法有关规定追究刑事责任；拒绝、阻碍从事矿产资源勘查、开采监督管理工作的国家工作人员依法执行职务未使用暴力、威胁方法的，由公安机关依照治安管理处罚法的规定处罚。

第四十九条 矿山企业之间的矿区范围的争议，由当事人协商解决，协商不成的，由有关县级以上地方人民政府根据依法核定的矿区范围处理；跨省、自治区、直辖市的矿区范围的争议，由有关省、自治区、直辖市人民政府协商解决，协商不成的，由国务院处理。

第七章　附则

第五十条 外商投资勘查、开采矿产资源，法律、行政法规另有规定的，从其规定。

第五十一条 本法施行以前，未办理批准手续、未划定矿区范围、未取得采矿许可证开采矿产资源的，应当依照本法有关规定申请补办手续。

第五十二条 本法实施细则由国务院制定。

第五十三条 本法自 1986 年 10 月 1 日起施行。

中华人民共和国煤炭法炭法

（1996 年 8 月 29 日第八届全国人民代表大会常务委员会第二十一次会议通过　根据 2009 年 8 月 27 日第十一届全国人民代表大会常务委员会第十次会议《关于修改部分法律的决定》第一次修正　根据 2011 年 4 月 22 日第十一届全国人民代表大会常务委员会第二十次会议《关于修改〈中华人民共和国煤炭法〉的决定》第二次修正　根据 2013 年 6 月 29 日第十二届全国人民代表大会常务委员会第三次会议《关于修改〈中华人民共和国文物保护法〉等十二部法律的决定》第三次修正　根据 2016 年 11 月 7 日第十二届全国人民代表大会常务委员会第二十四次会议《关于修改〈中华人民共和国对外贸易法〉等十二部法律的决定》第四次修正）

第一章　总　则

第一条　为了合理开发利用和保护煤炭资源，规范煤炭生产、经营活动，促进和保障煤炭行业的发展，制定本法。

第二条　在中华人民共和国领域和中华人民共和国管辖的其他海域从事煤炭生产、经营活动，适用本法。

第三条　煤炭资源属于国家所有。地表或者地下的煤炭资源的国家所有权，不因其依附的土地的所有权或者使用权的不同而改变。

第四条　国家对煤炭开发实行统一规划、合理布局、综合利用的方针。

第五条　国家依法保护煤炭资源，禁止任何乱采、滥挖破坏煤炭资源的行为。

第六条　国家保护依法投资开发煤炭资源的投资者的合法权益。

国家保障国有煤矿的健康发展。

国家对乡镇煤矿采取扶持、改造、整顿、联合、提高的方针，实行正规合理开发和有序发展。

第七条　煤矿企业必须坚持安全第一、预防为主的安全生产方针，建立健全安全生产的责任制度和群防群治制度。

第八条 各级人民政府及其有关部门和煤矿企业必须采取措施加强劳动保护，保障煤矿职工的安全和健康。

国家对煤矿井下作业的职工采取特殊保护措施。

第九条 国家鼓励和支持在开发利用煤炭资源过程中采用先进的科学技术和管理方法。

煤矿企业应当加强和改善经营管理，提高劳动生产率和经济效益。

第十条 国家维护煤矿矿区的生产秩序、工作秩序，保护煤矿企业设施。

第十一条 开发利用煤炭资源，应当遵守有关环境保护的法律、法规，防治污染和其他公害，保护生态环境。

第十二条 国务院煤炭管理部门依法负责全国煤炭行业的监督管理。国务院有关部门在各自的职责范围内负责煤炭行业的监督管理。

县级以上地方人民政府煤炭管理部门和有关部门依法负责本行政区域内煤炭行业的监督管理。

第十三条 煤炭矿务局是国有煤矿企业，具有独立法人资格。

矿务局和其他具有独立法人资格的煤矿企业、煤炭经营企业依法实行自主经营、自负盈亏、自我约束、自我发展。

第二章 煤炭生产开发规划与煤矿建设

第十四条 国务院煤炭管理部门根据全国矿产资源勘查规划编制全国煤炭资源勘查规划。

第十五条 国务院煤炭管理部门根据全国矿产资源规划规定的煤炭资源，组织编制和实施煤炭生产开发规划。

省、自治区、直辖市人民政府煤炭管理部门根据全国矿产资源规划规定的煤炭资源，组织编制和实施本地区煤炭生产开发规划，并报国务院煤炭管理部门备案。

第十六条 煤炭生产开发规划应当根据国民经济和社会发展的需要制定，并纳入国民经济和社会发展计划。

第十七条 国家制定优惠政策，支持煤炭工业发展，促进煤矿建设。

煤矿建设项目应当符合煤炭生产开发规划和煤炭产业政策。

第十八条 煤矿建设使用土地，应当依照有关法律、行政法规的规定办理。征收土地的，应当依法支付土地补偿费和安置补偿费，做好迁移居民的安置工作。

煤矿建设应当贯彻保护耕地、合理利用土地的原则。

地方人民政府对煤矿建设依法使用土地和迁移居民，应当给予支持和协助。

第十九条 煤矿建设应当坚持煤炭开发与环境治理同步进行。煤矿建设项目的环境保护设施必须与主体工程同时设计、同时施工、同时验收、同时投入使用。

第三章 煤炭生产与煤矿安全

第二十条 煤矿投入生产前，煤矿企业应当依照有关安全生产的法律、行政法规的规定取得安全生产许可证。未取得安全生产许可证的，不得从事煤炭生产。

第二十一条 对国民经济具有重要价值的特殊煤种或者稀缺煤种，国家实行保护性开采。

第二十二条 开采煤炭资源必须符合煤矿开采规程，遵守合理的开采顺序，达到规定的煤炭资源回采率。

煤炭资源回采率由国务院煤炭管理部门根据不同的资源和开采条件确定。

国家鼓励煤矿企业进行复采或者开采边角残煤和极薄煤。

第二十三条 煤矿企业应当加强煤炭产品质量的监督检查和管理。煤炭产品质量应当按照国家标准或者行业标准分等论级。

第二十四条 煤炭生产应当依法在批准的开采范围内进行，不得超越批准的开采范围越界、越层开采。

采矿作业不得擅自开采保安煤柱，不得采用可能危及相邻煤矿生产安全的决水、爆破、贯通巷道等危险方法。

第二十五条 因开采煤炭压占土地或者造成地表土地塌陷、挖损，由采矿者负责进行复垦，恢复到可供利用的状态；造成他人损失的，应当依法给予补偿。

第二十六条 关闭煤矿和报废矿井，应当依照有关法律、法规和国务院煤炭管理部门的规定办理。

第二十七条 国家建立煤矿企业积累煤矿衰老期转产资金的制度。

国家鼓励和扶持煤矿企业发展多种经营。

第二十八条 国家提倡和支持煤矿企业和其他企业发展煤电联产、炼焦、煤化工、煤建材等，进行煤炭的深加工和精加工。

国家鼓励煤矿企业发展煤炭洗选加工，综合开发利用煤层气、煤矸石、煤泥、石煤和泥炭。

第二十九条 国家发展和推广洁净煤技术。

国家采取措施取缔土法炼焦。禁止新建土法炼焦窑炉；现有的土法炼焦限期改造。

第三十条 县级以上各级人民政府及其煤炭管理部门和其他有关部门，应当加强对煤矿安全生产工作的监督管理。

第三十一条 煤矿企业的安全生产管理，实行矿务局长、矿长负责制。

第三十二条 矿务局长、矿长及煤矿企业的其他主要负责人必须遵守有关矿山安全的法律、法规和煤炭行业安全规章、规程，加强对煤矿安全生产工作的管理，执行安全生产责任制度，采取有效措施，防止伤亡和其他安全生产事故的发生。

第三十三条 煤矿企业应当对职工进行安全生产教育、培训；未经安全生产教育、培训的，不得上岗作业。

煤矿企业职工必须遵守有关安全生产的法律、法规、煤炭行业规章、规程和企业规章制度。

第三十四条 在煤矿井下作业中，出现危及职工生命安全并无法排除的紧急情况时，作业现场负责人或者安全管理人员应当立即组织职工撤离危险现场，并及时报告有关方面负责人。

第三十五条 煤矿企业工会发现企业行政方面违章指挥、强令职工冒险作业或者生产过程中发现明显重大事故隐患，可能危及职工生命安全的情况，有权提出解决问题的建议，煤矿企业行政方面必须及时作出处理决定。企业行政方面拒不处理的，工会有权提出批评、检举和控告。

第三十六条 煤矿企业必须为职工提供保障安全生产所需的劳动保护用品。

第三十七条 煤矿企业应当依法为职工参加工伤保险缴纳工伤保险费。鼓励企业为井下作业职工办理意外伤害保险，支付保险费。

第三十八条 煤矿企业使用的设备、器材、火工产品和安全仪器，必须符合国家标准或者行业标准。

第四章 煤炭经营

第三十九条 煤炭经营企业从事煤炭经营，应当遵守有关法律、法规的规定，改善服务，保障供应。禁止一切非法经营活动。

第四十条 煤炭经营应当减少中间环节和取消不合理的中间环节，提倡有条件的煤矿企业直销。

煤炭用户和煤炭销区的煤炭经营企业有权直接从煤矿企业购进煤炭。在煤炭产区可以组成煤炭销售、运输服务机构，为中小煤矿办理经销、运输业务。

禁止行政机关违反国家规定擅自设立煤炭供应的中间环节和额外加收费用。

第四十一条 从事煤炭运输的车站、港口及其他运输企业不得利用其掌握的运力作为参与煤炭经营、谋取不正当利益的手段。

第四十二条 国务院物价行政主管部门会同国务院煤炭管理部门和有关部门对煤炭的销售价格进行监督管理。

第四十三条 煤矿企业和煤炭经营企业供应用户的煤炭质量应当符合国家标准或者行业标准，质级相符，质价相符。用户对煤炭质量有特殊要求的，由供需双方在煤炭购销合同中约定。

煤矿企业和煤炭经营企业不得在煤炭中掺杂、掺假，以次充好。

第四十四条 煤矿企业和煤炭经营企业供应用户的煤炭质量不符合国家标准或者行业标准，或者不符合合同约定，或者质级不符、质价不符，给用户造成损失的，应当依法给予赔偿。

第四十五条 煤矿企业、煤炭经营企业、运输企业和煤炭用户应当依照法律、国务院有关规定或者合同约定供应、运输和接卸煤炭。

运输企业应当将承运的不同质量的煤炭分装、分堆。

第四十六条 煤炭的进出口依照国务院的规定，实行统一管理。

具备条件的大型煤矿企业经国务院对外经济贸易主管部门依法许可，有权从事煤炭出口经营。

第四十七条 煤炭经营管理办法，由国务院依照本法制定。

第五章 煤矿矿区保护

第四十八条 任何单位或者个人不得危害煤矿矿区的电力、通讯、水源、交通及其他生产设施。

禁止任何单位和个人扰乱煤矿矿区的生产秩序和工作秩序。

第四十九条 对盗窃或者破坏煤矿矿区设施、器材及其他危及煤矿矿区安全的行为，一切单位和个人都有权检举、控告。

第五十条 未经煤矿企业同意，任何单位或者个人不得在煤矿企业依法取得土地使用权的有效期间内在该土地上种植、养殖、取土或者修建建筑物、构筑物。

第五十一条 未经煤矿企业同意，任何单位或者个人不得占用煤矿企业的铁路专用线、专用道路、专用航道、专用码头、电力专用线、专用供水管路。

　　第五十二条　任何单位或者个人需要在煤矿采区范围内进行可能危及煤矿安全的作业时，应当经煤矿企业同意，报煤炭管理部门批准，并采取安全措施后，方可进行作业。

　　在煤矿矿区范围内需要建设公用工程或者其他工程的，有关单位应当事先与煤矿企业协商并达成协议后，方可施工。

第六章　监督检查

　　第五十三条　煤炭管理部门和有关部门依法对煤矿企业和煤炭经营企业执行煤炭法律、法规的情况进行监督检查。

　　第五十四条　煤炭管理部门和有关部门的监督检查人员应当熟悉煤炭法律、法规，掌握有关煤炭专业技术，公正廉洁，秉公执法。

　　第五十五条　煤炭管理部门和有关部门的监督检查人员进行监督检查时，有权向煤矿企业、煤炭经营企业或者用户了解有关执行煤炭法律、法规的情况，查阅有关资料，并有权进入现场进行检查。

　　煤矿企业、煤炭经营企业和用户对依法执行监督检查任务的煤炭管理部门和有关部门的监督检查人员应当提供方便。

　　第五十六条　煤炭管理部门和有关部门的监督检查人员对煤矿企业和煤炭经营企业违反煤炭法律、法规的行为，有权要求其依法改正。

　　煤炭管理部门和有关部门的监督检查人员进行监督检查时，应当出示证件。

第七章　法律责任

　　第五十七条　违反本法第二十二条的规定，开采煤炭资源未达到国务院煤炭管理部门规定的煤炭资源回采率的，由煤炭管理部门责令限期改正；逾期仍达不到规定的回采率的，责令停止生产。

　　第五十八条　违反本法第二十四条的规定，擅自开采保安煤柱或者采用危及相邻煤矿生产安全的危险方法进行采矿作业的，由劳动行政主管部门会同煤炭管理部门责令停止作业；由煤炭管理部门没收违法所得，并处违法所得一倍以上五倍以下的罚款；构成犯罪的，由司法机关依法追究刑事责任；造成损失的，依法承担赔偿责任。

第五十九条 违反本法第四十三条的规定，在煤炭产品中掺杂、掺假，以次充好的，责令停止销售，没收违法所得，并处违法所得一倍以上五倍以下的罚款；构成犯罪的，由司法机关依法追究刑事责任。

第六十条 违反本法第五十条的规定，未经煤矿企业同意，在煤矿企业依法取得土地使用权的有效期间内在该土地上修建建筑物、构筑物的，由当地人民政府动员拆除；拒不拆除的，责令拆除。

第六十一条 违反本法第五十一条的规定，未经煤矿企业同意，占用煤矿企业的铁路专用线、专用道路、专用航道、专用码头、电力专用线、专用供水管路的，由县级以上地方人民政府责令限期改正；逾期不改正的，强制清除，可以并处五万元以下的罚款；造成损失的，依法承担赔偿责任。

第六十二条 违反本法第五十二条的规定，未经批准或者未采取安全措施，在煤矿采区范围内进行危及煤矿安全作业的，由煤炭管理部门责令停止作业，可以并处五万元以下的罚款；造成损失的，依法承担赔偿责任。

第六十三条 有下列行为之一的，由公安机关依照治安管理处罚法的有关规定处罚；构成犯罪的，由司法机关依法追究刑事责任：

（一）阻碍煤矿建设，致使煤矿建设不能正常进行的；

（二）故意损坏煤矿矿区的电力、通讯、水源、交通及其他生产设施的；

（三）扰乱煤矿矿区秩序，致使生产、工作不能正常进行的；

（四）拒绝、阻碍监督检查人员依法执行职务的。

第六十四条 煤矿企业的管理人员违章指挥、强令职工冒险作业，发生重大伤亡事故的，依照刑法有关规定追究刑事责任。

第六十五条 煤矿企业的管理人员对煤矿事故隐患不采取措施予以消除，发生重大伤亡事故的，依照刑法有关规定追究刑事责任。

第六十六条 煤炭管理部门和有关部门的工作人员玩忽职守、徇私舞弊、滥用职权的，依法给予行政处分；构成犯罪的，由司法机关依法追究刑事责任。

第八章 附 则

第六十七条 本法自 1996 年 12 月 1 日起施行。

附录二
appendix 02

行政法规篇

矿产资源监督管理暂行办法

（1987 年 4 月 29 日国务院发布）

第一条 为加强对矿山企业的矿产资源开发利用和保护工作的监督管理，根据《中华人民共和国矿产资源法》的有关规定，制定本办法。

第二条 本办法适用于在中华人民共和国领域及管辖海域内从事采矿生产的矿山企业（包括有矿山的单位，下同），但本办法另有规定的除外。

第三条 国务院地质矿产主管部门对执行本办法负有下列职责：

一、制定有关矿产资源开发利用与保护的监督管理规章；

二、监督、检查矿产资源管理法规的执行情况；

三、会同有关部门建立矿产资源合理开发利用的考核指标体系及定期报表制度；

四、会同有关主管部门负责大型矿山企业的非正常储量报销的审批工作；

五、组织或者参与矿产资源开发利用与保护工作的调查研究，总结交流经验。

第四条 省、自治区、直辖市人民政府地质矿产主管部门对执行本办法负有下列职责：

一、根据本办法和有关法规，对本地区矿山企业的矿产资源开发利用与保护工作进行监督管理和指导；

二、根据需要向重点矿山企业派出矿产督察员，向矿山企业集中的地区派出巡回矿产督察员；派出督察员的具体办法，由国务院地质矿产主管部门会同有关部门另行制定。

第五条　国务院和各省、自治区、直辖市人民政府的有关主管部门对贯彻执行本办法负有下列职责：

一、制定本部门矿产资源开发利用和保护工作的规章、规定，并报同级地质矿产主管部门备案；

二、根据本办法和有关法规，协助地质矿产主管部门对本部门矿山企业的矿产资源开发利用与保护工作进行监督管理；

三、负责所属矿山企业的矿产储量管理，严格执行矿产储量核减的审批规定；

四、总结和交流本部门矿山企业矿产资源合理开发利用和保护工作的经验。

第六条　矿山企业的地质测量机构是本企业矿产资源开发利用与保护工作的监督管理机构，对执行本办法负有以下职责：

一、做好生产勘探工作，提高矿产储量级别，为开采提供可靠地质依据；

二、对矿产资源开采的损失、贫化以及矿产资源综合开采利用进行监督；

三、对矿山企业的矿产储量进行管理；

四、对违反矿产资源管理法规的行为及其责任者提出处理意见并可越级上报。

第七条　矿山企业开发利用矿产资源，应当加强开采管理，选择合理的采矿方法和选矿方法，推广先进工艺技术，提高矿产资源利用水平。

第八条　矿山企业在基建施工至矿山关闭的生产全过程中，都应当加强矿产资源的保护工作。

第九条　矿山企业应当按照国家有关法规及其主管部门的有关规章、规定，建立、健全本企业开发利用和保护矿产资源的各项制度，并切实加以贯彻落实。

第十条　矿山开采设计要求的回采率、采矿贫化率和选矿回收率，应当列为考核矿山企业的重要年度计划指标。

第十一条　矿山企业应当加强生产勘探，提高矿床勘探程度，为开采设计提供可靠依据；对具有工业价值的共生、伴生矿产应当系统查定和评价。

第十二条　矿山企业的开采设计应当在可靠地质资料基础上进行。中段（或阶段）开采应当有总体设计，块段开采应当有采矿设计。

第十三条　矿山的开拓、采准及采矿工程，必须按照开采设计进行施工。应当建立严格的施工验收制度，防止资源丢失。

第十四条　矿山企业必须按照设计进行开采，不准任意丢掉矿体。对开采应当加强监督检查，严防不应有的开采损失。

第十五条　矿山企业在开采中必须加强对矿石损失、贫化的管理，建立定期检查制度，分析造成非正常损失、贫化的原因，制定措施，提高资源的回采率，降低贫化率。

第十六条　选矿（煤）厂应当根据设计要求定期进行选矿流程考察；对选矿回收率和精矿（洗精煤）质量没有达到设计指标的，应当查明原因，提出改进措施。

第十七条　在采、选主要矿产的同时，对具有工业价值的共生、伴生矿产，在技术可行、经济合理的条件下，必须综合回收；对暂时不能综合回收利用的矿产，应当采取有效的保护措施。

第十八条　矿山企业应当加强对滞销矿石、粉矿、中矿、尾矿、废石和煤矸石的管理，积极研究其利用途径；暂时不能利用的，应当在节约土地的原则下，妥善堆放保存，防止其流失及污染环境。

第十九条　矿山企业对矿产储量的圈定、计算及开采，必须以批准的计算矿产储量的工业指标为依据，不得随意变动。需要变动的，应当上报实际资料，经主管部门审核同意后，报原审批单位批准。

第二十条　报销矿产储量，应当经矿山企业地质测量机构检查鉴定后，向矿山企业的主管部门提出申请。

属正常报销的矿产储量，由矿山企业的主管部门审批。

属非正常报销和转出的矿产储量，由矿山企业的主管部门会同同级地质矿产主管部门审批。

同一采区应当一次申请报销的矿产储量，不得化整为零，分几次申请报销。

第二十一条　地下开采的中段（水平）或露天采矿场内尚有未采完的保有矿产储量，未经地质测量机构检查验收和报销申请尚未批准之前，不准擅自废除坑道和其他工程。

第二十二条　矿山企业应当向其上级主管部门和地质矿产主管部门上报矿产资源开发利用情况报表。

第二十三条　矿山企业有下列情形之一的，应当追究有关人员的责任，或者由地质矿产主管部门责令其限期改正，并可处以相当于矿石损失50%以下的罚款，情节严重的，应当责令停产整顿或者吊销采矿许可证：

一、因开采设计、采掘计划的决策错误，造成资源损失的；

二、开采回采率、采矿贫化率和选矿回收率长期达不到设计要求，造成资源破坏损失的；

三、违反本办法第十三条、第十四条、第十七条、第十九条、第二十一条的规定，造成资源破坏损失的。

第二十四条　当事人对行政处罚决定不服的，可以在收到处罚通知之日起十五日内，向人民法院起诉。对罚款的行政处罚决定期满不起诉又不履行的，由作出处罚决定的机关申请人民法院强制执行。

第二十五条　矿山企业上报的矿产资源开发利用资料数据必须准确可靠。虚报瞒报的，依照《中华人民共和国统计法》的有关规定追究责任。对保密资料，应当按照国家有关保密规定执行。

第二十六条　对乡镇集体矿山企业和个体采矿的矿产资源开发利用与保护工作的监督管理办法，由省、自治区、直辖市人民政府参照本办法制定。

第二十七条　本办法由国务院地质矿产主管部门负责解释。

第二十八条　本办法自发布之日起施行。

中华人民共和国矿产资源法实施细则

(1994 年 3 月 26 日中华人民共和国国务院令第 152 号发布 自发布之日起施行)

第一章　总　则

第一条　根据《中华人民共和国矿产资源法》，制定本细则。

第二条　矿产资源是指由地质作用形成的，具有利用价值的，呈固态、液态、气态的自然资源。

矿产资源的矿种和分类见本细则所附《矿产资源分类细目》。新发现的矿种由国务院地质矿产主管部门报国务院批准后公布。

第三条　矿产资源属于国家所有，地表或者地下的矿产资源的国家所有权，不因其所依附的土地的所有权或者使用权的不同而改变。

国务院代表国家行使矿产资源的所有权。国务院授权国务院地质矿产主管部门对全国矿产资源分配实施统一管理。

第四条　在中华人民共和国领域及管辖的其他海域勘查、开采矿产资源，必须遵守《中华人民共和国矿产资源法》（以下简称《矿产资源法》）和本细则。

第五条　国家对矿产资源的勘查、开采实行许可证制度。勘查矿产资源，必须依法申请登记，领取勘查许可证，取得探矿权；开采矿产资源，必须依法申请登记，领取采矿许可证，取得采矿权。

矿产资源勘查工作区范围和开采矿区范围，以经纬度划分的区块为基本单位。具体办法由国务院地质矿产主管部门制定。

第六条　《矿产资源法》及本细则中下列用语的含义：

探矿权，是指在依法取得的勘查许可证规定的范围内，勘查矿产资源的权利。取得勘查许可证的单位或者个人称为探矿权人。

采矿权，是指在依法取得的采矿许可证规定的范围内，开采矿产资源和获得所开采的矿产品的权利。取得采矿许可证的单位或者个人称为采矿权人。

国家规定实行保护性开采的特定矿种，是指国务院根据国民经济建设和高科技发展的需要，以及资源稀缺、贵重程度确定的，由国务院有关主管部门按照国家计划批准开采的矿种。

国家规划矿区，是指国家根据建设规划和矿产资源规划，为建设大、中型矿山划定的矿产资源分布区域。

对国民经济具有重要价值的矿区，是指国家根据国民经济发展需要划定的，尚未列入国家建设规划的，储量大、质量好、具有开发前景的矿产资源保护区域。

第七条　国家允许外国的公司、企业和其他经济组织以及个人依照中华人民共和国有关法律、行政法规的规定，在中华人民共和国领域及管辖的其他海域投资勘查、开采矿产资源。

第八条　国务院地质矿产主管部门主管全国矿产资源勘查、开采的监督管理工作。国务院有关主管部门按照国务院规定的职责分工，协助国务院地质矿产主管部门进行矿产资源勘查、开采的监督管理工作。

省、自治区、直辖市人民政府地质矿产主管部门主管本行政区域内矿产资源勘查、开采的监督管理工作。省、自治区、直辖市人民政府有关主管部门，协助同级地质矿产主管部门进行矿产资源勘查、开采的监督管理工作。

设区的市人民政府、自治州人民政府和县级人民政府及其负责管理矿产资源的部门，依法对本级人民政府批准开办的国有矿山企业和本行政区域内的集体所有制矿山企业、私营矿山企业、个体采矿者以及在本行政区域内从事勘查施工的单位和个人进行监督管理，依法保护探矿权人、采矿权人的合法权益。

上级地质矿产主管部门有权对下级地质矿产主管部门违法的或者不适当的矿产资源勘查、开采管理行政行为予以改变或者撤销。

第二章　矿产资源勘查登记和开采审批

第九条　勘查矿产资源，应当按照国务院关于矿产资源勘查登记管理的规定，办理申请、审批和勘查登记。

勘查特定矿种，应当按照国务院有关规定办理申请、审批和勘查登记。

第十条　国有矿山企业开采矿产资源，应当按照国务院关于采矿登记管理的规定，办理申请、审批和采矿登记。开采国家规划矿区、对国民经济具有重要价值矿区的矿产和国家规定实行保护性开采的特定矿种，办理申请、审批和采矿登记时，应当持有国务院有关主管部门批准的文件。

开采特定矿种，应当按照国务院有关规定办理申请、审批和采矿登记。

第十一条　开办国有矿山企业，除应当具备有关法律、法规规定的条件外，并应当具备下列条件：

（一）有供矿山建设使用的矿产勘查报告；

（二）有矿山建设项目的可行性研究报告（含资源利用方案和矿山环境影响报告）；

（三）有确定的矿区范围和开采范围；

（四）有矿山设计；

（五）有相应的生产技术条件。

国务院、国务院有关主管部门和省、自治区、直辖市人民政府，按照国家有关固定资产投资管理的规定，对申请开办的国有矿山企业根据前款所列条件审查合格后，方予批准。

第十二条 申请开办集体所有制矿山企业、私营矿山企业及个体采矿的审查批准、采矿登记，按照省、自治区、直辖市的有关规定办理。

第十三条 申请开办集体所有制矿山企业或者私营矿山企业，除应当具备有关法律、法规规定的条件外，并应当具备下列条件：

（一）有供矿山建设使用的与开采规模相适应的矿产勘查资料；

（二）有经过批准的无争议的开采范围；

（三）有与所建矿山规模相适应的资金、设备和技术人员；

（四）有与所建矿山规模相适应的，符合国家产业政策和技术规范的可行性研究报告、矿山设计或者开采方案；

（五）矿长具有矿山生产、安全管理和环境保护的基本知识。

第十四条 申请个体采矿应当具备下列条件：

（一）有经过批准的无争议的开采范围；

（二）有与采矿规模相适应的资金、设备和技术人员；

（三）有相应的矿产勘查资料和经批准的开采方案；

（四）有必要的安全生产条件和环境保护措施。

第三章　矿产资源的勘查

第十五条 国家对矿产资源勘查实行统一规划。全国矿产资源中、长期勘查规划，在国务院计划行政主管部门指导下，由国务院地质矿产主管部门根据国民经济和社会发展中、长期规划，在国务院有关主管部门勘查规划的基础上组织编制。

全国矿产资源年度勘查计划和省、自治区、直辖市矿产资源年度勘查计划，分别由国务院地质矿产主管部门和省、自治区、直辖市人民政府地质矿产主管部门组织有关主管部门，根据全国矿产资源中、长期勘查规划编制，经同级人民政府计划行政主管部门批准后施行。

法律对勘查规划的审批权另有规定的，依照有关法律的规定执行。

第十六条　探矿权人享有下列权利：

（一）按照勘查许可证规定的区域、期限、工作对象进行勘查；

（二）在勘查作业区及相邻区域架设供电、供水、通讯管线，但是不得影响或者损害原有的供电、供水设施和通讯管线；

（三）在勘查作业区及相邻区域通行；

（四）根据工程需要临时使用土地；

（五）优先取得勘查作业区内新发现矿种的探矿权；

（六）优先取得勘查作业区内矿产资源的采矿权；

（七）自行销售勘查中按照批准的工程设计施工回收的矿产品，但是国务院规定由指定单位统一收购的矿产品除外。

探矿权人行使前款所列权利时，有关法律、法规规定应当经过批准或者履行其他手续的，应当遵守有关法律、法规的规定。

第十七条　探矿权人应当履行下列义务：

（一）在规定的期限内开始施工，并在勘查许可证规定的期限内完成勘查工作；

（二）向勘查登记管理机关报告开工等情况；

（三）按照探矿工程设计施工，不得擅自进行采矿活动；

（四）在查明主要矿种的同时，对共生、伴生矿产资源进行综合勘查、综合评价；

（五）编写矿产资源勘查报告，提交有关部门审批；

（六）按照国务院有关规定汇交矿产资源勘查成果档案资料；

（七）遵守有关法律、法规关于劳动安全、土地复垦和环境保护的规定；

（八）勘查作业完毕，及时封、填探矿作业遗留的井、硐或者采取其他措施，消除安全隐患。

第十八条　探矿权人可以对符合国家边探边采规定要求的复杂类型矿床进行开采；但是，应当向原颁发勘查许可证的机关、矿产储量审批机构和勘查项目主管部门提交论证材料，经审核同意后，按照国务院关于采矿登记管理法规的规定，办理采矿登记。

第十九条 矿产资源勘查报告按照下列规定审批：

（一）供矿山建设使用的重要大型矿床勘查报告和供大型水源地建设使用的地下水勘查报告，由国务院矿产储量审批机构审批；

（二）供矿山建设使用的一般大型、中型、小型矿床勘查报告和供中型、小型水源地建设使用的地下水勘查报告，由省、自治区、直辖市矿产储量审批机构审批；

矿产储量审批机构和勘查单位的主管部门应当自收到矿产资源勘查报告之日起六个月内作出批复。

第二十条 矿产资源勘查报告及其他有价值的勘查资料，按照国务院有关规定实行有偿使用。

第二十一条 探矿权人取得临时使用土地权后，在勘查过程中给他人造成财产损害的，按照下列规定给以补偿：

（一）对耕地造成损害的，根据受损害的耕地面积前三年平均年产量，以补偿时当地市场平均价格计算，逐年给以补偿，并负责恢复耕地的生产条件，及时归还；

（二）对牧区草场造成损害的，按照前项规定逐年给以补偿，并负责恢复草场植被，及时归还；

（三）对耕地上的农作物、经济作物造成损害的，根据受损害的耕地面积前三年平均年产量，以补偿时当地市场平均价格计算，给以补偿；

（四）对竹木造成损害的，根据实际损害株数，以补偿时当地市场平均价格逐株计算，给以补偿；

（五）对土地上的附着物造成损害的，根据实际损害的程度，以补偿时当地市场价格，给以适当补偿。

第二十二条 探矿权人在没有农作物和其他附着物的荒岭、荒坡、荒地、荒漠、沙滩、河滩、湖滩、海滩上进行勘查的，不予补偿；但是，勘查作业不得阻碍或者损害航运、灌溉、防洪等活动或者设施，勘查作业结束后应当采取措施，防止水土流失，保护生态环境。

第二十三条 探矿权人之间对勘查范围发生争议时，由当事人协商解决；协商不成的，由勘查作业区所在地的省、自治区、直辖市人民政府地质矿产主管部门裁决；跨省、自治区、直辖市的勘查范围争议，当事人协商不成的，由有关省、自治区、直辖市人民政府协商解决；协商不成的，由国务院地质矿产主管部门裁决。特定矿种的勘查范围争议，当事人协商不成的，由国务院授权的有关主管部门裁决。

第四章　矿产资源的开采

第二十四条　全国矿产资源的分配和开发利用，应当兼顾当前和长远、中央和地方的利益，实行统一规划、有效保护、合理开采、综合利用。

第二十五条　全国矿产资源规划，在国务院计划行政主管部门指导下，由国务院地质矿产主管部门根据国民经济和社会发展中、长期规划，组织国务院有关主管部门和省、自治区、直辖市人民政府编制，报国务院批准后施行。

全国矿产资源规划应当对全国矿产资源的分配作出统筹安排，合理划定中央与省、自治区、直辖市人民政府审批、开发矿产资源的范围。

第二十六条　矿产资源开发规划是对矿区的开发建设布局进行统筹安排的规划。

矿产资源开发规划分为行业开发规划和地区开发规划。

矿产资源行业开发规划由国务院有关主管部门根据全国矿产资源规划中分配给本部门的矿产资源编制实施。

矿产资源地区开发规划由省、自治区、直辖市人民政府根据全国矿产资源规划中分配给本省、自治区、直辖市的矿产资源编制实施；并作出统筹安排，合理划定省、市、县级人民政府审批、开发矿产资源的范围。

矿产资源行业开发规划和地区开发规划应当报送国务院计划行政主管部门、地质矿产主管部门备案。

国务院计划行政主管部门、地质矿产主管部门，对不符合全国矿产资源规划的行业开发规划和地区开发规划，应当予以纠正。

第二十七条　设立、变更或者撤销国家规划矿区、对国民经济具有重要价值的矿区，由国务院有关主管部门提出，并附具矿产资源详查报告及论证材料，经国务院计划行政主管部门和地质矿产主管部门审定，并联合书面通知有关县级人民政府。县级人民政府应当自收到通知之日起一个月内予以公告，并报国务院计划行政主管部门、地质矿产主管部门备案。

第二十八条　确定或者撤销国家规定实行保护性开采的特定矿种，由国务院有关主管部门提出，并附具论证材料，经国务院计划行政主管部门和地质矿产主管部门审核同意后，报国务院批准。

第二十九条 单位或者个人开采矿产资源前,应当委托持有相应矿山设计证书的单位进行可行性研究和设计。开采零星分散矿产资源和用作建筑材料的砂、石、粘土的,可以不进行可行性研究和设计,但是应当有开采方案和环境保护措施。

矿山设计必须依据设计任务书,采用合理的开采顺序、开采方法和选矿工艺。

矿山设计必须按照国家有关规定审批;未经批准,不得施工。

第三十条 采矿权人享有下列权利:

(一)按照采矿许可证规定的开采范围和期限从事开采活动;

(二)自行销售矿产品,但是国务院规定由指定的单位统一收购的矿产品除外;

(三)在矿区范围内建设采矿所需的生产和生活设施;

(四)根据生产建设的需要依法取得土地使用权;

(五)法律、法规规定的其他权利。

采矿权人行使前款所列权利时,法律、法规规定应当经过批准或者履行其他手续的,依照有关法律、法规的规定办理。

第三十一条 采矿权人应当履行下列义务:

(一)在批准的期限内进行矿山建设或者开采;

(二)有效保护、合理开采、综合利用矿产资源;

(三)依法缴纳资源税和矿产资源补偿费;

(四)遵守国家有关劳动安全、水土保持、土地复垦和环境保护的法律、法规;

(五)接受地质矿产主管部门和有关主管部门的监督管理,按照规定填报矿产储量表和矿产资源开发利用情况统计报告。

第三十二条 采矿权人在采矿许可证有效期满或者在有效期内,停办矿山而矿产资源尚未采完的,必须采取措施将资源保持在能够继续开采的状态,并事先完成下列工作:

(一)编制矿山开采现状报告及实测图件;

(二)按照有关规定报销所消耗的储量;

(三)按照原设计实际完成相应的有关劳动安全、水土保持、土地复垦和环境保护工作,或者缴清土地复垦和环境保护的有关费用。

采矿权人停办矿山的申请,须经原批准开办矿山的主管部门批准、原颁发采矿许可证的机关验收合格后,方可办理有关证、照注销手续。

　　第三十三条　矿山企业关闭矿山，应当按照下列程序办理审批手续：

　　（一）开采活动结束的前一年，向原批准开办矿山的主管部门提出关闭矿山申请，并提交闭坑地质报告；

　　（二）闭坑地质报告经原批准开办矿山的主管部门审核同意后，报地质矿产主管部门会同矿产储量审批机构批准；

　　（三）闭坑地质报告批准后，采矿权人应当编写关闭矿山报告，报请原批准开办矿山的主管部门会同同级地质矿产主管部门和有关主管部门按照有关行业规定批准。

　　第三十四条　关闭矿山报告批准后，矿山企业应当完成下列工作：

　　（一）按照国家有关规定将地质、测量、采矿资料整理归档，并汇交闭坑地质报告、关闭矿山报告及其他有关资料；

　　（二）按照批准的关闭矿山报告，完成有关劳动安全、水土保持、土地复垦和环境保护工作，或者缴清土地复垦和环境保护的有关费用。

　　矿山企业凭关闭矿山报告批准文件和有关部门对完成上述工作提供的证明，报请原颁发采矿许可证的机关办理采矿许可证注销手续。

　　第三十五条　建设单位在建设铁路、公路、工厂、水库、输油管道、输电线路和各种大型建筑物前，必须向所在地的省、自治区、直辖市人民政府地质矿产主管部门了解拟建工程所在地区的矿产资源分布情况，并在建设项目设计任务书报请审批时附具地质矿产主管部门的证明。在上述建设项目与重要矿床的开采发生矛盾时，由国务院有关主管部门或者省、自治区、直辖市人民政府提出方案，经国务院地质矿产主管部门提出意见后，报国务院计划行政主管部门决定。

　　第三十六条　采矿权人之间对矿区范围发生争议时，由当事人协商解决；协商不成的，由矿产资源所在地的县级以上地方人民政府根据依法核定的矿区范围处理；跨省、自治区、直辖市的矿区范围争议，当事人协商不成的，由有关省、自治区、直辖市人民政府协商解决；协商不成的，由国务院地质矿产主管部门提出处理意见，报国务院决定。

第五章　集体所有制矿山企业、私营矿山企业和个体采矿者

　　第三十七条　国家依法保护集体所有制矿山企业、私营矿山企业和个体采矿者的合法权益，依法对集体所有制矿山企业、私营矿山企业和个体采矿者进行监督管理。

第三十八条 集体所有制矿山企业可以开采下列矿产资源：

（一）不适于国家建设大、中型矿山的矿床及矿点；

（二）经国有矿山企业同意，并经其上级主管部门批准，在其矿区范围内划出的边缘零星矿产；

（三）矿山闭坑后，经原矿山企业主管部门确认可以安全开采并不会引起严重环境后果的残留矿体；

（四）国家规划可以由集体所有制矿山企业开采的其他矿产资源。

集体所有制矿山企业开采前款第（二）项所列矿产资源时，必须与国有矿山企业签定合理开发利用矿产资源和矿山安全协议，不得浪费和破坏矿产资源，并不得影响国有矿山企业的生产安全。

第三十九条 私营矿山企业开采矿产资源的范围参照本细则第三十八条的规定执行。

第四十条 个体采矿者可以采挖下列矿产资源：

（一）零星分散的小矿体或者矿点；

（二）只能用作普通建筑材料的砂、石、粘土。

第四十一条 国家设立国家规划矿区、对国民经济具有重要价值的矿区时，对应当撤出的原采矿权人，国家按照有关规定给予合理补偿。

第六章　法律责任

第四十二条 依照《矿产资源法》第三十九条、第四十条、第四十二条、第四十三条、第四十四条规定处以罚款的，分别按照下列规定执行：

（一）未取得采矿许可证擅自采矿的，擅自进入国家规划矿区、对国民经济具有重要价值的矿区和他人矿区范围采矿的，擅自开采国家规定实行保护性开采的特定矿种的，处以违法所得50%以下的罚款；

（二）超越批准的矿区范围采矿的，处以违法所得30%以下的罚款；

（三）买卖、出租或者以其他形式转让矿产资源的，买卖、出租采矿权的，对卖方、出租方、出让方处以违法所得一倍以下的罚款；

（四）非法用采矿权作抵押的，处以5000元以下的罚款；

（五）违反规定收购和销售国家规定统一收购的矿产品的，处以违法所得一倍以下的罚款；

（六）采取破坏性的开采方法开采矿产资源，造成矿产资源严重破坏的，处以相当于矿产资源损失价值50%以下的罚款。

第四十三条　违反本细则规定，有下列行为之一的，对主管人员和直接责任人员给予行政处分；构成犯罪的，依法追究刑事责任：

（一）批准不符合办矿条件的单位或者个人开办矿山的；

（二）对未经依法批准的矿山企业或者个人颁发采矿许可证的。

第七章　附　则

第四十四条　地下水资源具有水资源和矿产资源的双重属性。地下水资源的勘查，适用《矿产资源法》和本细则；地下水资源的开发、利用、保护和管理，适用《水法》和有关的行政法规。

第四十五条　本细则由地质矿产部负责解释。

第四十六条　本细则自发布之日起施行。

矿产资源分类细目

（一）能源矿产

煤、煤成气、石煤、油页岩、石油、天然气、油砂、天然沥青、铀、钍、地热。

（二）金属矿产

铁、锰、铬、钒、钛；铜、铅、锌、铝土矿、镍、钴、钨、锡、铋、钼、汞、锑、镁；铂、钯、钌、锇、铱、铑；金、银；铌、钽、铍、锂、锆、锶、铷、铯；镧、铈、镨、钕、钐、铕、钇、钆、铽、镝、钬、铒、铥、镱、镥；钪、锗、镓、铟、铊、铪、铼、镉、硒、碲。

（三）非金属矿产

金刚石、石墨、磷、自然硫、硫铁矿、钾盐、硼、水晶（压电水晶、熔炼水晶、光学水晶、工艺水晶）、刚玉、蓝晶石、硅线石、红柱石、硅灰石、钠硝石、滑石、石棉、蓝石棉、云母、长石、石榴子石、叶腊石、透辉石、透闪石、蛭石、沸石、明矾石、芒硝（含钙芒硝）、石膏（含硬石膏）、重晶石、毒重石、天然碱、方解石、冰洲石、菱镁矿、萤石（普通萤石、光学萤石）、宝石、黄玉、玉石、电气石、玛瑙、颜料矿物（赭石、颜料黄土）、石灰岩（电石用灰岩、制碱用灰岩、化肥用灰岩、熔剂用灰岩、玻璃用灰岩、水泥用灰岩、建筑石料用灰岩、制灰用灰岩、饰面用灰岩）、泥灰岩、白垩、含钾岩石、白云岩（冶金用白云岩、化肥用白云岩、玻璃用白云岩、建筑用白云岩）、石英岩（冶金用石英岩、玻璃用石英岩、化肥用石英岩）、砂岩（冶金用砂岩、玻璃用砂岩、水泥配料用砂岩、砖瓦用砂岩、化肥用砂岩、铸型用砂岩、陶瓷用砂岩）、天然石英砂（玻璃用砂、铸型用砂、建筑用砂、水泥配料用砂、水泥标准砂、砖瓦用砂）、脉石英（冶金用脉石英、玻璃用脉石英）、粉石英、天然油石、含钾砂页岩、硅藻土、页岩（陶粒页岩、砖瓦用页岩、水泥配料用页岩）、高岭土、陶瓷土、耐火粘土、凹凸棒石粘土、海泡石粘土、伊利石粘土、累托石粘土、膨润土、铁矾土、其他粘土（铸型用粘土、砖瓦用粘土、陶粒用粘土、水泥配料用粘土、水泥配料用红土、水泥配料用黄土、水泥配料用泥岩、保温材料用粘土）、橄榄岩（化肥用橄榄岩、建筑用橄榄岩）、蛇纹岩（化肥用蛇纹岩、熔剂用蛇纹岩、饰面用蛇纹岩）、玄武岩（铸石用玄武岩、岩棉用玄武岩）、辉绿岩（水泥用辉绿岩、铸石用辉绿岩、饰面用辉绿岩、建筑用辉绿岩）、安山岩（饰面用安山岩、建筑用安山岩、水泥混合材用安山玢岩）、闪长岩（水泥混合材用闪长玢岩、建筑用闪长岩）、花岗岩（建筑用花岗岩、饰面用花岗岩）、麦饭石、珍珠岩、黑曜岩、松脂岩、浮石、粗面岩（水泥用粗面岩、铸石用粗面岩）、霞石正长岩、凝灰岩（玻璃用凝灰岩、水泥用凝灰岩、建筑用凝灰岩）、火山灰、火山渣、大理岩（饰面用大理岩、建筑用大理岩、水泥用大理岩、玻璃用大理岩）、板岩（饰面用板岩、水泥配料用板岩）、片麻岩、角闪岩、泥炭、矿盐（湖盐、岩盐、天然卤水）、镁盐、碘、溴、砷。

（四）水气矿产

地下水、矿泉水、二氧化碳气、硫化氢气、氮气、氦气。

矿产资源勘查区块登记管理办法

（1998年2月12日中华人民共和国国务院令第240号发布 根据2014年7月29日《国务院关于修改部分行政法规的决定》修订）

第一条 为了加强对矿产资源勘查的管理，保护探矿权人的合法权益，维护矿产资源勘查秩序，促进矿业发展，根据《中华人民共和国矿产资源法》，制定本办法。

第二条　在中华人民共和国领域及管辖的其他海域勘查矿产资源，必须遵守本办法。

第三条　国家对矿产资源勘查实行统一的区块登记管理制度。矿产资源勘查工作区范围以经纬度 $1' \times 1'$ 划分的区块为基本单位区块。每个勘查项目允许登记的最大范围：

（一）矿泉水为 10 个基本单位区块；

（二）金属矿产、非金属矿产、放射性矿产为 40 个基本单位区块；

（三）地热、煤、水气矿产为 200 个基本单位区块；

（四）石油、天然气矿产为 2500 个基本单位区块。

第四条　勘查下列矿产资源，由国务院地质矿产主管部门审批登记，颁发勘查许可证：

（一）跨省、自治区、直辖市的矿产资源；

（二）领海及中国管辖的其他海域的矿产资源；

（三）外商投资勘查的矿产资源；

（四）本办法附录所列的矿产资源。

勘查石油、天然气矿产的，经国务院指定的机关审查同意后，由国务院地质矿产主管部门登记，颁发勘查许可证。

勘查下列矿产资源，由省、自治区、直辖市人民政府地质矿产主管部门审批登记，颁发勘查许可证，并应当自发证之日起 10 日内，向国务院地质矿产主管部门备案：

（一）本条第一款、第二款规定以外的矿产资源；

（二）国务院地质矿产主管部门授权省、自治区、直辖市人民政府地质矿产主管部门审批登记的矿产资源。

第五条　勘查出资人为探矿权申请人；但是，国家出资勘查的，国家委托勘查的单位为探矿权申请人。

第六条　探矿权申请人申请探矿权时，应当向登记管理机关提交下列资料：

（一）申请登记书和申请的区块范围图；

（二）勘查单位的资格证书复印件；

（三）勘查工作计划、勘查合同或者委托勘查的证明文件；

（四）勘查实施方案及附件；

（五）勘查项目资金来源证明；

（六）国务院地质矿产主管部门规定提交的其他资料。

申请勘查石油、天然气的，还应当提交国务院批准设立石油公司或者同意进行石油、天然气勘查的批准文件以及勘查单位法人资格证明。

第七条 申请石油、天然气滚动勘探开发的，应当向登记管理机关提交下列资料，经批准，办理登记手续，领取滚动勘探开发的采矿许可证：

（一）申请登记书和滚动勘探开发矿区范围图；

（二）国务院计划主管部门批准的项目建议书；

（三）需要进行滚动勘探开发的论证材料；

（四）经国务院矿产储量审批机构批准进行石油、天然气滚动勘探开发的储量报告；

（五）滚动勘探开发利用方案。

第八条 登记管理机关应当自收到申请之日起 40 日内，按照申请在先的原则作出准予登记或者不予登记的决定，并通知探矿权申请人。对申请勘查石油、天然气的，登记管理机关还应当在收到申请后及时予以公告或者提供查询。

登记管理机关应当保证国家地质勘查计划一类项目的登记，具体办法由国务院地质矿产主管部门会同国务院计划主管部门制定。

需要探矿权申请人修改或者补充本办法第六条规定的资料的，登记管理机关应当通知探矿权申请人限期修改或者补充。

准予登记时，探矿权申请人应当自收到通知之日起 30 日内，依照本办法第十二条的规定缴纳探矿权使用费，并依照本办法第十三条的规定缴纳国家出资勘查形成的探矿权价款，办理登记手续，领取勘查许可证，成为探矿权人。

不予登记的，登记管理机关应当向探矿权申请人说明理由。

第九条 禁止任何单位和个人进入他人依法取得探矿权的勘查作业区内进行勘查或者采矿活动。

探矿权人与采矿权人对勘查作业区范围和矿区范围发生争议的，由当事人协商解决；协商不成的，由发证的登记管理机关中级别高的登记管理机关裁决。

第十条 勘查许可证有效期最长为 3 年；但是，石油、天然气勘查许可证有效期最长为 7 年。需要延长勘查工作时间的，探矿权人应当在勘查许可证有效期届满的 30 日前，到登记管理机关办理延续登记手续，每次延续时间不得超过 2 年。

探矿权人逾期不办理延续登记手续的，勘查许可证自行废止。

石油、天然气滚动勘探开发的采矿许可证有效期最长为 15 年；但是，探明储量的区块，应当申请办理采矿许可证。

第十一条 登记管理机关应当自颁发勘查许可证之日起 10 日内，将登记发证项目的名称、探矿权人、区块范围和勘查许可证期限等事项，通知勘查项目所在地的县级人民政府负责地质矿产管理工作的部门。

登记管理机关对勘查区块登记发证情况，应当定期予以公告。

第十二条 国家实行探矿权有偿取得的制度。探矿权使用费以勘查年度计算，逐年缴纳。

探矿权使用费标准：第一个勘查年度至第三个勘查年度，每平方公里每年缴纳 100 元；从第四个勘查年度起，每平方公里每年增加 100 元，但是最高不得超过每平方公里每年 500 元。

第十三条 申请国家出资勘查并已经探明矿产地的区块的探矿权的，探矿权申请人除依照本办法第十二条的规定缴纳探矿权使用费外，还应当缴纳国家出资勘查形成的探矿权价款；探矿权价款按照国家有关规定，可以一次缴纳，也可以分期缴纳。

国家出资勘查形成的探矿权价款，由具有矿业权评估资质的评估机构进行评估；评估报告报登记管理机关备案。

第十四条 探矿权使用费和国家出资勘查形成的探矿权价款，由登记管理机关收取，全部纳入国家预算管理。具体管理、使用办法，由国务院地质矿产主管部门会同国务院财政部门、计划主管部门制定。

第十五条 有下列情形之一的，由探矿权人提出申请，经登记管理机关按照国务院地质矿产主管部门会同国务院财政部门制定的探矿权使用费和探矿权价款的减免办法审查批准，可以减缴、免缴探矿权使用费和探矿权价款：

（一）国家鼓励勘查的矿种；

（二）国家鼓励勘查的区域；

（三）国务院地质矿产主管部门会同国务院财政部门规定的其他情形。

第十六条 探矿权可以通过招标投标的方式有偿取得。

登记管理机关依照本办法第四条规定的权限确定招标区块，发布招标公告，提出投标要求和截止日期；但是，对境外招标的区块由国务院地质矿产主管部门确定。

登记管理机关组织评标，采取择优原则确定中标人。中标人缴纳本办法第十二条、第十三条规定的费用后，办理登记手续，领取勘查许可证，成为探矿权人，并履行标书中承诺的义务。

第十七条 探矿权人应当自领取勘查许可证之日起，按照下列规定完成最低勘查投入：

（一）第一个勘查年度，每平方公里 2000 元；

（二）第二个勘查年度，每平方公里 5000 元；

（三）从第三个勘查年度起，每个勘查年度每平方公里 10000 元。

探矿权人当年度的勘查投入高于最低勘查投入标准的，高于的部分可以计入下一个勘查年度的勘查投入。

因自然灾害等不可抗力的原因，致使勘查工作不能正常进行的，探矿权人应当自恢复正常勘查工作之日起 30 日内，向登记管理机关提交申请核减相应的最低勘查投入的报告；登记管理机关应当自收到报告之日起 30 日内予以批复。

第十八条 探矿权人应当自领取勘查许可证之日起 6 个月内开始施工；在开始勘查工作时，应当向勘查项目所在地的县级人民政府负责地质矿产管理工作的部门报告，并向登记管理机关报告开工情况。

第十九条 探矿权人在勘查许可证有效期内进行勘查时，发现符合国家边探边采规定要求的复杂类型矿床的，可以申请开采，经登记管理机关批准，办理采矿登记手续。

第二十条 探矿权人在勘查石油、天然气等流体矿产期间，需要试采的，应当向登记管理机关提交试采申请，经批准后可以试采 1 年；需要延长试采时间的，必须办理登记手续。

第二十一条 探矿权人在勘查许可证有效期内探明可供开采的矿体后，经登记管理机关批准，可以停止相应区块的最低勘查投入，并可以在勘查许可证有效期届满的 30 日前，申请保留探矿权。但是，国家为了公共利益或者因技术条件暂时难以利用等情况，需要延期开采的除外。

保留探矿权的期限，最长不得超过 2 年，需要延长保留期的，可以申请延长 2 次，每次不得超过 2 年；保留探矿权的范围为可供开采的矿体范围。

在停止最低勘查投入期间或者探矿权保留期间，探矿权人应当依照本办法的规定，缴纳探矿权使用费。

探矿权保留期届满，勘查许可证应当予以注销。

第二十二条 有下列情形之一的，探矿权人应当在勘查许可证有效期内，向登记管理机关申请变更登记：

（一）扩大或者缩小勘查区块范围的；

（二）改变勘查工作对象的；

（三）经依法批准转让探矿权的；

（四）探矿权人改变名称或者地址的。

第二十三条 探矿权延续登记和变更登记，其勘查年度、探矿权使用费和最低勘查投入连续计算。

第二十四条 有下列情形之一的，探矿权人应当在勘查许可证有效期内，向登记管理机关递交勘查项目完成报告或者勘查项目终止报告，报送资金投入情况报表和有关证明文件，由登记管理机关核定其实际勘查投入后，办理勘查许可证注销登记手续：

（一）勘查许可证有效期届满，不办理延续登记或者不申请保留探矿权的；

（二）申请采矿权的；

（三）因故需要撤销勘查项目的。

自勘查许可证注销之日起 90 日内，原探矿权人不得申请已经注销的区块范围内的探矿权。

第二十五条 登记管理机关需要调查勘查投入、勘查工作进展情况，探矿权人应当如实报告并提供有关资料，不得虚报、瞒报，不得拒绝检查。

对探矿权人要求保密的申请登记资料、勘查工作成果资料和财务报表，登记管理机关应当予以保密。

第二十六条 违反本办法规定，未取得勘查许可证擅自进行勘查工作的，超越批准的勘查区块范围进行勘查工作的，由县级以上人民政府负责地质矿产管理工作的部门按照国务院地质矿产主管部门规定的权限，责令停止违法行为，予以警告，可以并处 10 万元以下的罚款。

第二十七条 违反本办法规定，未经批准，擅自进行滚动勘探开发、边探边采或者试采的，由县级以上人民政府负责地质矿产管理工作的部门按照国务院地质矿产主管部门规定的权限，责令停止违法行为，予以警告，没收违法所得，可以并处 10 万元以下的罚款。

第二十八条 违反本办法规定，擅自印制或者伪造、冒用勘查许可证的，由县级以上人民政府负责地质矿产管理工作的部门按照国务院地质矿产主管部门规定的权限，没收违法所得，可以并处 10 万元以下的罚款；构成犯罪的，依法追究刑事责任。

第二十九条 违反本办法规定，有下列行为之一的，由县级以上人民政府负责地质矿产管理工作的部门按照国务院地质矿产主管部门规定的权限，责令限期改正；逾期不改正的，处 5 万元以下的罚款；情节严重的，原发证机关可以吊销勘查许可证：

（一）不按照本办法的规定备案、报告有关情况、拒绝接受监督检查或者弄虚作假的；

（二）未完成最低勘查投入的；

（三）已经领取勘查许可证的勘查项目，满 6 个月未开始施工，或者施工后无故停止勘查工作满 6 个月的。

第三十条　违反本办法规定，不办理勘查许可证变更登记或者注销登记手续的，由登记管理机关责令限期改正；逾期不改正的，由原发证机关吊销勘查许可证。

第三十一条　违反本办法规定，不按期缴纳本办法规定应当缴纳的费用的，由登记管理机关责令限期缴纳，并从滞纳之日起每日加收 2‰的滞纳金；逾期仍不缴纳的，由原发证机关吊销勘查许可证。

第三十二条　违反本办法规定勘查石油、天然气矿产的，由国务院地质矿产主管部门按照本办法的有关规定给予行政处罚。

第三十三条　探矿权人被吊销勘查许可证的，自勘查许可证被吊销之日起 6 个月内，不得再申请探矿权。

第三十四条　登记管理机关工作人员徇私舞弊、滥用职权、玩忽职守，构成犯罪的，依法追究刑事责任；尚不构成犯罪的，依法给予行政处分。

第三十五条　勘查许可证由国务院地质矿产主管部门统一印制。申请登记书、变更申请登记书、探矿权保留申请登记书和注销申请登记书的格式，由国务院地质矿产主管部门统一制定。

第三十六条　办理勘查登记手续，应当按照规定缴纳登记费。收费标准和管理、使用办法，由国务院物价主管部门会同国务院地质矿产主管部门、财政部门规定。

第三十七条　外商投资勘查矿产资源的，依照本办法的规定办理；法律、行政法规另有特别规定的，从其规定。

第三十八条　中外合作勘查矿产资源的，中方合作者应当在签订合同后，将合同向原发证机关备案。

第三十九条　本办法施行前已经取得勘查许可证的，由国务院地质矿产主管部门统一组织换领新的勘查许可证。探矿权使用费、最低勘查投入按照重新登记后的第一个勘查年度计算，并可以依照本办法的规定申请减缴、免缴。

第四十条 本办法附录的修改，由国务院地质矿产主管部门报国务院批准后公布。

第四十一条 本办法自发布之日起施行。1987 年 4 月 29 日国务院发布的《矿产资源勘查登记管理暂行办法》和 1987 年 12 月 16 日国务院批准、石油工业部发布的《石油及天然气勘查、开采登记管理暂行办法》同时废止。

附 录

国务院地质矿产主管部门审批发证矿种目录

1 煤

2 石油

3 油页岩

4 烃类天然气

5 二氧化碳气

6 煤成（层）气

7 地热

8 放射性矿产

9 金

10 银

11 铂

12 锰

13 铬

14 钴

15 铁

16 铜

17 铅

18 锌

19 铝

20 镍

21　钨

22　锡

23　锑

24　钼

25　稀土

26　磷

27　钾

28　硫

29　锶

30　金刚石

31　铌

32　钽

33　石棉

34　矿泉水

矿产资源开采登记管理办法

(1998 年 2 月 12 日中华人民共和国国务院令第 241 号发布　根据 2014 年 7 月 29 日《国务院关于修改部分行政法规的决定》修订)

第一条　为了加强对矿产资源开采的管理，保护采矿权人的合法权益，维护矿产资源开采秩序，促进矿业发展，根据《中华人民共和国矿产资源法》，制定本办法。

第二条　在中华人民共和国领域及管辖的其他海域开采矿产资源，必须遵守本办法。

第三条　开采下列矿产资源，由国务院地质矿产主管部门审批登记，颁发采矿许可证：

（一）国家规划矿区和对国民经济具有重要价值的矿区内的矿产资源；

（二）领海及中国管辖的其他海域的矿产资源；

（三）外商投资开采的矿产资源；

（四）本办法附录所列的矿产资源。

开采石油、天然气矿产的，经国务院指定的机关审查同意后，由国务院地质矿产主管部门登记，颁发采矿许可证。

开采下列矿产资源，由省、自治区、直辖市人民政府地质矿产主管部门审批登记，颁发采矿许可证：

（一）本条第一款、第二款规定以外的矿产储量规模中型以上的矿产资源；

（二）国务院地质矿产主管部门授权省、自治区、直辖市人民政府地质矿产主管部门审批登记的矿产资源。

开采本条第一款、第二款、第三款规定以外的矿产资源，由县级以上地方人民政府负责地质矿产管理工作的部门，按照省、自治区、直辖市人民代表大会常务委员会制定的管理办法审批登记，颁发采矿许可证。

矿区范围跨县级以上行政区域的，由所涉及行政区域的共同上一级登记管理机关审批登记，颁发采矿许可证。

县级以上地方人民政府负责地质矿产管理工作的部门在审批发证后，应当逐级向上一级人民政府负责地质矿产管理工作的部门备案。

第四条　采矿权申请人在提出采矿权申请前，应当根据经批准的地质勘查储量报告，向登记管理机关申请划定矿区范围。

需要申请立项，设立矿山企业的，应当根据划定的矿区范围，按照国家规定办理有关手续。

第五条　采矿权申请人申请办理采矿许可证时，应当向登记管理机关提交下列资料：

（一）申请登记书和矿区范围图；

（二）采矿权申请人资质条件的证明；

（三）矿产资源开发利用方案；

（四）依法设立矿山企业的批准文件；

（五）开采矿产资源的环境影响评价报告；

（六）国务院地质矿产主管部门规定提交的其他资料。

申请开采国家规划矿区或者对国民经济具有重要价值的矿区内的矿产资源和国家实行保护性开采的特定矿种的，还应当提交国务院有关主管部门的批准文件。

申请开采石油、天然气的，还应当提交国务院批准设立石油公司或者同意进行石油、天然气开采的批准文件以及采矿企业法人资格证明。

第六条 登记管理机关应当自收到申请之日起40日内，作出准予登记或者不予登记的决定，并通知采矿权申请人。

需要采矿权申请人修改或者补充本办法第五条规定的资料的，登记管理机关应当通知采矿权申请人限期修改或者补充。

准予登记的，采矿权申请人应当自收到通知之日起30日内，依照本办法第九条的规定缴纳采矿权使用费，并依照本办法第十条的规定缴纳国家出资勘查形成的采矿权价款，办理登记手续，领取采矿许可证，成为采矿权人。

不予登记的，登记管理机关应当向采矿权申请人说明理由。

第七条 采矿许可证有效期，按照矿山建设规模确定：大型以上的，采矿许可证有效期最长为30年；中型的，采矿许可证有效期最长为20年；小型的，采矿许可证有效期最长为10年。采矿许可证有效期满，需要继续采矿的，采矿权人应当在采矿许可证有效期届满的30日前，到登记管理机关办理延续登记手续。

采矿权人逾期不办理延续登记手续的，采矿许可证自行废止。

第八条 登记管理机关在颁发采矿许可证后，应当通知矿区范围所在地的有关县级人民政府。有关县级人民政府应当自收到通知之日起90日内，对矿区范围予以公告，并可以根据采矿权人的申请，组织埋设界桩或者设置地面标志。

第九条 国家实行采矿权有偿取得的制度。采矿权使用费，按照矿区范围的面积逐年缴纳，标准为每平方公里每年1000元。

第十条 申请国家出资勘查并已经探明矿产地的采矿权的，采矿权申请人除依照本办法第九条的规定缴纳采矿权使用费外，还应当缴纳国家出资勘查形成的采矿权价款；采矿权价款按照国家有关规定，可以一次缴纳，也可以分期缴纳。

国家出资勘查形成的采矿权价款，由具有矿业权评估资质的评估机构进行评估；评估报告报登记管理机关备案。

第十一条 采矿权使用费和国家出资勘查形成的采矿权价款由登记管理机关收取，全部纳入国家预算管理。具体管理、使用办法，由国务院地质矿产主管部门会同国务院财政部门、计划主管部门制定。

第十二条 有下列情形之一的，由采矿权人提出申请，经省级以上人民政府登记管理机关按照国务院地质矿产主管部门会同国务院财政部门制定的采矿权使用费和采矿权价款的减免办法审查批准，可以减缴、免缴采矿权使用费和采矿权价款：

（一）开采边远贫困地区的矿产资源的；

（二）开采国家紧缺的矿种的；

（三）因自然灾害等不可抗力的原因，造成矿山企业严重亏损或者停产的；

（四）国务院地质矿产主管部门和国务院财政部门规定的其他情形。

第十三条　采矿权可以通过招标投标的方式有偿取得。

登记管理机关依照本办法第三条规定的权限确定招标的矿区范围，发布招标公告，提出投标要求和截止日期；但是，对境外招标的矿区范围由国务院地质矿产主管部门确定。

登记管理机关组织评标，采取择优原则确定中标人。中标人缴纳本办法第九条、第十条规定的费用后，办理登记手续，领取采矿许可证，成为采矿权人，并履行标书中承诺的义务。

第十四条　登记管理机关应当对本行政区域内的采矿权人合理开发利用矿产资源、保护环境及其他应当履行的法定义务等情况依法进行监督检查。采矿权人应当如实报告有关情况，并提交年度报告。

第十五条　有下列情形之一的，采矿权人应当在采矿许可证有效期内，向登记管理机关申请变更登记：

（一）变更矿区范围的；

（二）变更主要开采矿种的；

（三）变更开采方式的；

（四）变更矿山企业名称的；

（五）经依法批准转让采矿权的。

第十六条　采矿权人在采矿许可证有效期内或者有效期届满，停办、关闭矿山的，应当自决定停办或者关闭矿山之日起 30 日内，向原发证机关申请办理采矿许可证注销登记手续。

第十七条　任何单位和个人未领取采矿许可证擅自采矿的，擅自进入国家规划矿区和对国民经济具有重要价值的矿区范围采矿的，擅自开采国家规定实行保护性开采的特定矿种的，超越批准的矿区范围采矿的，由登记管理机关依照有关法律、行政法规的规定予以处罚。

第十八条　不依照本办法规定提交年度报告、拒绝接受监督检查或者弄虚作假的，由县级以上人民政府负责地质矿产管理工作的部门按照国务院地质矿产主管部门规定的权限，责令停止违法行为，予以警告，可以并处 5 万元以下的罚款；情节严重的，由原发证机关吊销采矿许可证。

第十九条　破坏或者擅自移动矿区范围界桩或者地面标志的，由县级以上人民政府负责地质矿产管理工作的部门按照国务院地质矿产主管部门规定的权限，责令限期恢复；情节严重的，处3万元以下的罚款。

第二十条 擅自印制或者伪造、冒用采矿许可证的，由县级以上人民政府负责地质矿产管理工作的部门按照国务院地质矿产主管部门规定的权限，没收违法所得，可以并处10万元以下的罚款；构成犯罪的，依法追究刑事责任。

第二十一条 违反本办法规定，不按期缴纳本办法规定应当缴纳的费用的，由登记管理机关责令限期缴纳，并从滞纳之日起每日加收2‰的滞纳金；逾期仍不缴纳的，由原发证机关吊销采矿许可证。

第二十二条 违反本办法规定，不办理采矿许可证变更登记或者注销登记手续的，由登记管理机关责令限期改正；逾期不改正的，由原发证机关吊销采矿许可证。

第二十三条 违反本办法规定开采石油、天然气矿产的，由国务院地质矿产主管部门按照本办法的有关规定给予行政处罚。

第二十四条 采矿权人被吊销采矿许可证的，自采矿许可证被吊销之日起2年内不得再申请采矿权。

第二十五条 登记管理机关工作人员徇私舞弊、滥用职权、玩忽职守，构成犯罪的，依法追究刑事责任；尚不构成犯罪的，依法给予行政处分。

第二十六条 采矿许可证由国务院地质矿产主管部门统一印制。申请登记书、变更申请登记书和注销申请登记书的格式，由国务院地质矿产主管部门统一制定。

第二十七条 办理采矿登记手续，应当按照规定缴纳登记费。收费标准和管理、使用办法，由国务院物价主管部门会同国务院地质矿产主管部门、财政部门规定。

第二十八条 外商投资开采矿产资源，依照本办法的规定办理；法律、行政法规另有特别规定的，从其规定。

第二十九条 中外合作开采矿产资源的，中方合作者应当在签订合同后，将合同向原发证机关备案。

第三十条 本办法施行前已经取得采矿许可证的，由国务院地质矿产主管部门统一组织换领新采矿许可证。

本办法施行前已经开办的矿山企业，应当自本办法施行之日起开始缴纳采矿权使用费，并可以依照本办法的规定申请减缴、免缴。

第三十一条 登记管理机关应当对颁发的采矿许可证和吊销的采矿许可证予

以公告。

第三十二条　本办法所称矿区范围，是指经登记管理机关依法划定的可供开采矿产资源的范围、井巷工程设施分布范围或者露天剥离范围的立体空间区域。

本办法所称开采方式，是指地下开采或者露天开采。

第三十三条　本办法附录的修改，由国务院地质矿产主管部门报国务院批准后公布。

第三十四条　本办法自发布之日起施行。1987 年 4 月 29 日国务院发布的《全民所有制矿山企业采矿登记管理暂行办法》和 1990 年 11 月 22 日《国务院关于修改〈全民所有制矿山企业采矿登记管理暂行办法〉的决定》同时废止。

附　录

国务院地质矿产主管部门审批发证矿种目录

1　煤

2　石油

3　油页岩

4　烃类天然气

5　二氧化碳气

6　煤成（层）气

7　地热

8　放射性矿产

9　金

10　银

11　铂

12　锰

13　铬

14　钴

15　铁

16　铜

17　铅

18　锌

19　铝

20　镍

21　钨

22　锡

23　锑

24　钼

25　稀土

26　磷

27　钾

28　硫

29　锶

30　金刚石

31　铌

32　钽

33　石棉

34　矿泉水

探矿权采矿权转让管理办法

(1998 年 2 月 12 日中华人民共和国国务院令第 242 号发布　根据 2014 年 7 月 29 日《国务院关于修改部分行政法规的决定》修订)

第一条　为了加强对探矿权、采矿权转让的管理，保护探矿权人、采矿权人的合法权益，促进矿业发展，根据《中华人民共和国矿产资源法》，制定本办法。

第二条　在中华人民共和国领域及管辖的其他海域转让依法取得的探矿权、采矿权的，必须遵守本办法。

第三条　除按照下列规定可以转让外，探矿权、采矿权不得转让：

（一）探矿权人有权在划定的勘查作业区内进行规定的勘查作业，有权优先取得勘查作业区内矿产资源的采矿权。探矿权人在完成规定的最低勘查投入后，经依法批准，可以将探矿权转让他人。

（二）已经取得采矿权的矿山企业，因企业合并、分立，与他人合资、合作经营，或者因企业资产出售以及有其他变更企业资产产权的情形，需要变更采矿权主体的，经依法批准，可以将采矿权转让他人采矿。

第四条 国务院地质矿产主管部门和省、自治区、直辖市人民政府地质矿产主管部门是探矿权、采矿权转让的审批管理机关。

国务院地质矿产主管部门负责由其审批发证的探矿权、采矿权转让的审批。

省、自治区、直辖市人民政府地质矿产主管部门负责本条第二款规定以外的探矿权、采矿权转让的审批。

第五条 转让探矿权，应当具备下列条件：

（1）自颁发勘查许可证之日起满2年，或者在勘查作业区内发现可供进一步勘查或者开采的矿产资源；

（二）完成规定的最低勘查投入；

（三）探矿权属无争议；

（四）按照国家有关规定已经缴纳探矿权使用费、探矿权价款；

（五）国务院地质矿产主管部门规定的其他条件。

第六条 转让采矿权，应当具备下列条件：

（一）矿山企业投入采矿生产满1年；

（二）采矿权属无争议；

（三）按照国家有关规定已经缴纳采矿权使用费、采矿权价款、矿产资源补偿费和资源税；

（四）国务院地质矿产主管部门规定的其他条件。

国有矿山企业在申请转让采矿权前，应当征得矿山企业主管部门的同意。

第七条 探矿权或者采矿权转让的受让人，应当符合《矿产资源勘查区块登记管理办法》或者《矿产资源开采登记管理办法》规定的有关探矿权申请人或者采矿权申请人的条件。

第八条 探矿权人或者采矿权人在申请转让探矿权或者采矿权时，应当向审批管理机关提交下列资料：

（一）转让申请书；

（二）转让人与受让人签订的转让合同；

（三）受让人资质条件的证明文件；

（四）转让人具备本办法第五条或者第六条规定的转让条件的证明；

（五）矿产资源勘查或者开采情况的报告；

（六）审批管理机关要求提交的其他有关资料。

国有矿山企业转让采矿权时，还应当提交有关主管部门同意转让采矿权的批准文件。

第九条 转让国家出资勘查所形成的探矿权、采矿权的，必须进行评估。

国家出资勘查形成的探矿权、采矿权价款，由具有矿业权评估资质的评估机构进行评估；评估报告报探矿权、采矿权登记管理机关备案。

第十条 申请转让探矿权、采矿权的，审批管理机关应当自收到转让申请之日起40日内，作出准予转让或者不准转让的决定，并通知转让人和受让人。

准予转让的，转让人和受让人应当自收到批准转让通知之日起60日内，到原发证机关办理变更登记手续；受让人按照国家规定缴纳有关费用后，领取勘查许可证或者采矿许可证，成为探矿权人或者采矿权人。

批准转让的，转让合同自批准之日起生效。

不准转让的，审批管理机关应当说明理由。

第十一条 审批管理机关批准转让探矿权、采矿权后，应当及时通知原发证机关。

第十二条 探矿权、采矿权转让后，探矿权人、采矿权人的权利、义务随之转移。

第十三条 探矿权、采矿权转让后，勘查许可证、采矿许可证的有效期限，为原勘查许可证、采矿许可证的有效期减去已经进行勘查、采矿的年限的剩余期限。

第十四条 未经审批管理机关批准，擅自转让探矿权、采矿权的，由登记管理机关责令改正，没收违法所得，处10万元以下的罚款；情节严重的，由原发证机关吊销勘查许可证、采矿许可证。

第十五条 违反本办法第三条第（二）项的规定，以承包等方式擅自将采矿权转给他人进行采矿的，由县级以上人民政府负责地质矿产管理工作的部门按照国务院地质矿产主管部门规定的权限，责令改正，没收违法所得，处10万元以下的罚款；情节严重的，由原发证机关吊销采矿许可证。

第十六条 审批管理机关工作人员徇私舞弊、滥用职权、玩忽职守，构成犯罪的，依法追究刑事责任；尚不构成犯罪的，依法给予行政处分。

第十七条　探矿权转让申请书、采矿权转让申请书的格式，由国务院地质矿产主管部门统一制定。

第十八条　本办法自发布之日起施行。

长江河道采砂管理条例

(2001 年 10 月 10 日国务院第 45 次常务会议通过　2001 年 10 月 25 日中华人民共和国国务院令第 320 号公布　自 2002 年 1 月 1 日起施行)

第一条　为了加强长江河道采砂管理，维护长江河势稳定，保障防洪和通航安全，制定本条例。

第二条　在长江宜宾以下干流河道内从事开采砂石（以下简称长江采砂）及其管理活动的，应当遵守本条例。

第三条　国务院水行政主管部门及其所属的长江水利委员会应当加强对长江采砂的统一管理和监督检查，并做好有关组织、协调和指导工作。

长江采砂管理，实行地方人民政府行政首长负责制。沿江县级以上地方人民政府应当加强对本行政区域内长江采砂活动的管理，做好长江采砂的组织、协调和监督检查工作。

沿江县级以上地方人民政府水行政主管部门依照本条例的规定，具体负责本行政区域内长江采砂的管理和监督检查工作。

国务院交通行政主管部门所属的长江航务管理局负责长江航道管理工作，长江海事机构负责长江交通安全的监督管理工作。公安部门负责长江水上治安管理工作，依法打击长江采砂活动中的犯罪行为。

第四条　国家对长江采砂实行统一规划制度。

长江采砂规划由长江水利委员会会同四川省、湖北省、湖南省、江西省、安徽省、江苏省和重庆市、上海市人民政府水行政主管部门编制，经征求长江航务管理局和长江海事机构意见后，报国务院水行政主管部门批准。国务院水行政主管部门批准前，应当征求国务院交通行政主管部门的意见。

长江采砂规划一经批准，必须严格执行；确需修改时，应当依照前款规定批准。

长江采砂规划批准实施前，长江水利委员会可以会同沿江省、直辖市人民政府水行政主管部门、长江航务管理局和长江海事机构确定禁采区和禁采期，报国务院水行政主管部门批准。

第五条 长江采砂规划应当充分考虑长江防洪安全和通航安全的要求，符合长江流域综合规划和长江防洪、河道整治以及航道整治等专业规划。

第六条 长江采砂规划应当包括下列内容：

（一）禁采区和可采区；

（二）禁采期和可采期；

（三）年度采砂控制总量；

（四）可采区内采砂船只的控制数量。

第七条 沿江省、直辖市人民政府水行政主管部门根据长江采砂规划，可以拟订本行政区域内长江采砂规划实施方案，报本级人民政府批准后实施，并报长江水利委员会、长江航务管理局备案。

沿江省、直辖市人民政府应当将长江采砂规划确定的禁采区和禁采期予以公告。

沿江省、直辖市人民政府水行政主管部门可以根据本行政区域内长江的水情、工情、汛情、航道变迁和管理等需要，在长江采砂规划确定的禁采区、禁采期外增加禁采范围、延长禁采期限，报本级人民政府决定后公告。

第八条 长江水利委员会和沿江省、直辖市人民政府水行政主管部门应当加强对长江采砂规划实施情况的监督检查。

第九条 国家对长江采砂实行采砂许可制度。

河道采砂许可证由沿江省、直辖市人民政府水行政主管部门审批发放；属于省际边界重点河段的，经有关省、直辖市人民政府水行政主管部门签署意见后，由长江水利委员会审批发放；涉及航道的，审批发放前应当征求长江航务管理局和长江海事机构的意见。省际边界重点河段的范围由国务院水行政主管部门划定。

河道采砂许可证式样由国务院水行政主管部门规定，由沿江省、直辖市人民政府水行政主管部门和长江水利委员会印制。

第十条 从事长江采砂活动的单位和个人应当向沿江市、县人民政府水行政主管部门提出申请；符合下列条件的，由长江水利委员会或者沿江省、直辖市人民政府水行政主管部门依照本条例第九条的规定，审批发放河道采砂许可证：

（一）符合长江采砂规划确定的可采区和可采期的要求；

（二）符合年度采砂控制总量的要求；

（三）符合规定的作业方式；

（四）符合采砂船只数量的控制要求；

（五）采砂船舶、船员证书齐全；

（六）有符合要求的采砂设备和采砂技术人员；

（七）长江水利委员会或者沿江省、直辖市人民政府水行政主管部门规定的其他条件。

市、县人民政府水行政主管部门应当自收到申请之日起 10 日内签署意见后，报送沿江省、直辖市人民政府水行政主管部门审批；属于省际边界重点河段的，经有关省、直辖市人民政府水行政主管部门签署意见后，报送长江水利委员会审批。长江水利委员会或者沿江省、直辖市人民政府水行政主管部门应当自收到申请之日起 30 日内予以审批；不予批准的，应当在作出不予批准决定之日起 7 日内通知申请人，并说明理由。

第十一条　河道采砂许可证应当载明船主姓名（名称）、船名、船号和开采的性质、种类、地点、时限以及作业方式、弃料处理方式、许可证的有效期限等有关事项和内容。

第十二条　从事长江采砂活动的单位和个人应当按照河道采砂许可证的规定进行开采。有关县级以上地方人民政府水行政主管部门和长江水利委员会应当按照职责划分对其加强监督检查。

从事长江采砂活动的单位和个人需要改变河道采砂许可证规定的事项和内容的，应当重新办理河道采砂许可证。

禁止伪造、涂改或者买卖、出租、出借或者以其他方式转让河道采砂许可证。

第十三条　为保障航道畅通和航行安全，采砂作业应当服从通航要求，并设立明显标志。

第十四条　长江水利委员会和沿江省、直辖市人民政府水行政主管部门年审批采砂总量不得超过规划确定的年度采砂控制总量。

沿江省、直辖市人民政府水行政主管部门应当在每年 1 月 31 日前将上一年度的长江采砂审批发证情况和实施情况，报长江水利委员会备案。

第十五条　沿江县级以上地方人民政府水行政主管部门因整修长江堤防进行吹填固基或者整治长江河道采砂的，应当经本省、直辖市人民政府水行政主管部门审查，并报长江水利委员会批准；长江航务管理局因整治长江航道采砂的，应当事先征求长江水利委员会的意见。

因吹填造地从事采砂活动的单位和个人，应当依法申请河道采砂许可证。

第十六条 采砂船舶在禁采期内应当停放在沿江县级人民政府指定的地点；无正当理由，不得擅自离开指定地点。

第十七条 从事长江采砂活动的单位和个人应当向发放河道采砂许可证的机关缴纳长江河道砂石资源费。发放河道采砂许可证的机关应当将收取的长江河道砂石资源费全部上缴财政。长江河道砂石资源费的具体征收、使用管理办法由国务院财政主管部门会同国务院水行政主管部门、物价主管部门制定。

从事长江采砂活动的单位和个人，不再缴纳河道采砂管理费和矿产资源补偿费。

第十八条 违反本条例规定，未办理河道采砂许可证，擅自在长江采砂的，由县级以上地方人民政府水行政主管部门或者长江水利委员会依据职权，责令停止违法行为，没收违法所得和非法采砂机具，并处 10 万元以上 30 万元以下的罚款；情节严重的，扣押或者没收非法采砂船舶，并对没收的非法采砂船舶予以拍卖，拍卖款项全部上缴财政。拒绝、阻碍水行政主管部门或者长江水利委员会依法执行职务，构成违反治安管理行为的，由公安机关依法给予治安管理处罚；触犯刑律的，依法追究刑事责任。

违反本条例规定，虽持有河道采砂许可证，但在禁采区、禁采期采砂的，由县级以上地方人民政府水行政主管部门或者长江水利委员会依据职权，依照前款规定处罚，并吊销河道采砂许可证。

第十九条 违反本条例规定，未按照河道采砂许可证规定的要求采砂的，由县级以上地方人民政府水行政主管部门或者长江水利委员会依据职权，责令停止违法行为，没收违法所得，处 5 万元以上 10 万元以下的罚款，并吊销河道采砂许可证；触犯刑律的，依法追究刑事责任。

第二十条 违反本条例规定，采砂船舶在禁采期内未在指定地点停放或者无正当理由擅自离开指定地点的，由县级以上地方人民政府水行政主管部门处 1 万元以上 3 万元以下的罚款。

第二十一条 伪造、涂改或者买卖、出租、出借或者以其他方式转让河道采砂许可证，触犯刑律的，依法追究刑事责任；尚未触犯刑律的，由县级以上地方人民政府水行政主管部门或者长江水利委员会依据职权，没收违法所得，并处 5 万元以上 10 万元以下的罚款，收缴伪造、涂改或者买卖、出租、出借或者以其他方式转让的河道采砂许可证。

第二十二条　违反本条例规定，不依法缴纳长江河道砂石资源费的，由县级以上地方人民政府水行政主管部门或者长江水利委员会依据职权，责令限期缴纳；逾期未缴纳的，按日加收 3‰的滞纳金；拒不缴纳的，处应缴纳长江河道砂石资源费金额 2 倍以上 5 倍以下的罚款，并吊销河道采砂许可证。

第二十三条　在长江航道内非法采砂影响通航安全的，由长江航务管理局、长江海事机构依照《中华人民共和国内河交通安全管理条例》和《中华人民共和国航道管理条例》等规定给予处罚。

第二十四条　依照本条例规定应当给予行政处罚，而有关水行政主管部门不给予行政处罚的，由上级人民政府水行政主管部门责令其作出行政处罚决定或者直接给予行政处罚；对负有责任的主管人员和其他直接责任人员依法给予行政处分。

第二十五条　依照本条例实施罚款的行政处罚，应当依照有关法律、行政法规的规定，实行罚款决定与罚款收缴分离，所收取的罚款必须全部上缴国库。

第二十六条　有下列行为之一，触犯刑律的，依法追究刑事责任；尚未触犯刑律的，对负有责任的主管人员和其他直接责任人员依法给予行政处分：

（一）不执行已批准的长江采砂规划、擅自修改长江采砂规划或者违反长江采砂规划组织采砂的；

（二）不按照规定审批发放河道采砂许可证或者其他批准文件的；

（三）不履行本条例规定的监督检查职责，造成长江采砂秩序混乱或者造成重大责任事故的；

（四）在长江采砂管理中不按照规定的项目、范围和标准收费的；

（五）截留、挪用长江河道砂石资源费的。

有前款第（四）项、第（五）项行为的，由当地财政主管部门追缴已收取的费用和截留、挪用的费用。

第二十七条　本条例自 2002 年 1 月 1 日起施行。

附录三

appendix 03

部门规章篇

防治尾矿污染环境管理规定

（1992 年 8 月 17 日国家环保局令第 11 号颁布 1992 年 10 月 1 日实施 1999 年 7 月 12 日国家环境保护总局令第 6 号修订 2010 年 12 月 22 日依据《关于废止、修改部分环保部门规章和规范性文件的决定》修正 环境保护部令第 16 号 2010 年 12 月 22 日起施行 现已失效）

第一条 为保护环境，防治尾矿污染，根据《中华人民共和国环境保护法》及有关法律、法规制定本规定。

第二条 本规定中所称尾矿是指选矿和湿法冶炼过程中产生的废物。

第三条 本规定适用于中华人民共和国领域内企业所产生尾矿的污染防治及监督管理。

氧化铝厂的赤泥和燃煤电厂水力清除的粉煤灰渣的污染防治也适用本规定。放射性尾矿、伴有放射性尾矿的非放射性尾矿的污染防治，依照国家有关放射性废物防护规定执行。

第四条 县级以上人民政府环境保护行政主管部门对本辖区内的尾矿污染防治实施统一监督管理。

第五条 县级以上人民政府环境保护行政主管部门对在尾矿污染防治工作中有显著成绩的单位和个人给予表彰。对综合利用尾矿的，按国家有关规定给予优惠。

第六条 县级以上人民政府环境保护行政主管部门有权对管辖范围内产生尾

矿的企业进行现场检查。被检查的企业应当如实反映情况，提供必要的资料。检查机关应为被检查的单位保守技术秘密和业务秘密。

第七条 产生尾矿的企业必须制定尾矿污染防治计划，建立污染防治责任制度，并采取有效措施，防治尾矿对环境的污染和危害。

第八条 产生尾矿的企业必须按规定向当地环境保护行政主管部门进行排污申报登记。

第九条 产生尾矿的新建、改建、或扩建项目，必须遵守国家有关建设项目环境保护管理的规定。

第十条 企业产生的尾矿必须排入尾矿设施，不得随意排放。无尾矿设施，或尾矿设施不完善并严重污染环境的企业，由环境保护行政主管部门依照法律规定报同级人民政府批准，限期建成或完善。

第十一条 贮存含属于有害废物的尾矿，其尾矿库必须采取防渗漏措施。

第十二条 在国务院、国务院有关主管部门和省、自治区、直辖市人民政府划定的风景名胜区、自然保护区和其他需要特殊保护的区域内不得建设产生尾矿的企业；已建的企业所排放的尾矿水必须符合国家或地方规定的污染物排放标准。

向上述区域内排放尾矿水超过国家或地方规定的污染物排放标准的，限期治理。

第十三条 尾矿贮存设施必须有防止尾矿流失和尾矿尘飞扬的措施。

第十四条 产生尾矿的企业应加强尾矿设施的管理和检查，采取预防措施，消除事故隐患。

第十五条 因发生事故或其他突然事件，造成或者可能造成尾矿污染事故的企业，必须立即采取应急措施处理，及时通报可能受到危害的单位和居民，并向当地环境保护行政主管部门和企业主管部门报告，接受调查处理。

当地环境保护行政主管部门接到尾矿污染事故报告后，应立即向当地人民政府和上一级环境保护行政主管部门报告。对于特大的尾矿污染事故，由地、市环境保护行政主管部门报告国家环境保护局。

任何单位和个人不得干扰对事故的抢救和处理工作。可能发生重大污染事故的企业，应当采取措施，加强防范。

第十六条 禁止任何单位和个人在尾矿设施上任意挖掘、垦殖、放牧、建筑及其他妨碍尾矿设施正常使用和可能造成污染危害的行为。

第十七条 尾矿贮存设施停止使用后必须进行处置，保证坝体安全，不污染环境，消除污染事故隐患。

关闭尾矿设施必须当地省环境保护行政主管部门验收，批准。

经验收移交后的尾矿设施其污染防治由接收单位负责。

第十八条　对违反本规定，有下列行为之一的，由环境保护行政主管部门依法给予行政处罚：

（一）产生尾矿的企业未向当地人民政府环境保护行政主管部门申报登记的，依照《中华人民共和国固体废物污染环境防治法》第六十八条规定处以五千元以上五万元以下罚款，并限期补办排污申报登记手续；

（二）违反本规定第十条规定，逾期未建成或者完善尾矿设施，或者违反本规定第十二条规定，在风景名胜区、自然保护区和其他需要特殊保护的区域内建设产生尾矿的企业的，依照《中华人民共和国固体废物污染环境防治法》第六十八条规定责令停止违法行为，限期改正，处一万元以上十万元以下的罚款；造成严重污染的，依照《中华人民共和国固体废物污染环境防治法》第八十一条规定决定限期治理；逾期未完成治理任务的，由本级人民政府决定停业或者关闭。

（三）拒绝环境保护行政主管部门现场检查的，依照《中华人民共和国固体废物污染环境防治法》第七十条规定，责令限期改正；拒不改正或者在检查时弄虚作假的，处二千元以上二万元以下的罚款。

第十九条　本规定所称尾矿设施是指尾矿的贮存设施（尾矿库、赤泥库、灰渣库等）、浆体输送系统、澄清水回收系统、渗透水截流及回收系统、排洪工程、尾矿综合利用及其他污染防治设施。

第二十条　本规定自一九九二年十月一日起施行。

非法采矿、破坏性采矿造成矿产资源破坏价值鉴定程序的规定

（国土资发〔2005〕175 号）

第一条　为了规范非法采矿、破坏性采矿造成矿产资源破坏价值的鉴定工作，依法惩处矿产资源犯罪行为，根据《中华人民共和国矿产资源法》、《最高人民法院关于审理非法采矿、破坏性采矿刑事案件具体应用法律若干问题的解释》

及有关规定，制定本规定。

第二条　国土资源主管部门在查处矿产资源违法案件中，对非法采矿、破坏性采矿涉嫌犯罪，需要对造成矿产资源破坏的价值进行鉴定的，或者省级以上人民政府国土资源主管部门根据公安、司法机关的请求进行上述鉴定的，适用本规定。

第三条　省级以上人民政府国土资源主管部门对非法采矿、破坏性采矿造成矿产资源破坏或者严重破坏的价值出具的鉴定结论，作为涉嫌犯罪的证据材料，由查处矿产资源违法案件的国土资源主管部门依法移送有关机关。属于根据公安、司法机关的请求所出具的鉴定结论，交予提出请求的公安、司法机关。

第四条　国土资源部负责出具由其直接查处的矿产资源违法案件中涉及非法采矿、破坏性采矿造成矿产资源破坏价值的鉴定结论；省级人民政府国土资源主管部门负责出具本行政区域内的或者国土资源部委托其鉴定的非法采矿、破坏性采矿造成矿产资源破坏价值的鉴定结论。

第五条　省级以上人民政府国土资源主管部门设立非法采矿、破坏性采矿造成矿产资源破坏价值鉴定委员会，负责审查有关鉴定报告并提出审查意见。

鉴定委员会负责人由本级国土资源主管部门主要领导或者分管领导担任，成员由有关职能机构负责人及有关业务人员担任，可聘请有关专家参加。

第六条　对非法采矿、破坏性采矿造成矿产资源破坏的价值按照以下原则进行鉴定：非法采矿破坏的矿产资源价值，包括采出的矿产品价值和按照科学合理的开采方法应该采出但因矿床破坏已难以采出的矿产资源折算的价值。破坏性采矿造成矿产资源严重破坏的价值，指由于没有按照国土资源主管部门审查认可的矿产资源开发利用方案采矿，导致应该采出但因矿床破坏已难以采出的矿产资源折算的价值。

第七条　省级以下人民政府国土资源主管部门在查处矿产资源违法案件中，涉及对非法采矿、破坏性采矿造成矿产资源破坏的价值进行鉴定的，须向省级人民政府国土资源主管部门提出书面申请，同时附具对该违法行为的调查报告及有关材料，由省级人民政府国土资源主管部门按照本规定第八条规定出具鉴定结论。对于认为案情简单、鉴定技术要求不复杂，本部门自己进行鉴定或者自行委托专业技术机构进行鉴定的，须将鉴定报告及有关调查材料呈报省级国土资源主管部门进行审查，并由省级人民政府国土资源主管部门按照本规定第八条第（三）项的有关规定出具鉴定结论。

第八条　省级人民政府国土资源主管部门接到省级以下人民政府国土资源主

管部门请求鉴定的书面申请后，按下述规定办理：

（一）自接到书面申请之日起 7 日内进行审查并决定是否受理。经审查不同意受理的，将有关材料退回；需要补充情况或者材料的，应及时提出要求。

（二）同意受理后，有条件自行鉴定的，自受理之日起 30 日内委派承办人员进行鉴定并提出鉴定报告。案情复杂的可以适当延长，但最长不得超过 60 日。没有条件自行鉴定的，委托专业技术机构进行鉴定并按照上述期限提出鉴定报告。鉴定报告须由具体承办人员签署姓名。受委托进行鉴定的专业技术机构需要国土资源主管部门予以协助、配合的，各级国土资源主管部门应当及时予以协助、配合。

（三）自接到鉴定报告之日起 7 日内，由鉴定委员会负责人召集组成人员进行审查。审查时，鉴定委员会组成人员必须达到三分之二以上，以听取鉴定情况汇报并对有关材料、数据、鉴定过程与方法审查等方式进行。审查通过的，本级国土资源主管部门即行出具鉴定结论并交予提出申请的国土资源主管部门。未能通过的，应说明意见及理由。

第九条 省级人民政府国土资源主管部门或者国土资源部对非法采矿、破坏性采矿行为进行直接查处并由本部门出具鉴定结论，或者根据公安、司法机关的请求出具鉴定结论的，进行鉴定、审查、出具鉴定结论及有关办理时限，按照第八条（二）、（三）项中的有关规定办理。

第十条 省级人民政府国土资源主管部门可以根据本规定并结合本地区的实际，制定具体的实施办法。

第十一条 本规定自颁布之日起施行。

矿山地质环境保护规定

（2009 年 3 月 2 日国土资源部令第 44 号公布　根据 2015 年 5 月 6 日国土资源部第 2 次部务会议《国土资源部关于修改〈地质灾害危险性评估单位资质管理办法〉等 5 部规章的决定》第一次修正　根据 2016 年 1 月 5 日国土资源部第 1 次部务会议《国土资源部关于修改和废止部分规章的决定》第二次修正　根据 2019 年 7 月 16 日自然资源部第 2 次部务会议《自然资源部关于第一批废止修改的部门规章的决定》第三次修正）

第一章 总 则

第一条 为保护矿山地质环境，减少矿产资源勘查开采活动造成的矿山地质环境破坏，保护人民生命和财产安全，促进矿产资源的合理开发利用和经济社会、资源环境的协调发展，根据《中华人民共和国矿产资源法》《地质灾害防治条例》《土地复垦条例》，制定本规定。

第二条 因矿产资源勘查开采等活动造成矿区地面塌陷、地裂缝、崩塌、滑坡，含水层破坏，地形地貌景观破坏等的预防和治理恢复，适用本规定。

开采矿产资源涉及土地复垦的，依照国家有关土地复垦的法律法规执行。

第三条 矿山地质环境保护，坚持预防为主、防治结合，谁开发谁保护、谁破坏谁治理、谁投资谁受益的原则。

第四条 自然资源部负责全国矿山地质环境的保护工作。

县级以上地方自然资源主管部门负责本行政区的矿山地质环境保护工作。

第五条 国家鼓励开展矿山地质环境保护科学技术研究，普及相关科学技术知识，推广先进技术和方法，制定有关技术标准，提高矿山地质环境保护的科学技术水平。

第六条 国家鼓励企业、社会团体或者个人投资，对已关闭或者废弃矿山的地质环境进行治理恢复。

第七条 任何单位和个人对破坏矿山地质环境的违法行为都有权进行检举和控告。

第二章 规 划

第八条 自然资源部负责全国矿山地质环境的调查评价工作。

省、自治区、直辖市自然资源主管部门负责本行政区域内的矿山地质环境调查评价工作。

市、县自然资源主管部门根据本地区的实际情况，开展本行政区域的矿山地质环境调查评价工作。

第九条 自然资源部依据全国矿山地质环境调查评价结果，编制全国矿山地质环境保护规划。

省、自治区、直辖市自然资源主管部门依据全国矿山地质环境保护规划，结合本行政区域的矿山地质环境调查评价结果，编制省、自治区、直辖市的矿山地质环境保护规划，报省、自治区、直辖市人民政府批准实施。

市、县级矿山地质环境保护规划的编制和审批，由省、自治区、直辖市自然资源主管部门规定。

第十条 矿山地质环境保护规划应当包括下列内容：

（一）矿山地质环境现状和发展趋势；

（二）矿山地质环境保护的指导思想、原则和目标；

（三）矿山地质环境保护的主要任务；

（四）矿山地质环境保护的重点工程；

（五）规划实施保障措施。

第十一条 矿山地质环境保护规划应当符合矿产资源规划，并与土地利用总体规划、地质灾害防治规划等相协调。

第三章　治理恢复

第十二条 采矿权申请人申请办理采矿许可证时，应当编制矿山地质环境保护与土地复垦方案，报有批准权的自然资源主管部门批准。

矿山地质环境保护与土地复垦方案应当包括下列内容：

（一）矿山基本情况；

（二）矿区基础信息；

（三）矿山地质环境影响和土地损毁评估；

（四）矿山地质环境治理与土地复垦可行性分析；

（五）矿山地质环境治理与土地复垦工程；

（六）矿山地质环境治理与土地复垦工作部署；

（七）经费估算与进度安排；

（八）保障措施与效益分析。

第十三条 采矿权申请人未编制矿山地质环境保护与土地复垦方案，或者编制的矿山地质环境保护与土地复垦方案不符合要求的，有批准权的自然资源主管部门应当告知申请人补正；逾期不补正的，不予受理其采矿权申请。

第十四条 采矿权人扩大开采规模、变更矿区范围或者开采方式的，应当重新编制矿山地质环境保护与土地复垦方案，并报原批准机关批准。

第十五条　采矿权人应当严格执行经批准的矿山地质环境保护与土地复垦方案。

矿山地质环境保护与治理恢复工程的设计和施工，应当与矿产资源开采活动同步进行。

第十六条　开采矿产资源造成矿山地质环境破坏的，由采矿权人负责治理恢复，治理恢复费用列入生产成本。

矿山地质环境治理恢复责任人灭失的，由矿山所在地的市、县自然资源主管部门，使用经市、县人民政府批准设立的政府专项资金进行治理恢复。

自然资源部，省、自治区、直辖市自然资源主管部门依据矿山地质环境保护规划，按照矿山地质环境治理工程项目管理制度的要求，对市、县自然资源主管部门给予资金补助。

第十七条　采矿权人应当依照国家有关规定，计提矿山地质环境治理恢复基金。基金由企业自主使用，根据其矿山地质环境保护与土地复垦方案确定的经费预算、工程实施计划、进度安排等，统筹用于开展矿山地质环境治理恢复和土地复垦。

第十八条　采矿权人应当按照矿山地质环境保护与土地复垦方案的要求履行矿山地质环境保护与土地复垦义务。

采矿权人未履行矿山地质环境保护与土地复垦义务，或者未达到矿山地质环境保护与土地复垦方案要求，有关自然资源主管部门应当责令采矿权人限期履行矿山地质环境保护与土地复垦义务。

第十九条　矿山关闭前，采矿权人应当完成矿山地质环境保护与土地复垦义务。采矿权人在申请办理闭坑手续时，应当经自然资源主管部门验收合格，并提交验收合格文件。

第二十条　采矿权转让的，矿山地质环境保护与土地复垦的义务同时转让。采矿权受让人应当依照本规定，履行矿山地质环境保护与土地复垦的义务。

第二十一条　以槽探、坑探方式勘查矿产资源，探矿权人在矿产资源勘查活动结束后未申请采矿权的，应当采取相应的治理恢复措施，对其勘查矿产资源遗留的钻孔、探井、探槽、巷道进行回填、封闭，对形成的危岩、危坡等进行治理恢复，消除安全隐患。

第四章　监督管理

第二十二条　县级以上自然资源主管部门对采矿权人履行矿山地质环境保护

与土地复垦义务的情况进行监督检查。

相关责任人应当配合县级以上自然资源主管部门的监督检查，并提供必要的资料，如实反映情况。

第二十三条　县级以上自然资源主管部门应当建立本行政区域内的矿山地质环境监测工作体系，健全监测网络，对矿山地质环境进行动态监测，指导、监督采矿权人开展矿山地质环境监测。

采矿权人应当定期向矿山所在地的县级自然资源主管部门报告矿山地质环境情况，如实提交监测资料。

县级自然资源主管部门应当定期将汇总的矿山地质环境监测资料报上一级自然资源主管部门。

第二十四条　县级以上自然资源主管部门在履行矿山地质环境保护的监督检查职责时，有权对矿山地质环境与土地复垦方案确立的治理恢复措施落实情况和矿山地质环境监测情况进行现场检查，对违反本规定的行为有权制止并依法查处。

第二十五条　开采矿产资源等活动造成矿山地质环境突发事件的，有关责任人应当采取应急措施，并立即向当地人民政府报告。

第五章　法律责任

第二十六条　违反本规定，应当编制矿山地质环境保护与土地复垦方案而未编制的，或者扩大开采规模、变更矿区范围或者开采方式，未重新编制矿山地质环境保护与土地复垦方案并经原审批机关批准的，责令限期改正，并列入矿业权人异常名录或严重违法名单；逾期不改正的，处3万元以下的罚款，不受理其申请新的采矿许可证或者申请采矿许可证延续、变更、注销。

第二十七条　违反本规定，未按照批准的矿山地质环境保护与土地复垦方案治理的，或者在矿山被批准关闭、闭坑前未完成治理恢复的，责令限期改正，并列入矿业权人异常名录或严重违法名单；逾期拒不改正的或整改不到位的，处3万元以下的罚款，不受理其申请新的采矿权许可证或者申请采矿权许可证延续、变更、注销。

第二十八条　违反本规定，未按规定计提矿山地质环境治理恢复基金的，由县级以上自然资源主管部门责令限期计提；逾期不计提的，处3万元以下的罚款。

颁发采矿许可证的自然资源主管部门不得通过其采矿活动年度报告，不受理其采矿权延续变更申请。

第二十九条　违反本规定第二十一条规定，探矿权人未采取治理恢复措施的，由县级以上自然资源主管部门责令限期改正；逾期拒不改正的，处 3 万元以下的罚款，5 年内不受理其新的探矿权、采矿权申请。

第三十条　违反本规定，扰乱、阻碍矿山地质环境保护与治理恢复工作，侵占、损坏、损毁矿山地质环境监测设施或者矿山地质环境保护与治理恢复设施的，由县级以上自然资源主管部门责令停止违法行为，限期恢复原状或者采取补救措施，并处 3 万元以下的罚款；构成犯罪的，依法追究刑事责任。

第三十一条　县级以上自然资源主管部门工作人员违反本规定，在矿山地质环境保护与治理恢复监督管理中玩忽职守、滥用职权、徇私舞弊的，对相关责任人依法给予处分；构成犯罪的，依法追究刑事责任。

第六章　附　　则

第三十二条　本规定实施前已建和在建矿山，采矿权人应当依照本规定编制矿山地质环境保护与土地复垦方案，报原采矿许可证审批机关批准。

第三十三条　本规定自 2009 年 5 月 1 日起施行。

国土资源部关于健全完善矿产资源勘查开采监督管理和执法监察长效机制的通知

（国土资发［2009］148 号）

各省、自治区、直辖市国土资源厅（国土环境资源厅、国土资源局、国土资源和房屋管理局、规划和国土资源管理局）：

为巩固整顿和规范矿产资源开发秩序工作成果，维护矿产资源勘查开采秩序，遏制违法行为，有效保护和合理利用矿产资源，根据矿产资源法律法规和有关规定，现就健全完善矿产资源勘查开采监督管理和执法监察长效机制的有关事项通知如下：

一、严格矿业权人勘查开采活动的监管

（一）建立采矿权标识制度。依法新设立的采矿权（开采放射性矿产的除外）在正式开采前，采矿权人必须在开采作业场所的明显位置设立采矿权标识牌，接受国土资源行政主管部门和社会的监督。采矿权标识牌的内容应当包括采矿许可证载明的事项、制牌时间和监制单位，具体式样和内容由省（区、市）国土资源行政主管部门规定，县级人民政府国土资源行政主管部门负责本行政区域内采矿权标识牌的监制。现有采矿权人应当在 2010 年 6 月底前完成采矿权标识牌的立牌工作。

（二）加强矿产督察管理。省（区、市）国土资源行政主管部门要按照《矿产督察工作制度》（国土资发〔2003〕62 号）的要求，依据督察工作任务量，聘请地方矿产督察员。设立矿产督察员办公室，明确专门人员，负责国家和地方矿产督察员的日常管理工作。矿产督察员任务分工要具体到矿山（矿区），现场督察每年不得少于 4 次。完善矿产督察员年度考核管理，考核不称职和不能胜任工作的应当及时解聘。每年 1 月底前向部报送矿产督察年度工作报告。

（三）加强矿产资源勘查开采活动的日常监管。地方各级国土资源行政主管部门必须加强对矿业权人的日常监管，明确监管任务，规范监管程序；对矿业权人勘查开采和矿山地质环境治理、土地复垦情况进行重点监管；建立矿业权人档案，将日常监管中发现的矿业权人违法行为记录在案，作为年度检查的依据。

探矿权人必须按规定向国土资源行政主管部门报送勘查项目开工报告和年度报告。采矿权人必须及时编绘采掘工程图件，每半年向县级以上人民政府国土资源行政主管部门报送"井上井下工程对照图""采掘工程平面图"。

（四）加强矿业权人勘查开采活动的年度检查。地方各级国土资源行政主管部门要严格按照年度检查的有关规定，加强矿产资源勘查开采的年度检查，并将采矿权标识、矿山储量动态监管、矿山地质环境治理恢复和矿区土地复垦等制度的执行情况列入矿产开发利用年度检查内容。矿业权人不接受年度检查或检查不合格的，矿业权登记管理机关不得批准其延续、变更、转让等申请；涉及违法的，依法进行查处。

省（区、市）国土资源行政主管部门必须将上年度矿产资源勘查年度检查总结报告、矿产开发利用年度检查快报（包括应检、实地检查、初审合格矿山数，以及年生产矿石量、销售收入、实缴补偿费等）和矿产开发利用年度检查总结报告分别于每年1月底前、3月底前和5月底前报部。

二、加强矿产资源合理开发利用的监管

（一）严格矿产资源开发利用方案的管理。采矿权登记管理机关要认真把好资源合理开发利用的源头关，严格审查矿产资源开发利用方案。地方各级国土资源行政主管部门要按照开发利用方案加强矿山企业合理开发利用矿产资源的监管。采矿权登记管理机关颁发采矿许可证后及时将矿产资源开发利用方案及其他相关资料送交矿区所在地的市（地）、县（市）国土资源行政主管部门。

（二）全面开展矿山储量动态监督管理。大、中型矿山企业应当设立矿山地质测量机构，小型矿山企业应当配备地质测量相关专业人员。各类矿山企业要按规定开展矿山地质测量，每年1月底前向国土资源行政主管部门报送由符合条件的矿山地质测量机构编制的上年度《矿山储量年报》。

国土资源行政主管部门要认真组织对《矿山储量年报》的审查，并按规定进行抽查，特别要加强对年度资源储量变化大、矿山储量年报中存在问题较多和保有资源储量少的矿山企业的抽查。

（三）加强矿山企业矿产资源回收利用指标的管理。地方各级国土资源行政主管部门应当定期核定矿山企业开采回采率、选矿回收率、共伴生资源综合利用率和土地复垦率等指标，严格矿产资源补偿费征收与开采回采率挂钩的管理，促进矿山企业提高资源利用水平。

三、建立健全及时发现和有效制止矿产资源勘查开采违法行为的机制

（一）认真组织开展巡查工作。地方各级国土资源行政主管部门要按照《国土资源执法监察巡查工作规范》（国土资发〔2009〕127号）的要求，推进执法关口前移和重心下移，针对矿产资源分布和无证勘查、开采矿产资源违法行为的特点，合理划分全面巡查和重点巡查区域，认真组织开展巡查，及时发现和有效制止无证勘查、开采等违法行为。

（二）建立违法违规线索统一处理信息平台。地方各级国土资源行政主管

部门要对举报电话、举报信件、举报电子邮件、领导批办、下级上报、媒体反映等各类矿产资源违法线索进行整合，建立统一处理的信息平台，按规定进行核查。对举报属实的，可视情况给予一定的奖励。

（三）拓宽社会监督渠道。地方各级国土资源行政主管部门可通过聘请监察专员、协管员、信息员、青年志愿者等方式，进一步拓宽社会监督渠道，充分发挥社会监督、舆论监督防范违法的作用。

（四）充分利用科技手段。积极探索并推广应用遥感监测、无人机巡查、电子设备监控等科技手段，对矿产资源集中的区域以及重要矿区进行适时监测，及时发现和制止无证勘查、开采等违法行为。

四、完善案件查处机制，切实提高查处效果

（一）严格依法履行查处职责。地方各级国土资源行政主管部门对发现的矿产资源违法行为，要及时立案查处。无证开采、越界开采、非法转让矿业权、违法审批发证等行为要作为查处的重点。对依法应当予以行政处罚、申请法院强制执行、提出行政处分建议、移送追究刑事责任的，要坚决依法办理，及时跟踪、协调有关部门反馈落实情况。

（二）落实案件查处责任。地方各级国土资源行政主管部门的主要负责人对案件查处负总责，分管的副厅（局）长是主要责任人，执法监察机构的主要负责人及案件承办人是案件查处的具体责任人。通过建立健全相关责任制，明确案件查处责任、具体程序、时限要求、考核指标及奖惩标准，确保依法履行职责。

（三）加强检查、督办。上级国土资源行政主管部门要加强对下级国土资源行政主管部门案件查处工作的检查。将是否及时发现和制止违法行为、是否依法履行查处职责以及处罚决定落实情况作为检查的重点。对交办下级国土资源行政主管部门查处的违法案件，要跟踪督办。对难以落实到位的，要及时向地方政府汇报并提出督办落实的建议。对下级国土资源行政主管部门办结上报的案件，要进行抽查。对发现的错案，予以纠正并依照有关规定追究责任。

（四）完善重大典型案件上报制度。县（市）、市（地）国土资源行政主管部门对本部门立案查处的重大典型违法案件特别是无证开采、越界开采、非法转让矿业权、违法审批发证等案件，逐级上报省（区、市）国土资源行

政主管部门。省（区、市）国土资源行政主管部门遴选重大典型案件报部。

（五）切实发挥典型案例的警示作用。地方各级国土资源行政主管部门要定期选择典型的矿产资源违法案件进行通报或者曝光。

（六）加强"两率"指标统计。地方各级国土资源行政主管部门要按照《关于建立无证勘查开采案件增减率和矿业权人违法违规案件发生率统计制度的通知》（国土资发〔2007〕284号）的要求，及时对本行政区域内各类矿产资源违法违规案件进行分类登记和统计，将"两率"指标纳入目标责任考核。省（区、市）国土资源行政主管部门每年1月底前和7月底前分别将上年度和当年上半年的"两率"指标统计表报部。

五、构建共同责任机制，发挥联动作用

（一）推进建立地方政府统筹协调、部门联动的执法监管制度。在地方政府统筹协调、有关部门共同参与下，开展联合执法检查。矿产资源丰富的县（市）原则上每半年组织一次联合执法检查，对群发性非法开采行为和矿产资源开采监管难度大的地区及时进行集中整治，对无证勘查开采行为采取拆除地面设施以及查封设备、充填井筒等措施，有效遏制违法行为。有条件的地方，可以建立国土公安等联合执法队伍。

（二）加强与有关部门的协作配合。地方各级国土资源行政主管部门要积极主动地与公安机关、人民检察院、人民法院协调沟通，落实国土资源部、公安部、最高人民检察院、最高人民法院联合发布的关于国土资源行政主管部门移送涉嫌国土资源犯罪案件以及加强协作配合的有关规定，确保违法案件查处到位。进一步健全并认真落实国土资源行政主管部门与公安机关、人民检察院、人民法院的联席会议制度。

（三）明确内部职能机构职责分工，加强协作配合。地方各级国土资源行政主管部门要进一步明确和细化矿产资源规划、地质勘查、矿业权、资源储量、执法监察、矿山地质环境、土地复垦管理等内部职能机构的监管职责分工。建立执法监察机构与矿政管理机构的协作配合制度，执法监察机构履行职责需要矿政管理机构予以配合的，要及时予以配合；矿政管理机构在履行业务监管职责中发现违法行为需要追究法律责任的，要及时移交执法监察机构组织查处。

省（区、市）国土资源行政主管部门要尽快建立矿产资源勘查开采"纵

向到底、横向到边"的监管责任体系，按照"任务到矿、责任到人"的要求，明确地方各级国土资源行政主管部门的监管职责及其内部职能机构的监管职责，于 2009 年底前将职责分工落实情况报部。

（四）强化矿业权人的社会责任。定期或不定期开展矿业权人法律法规知识培训与教育，开展社会责任的宣传。积极主动服务，保障合法权益，定期公开矿业权人履行义务情况。充分发挥行业协会等自律性组织的作用，引导矿业权人自觉守法，自觉履行社会责任。

六、建立健全保障机制，增强执行力

（一）加强矿产资源勘查开采监督管理和执法监察机构、队伍建设。地方各级国土资源行政主管部门要积极争取当地政府和有关部门的支持，增加矿产资源勘查开采监督管理和执法监察人员编制。进一步理顺勘查开采监督管理和执法监察的关系，形成统一指挥、配合联动的工作格局。执法监察机构、队伍中应当配备矿产资源执法监察的专业人员，并实行持证上岗制度。地方各级国土资源行政主管部门必须重视矿产资源勘查开采监督管理和执法监察人员的业务培训工作，每三年至少轮训一次，不断提高业务素质。

（二）加快矿产资源勘查开采监管和执法监察信息化建设。在矿产资源储量利用核查和矿业权核查成果形成的动态更新的数据库基础上，与矿产资源规划、矿业权配号管理、勘查开采监督管理、矿山遥感监测、执法监察、储量登记统计等系统实行有机衔接，构建矿产资源综合监管平台，以信息化和高科技手段加强监管，提高工作效率和监管水平。

（三）加强报告和通报制度建设。地方各级国土资源行政主管部门要定期对本行政区域内矿产资源勘查开采监督管理情况、违法态势、防范措施等，及时向同级人民政府和上级国土资源行政主管部门报告。上级国土资源行政主管部门要加强对下级管理部门的监督指导，通报矿产资源勘查开采监督管理情况，督促下级管理部门认真做好监督管理工作。省（区、市）国土资源行政主管部门每年 1 月底前和 7 月底前将上年度和当年上半年的矿产资源勘查开采监督管理工作总结报部。

（四）完善考核制度。省（区、市）国土资源行政主管部门要制定矿产资源勘查开采监督管理和执法监察工作的考核和责任追究制度，明确考核内容、量化考核指标、制定奖惩标准，按照干部管理权限分级考核并落实奖惩，

形成有效的激励约束机制。

（五）进一步改善工作条件。矿产资源勘查开采监督管理和执法监察任务重、费用高，地方各级国土资源行政主管部门要积极争取当地人民政府的支持，将监督管理和执法监察工作经费纳入政府财政预算。各省（区、市）国土资源行政主管部门要从中央下拨的矿产资源补偿费征收部门补助经费中，列出专门督察工作经费。要加强执法监察装备建设，重点加强乡（镇）国土资源所的执法监察装备建设，配备巡查车、通讯工具、GPS、照相机、摄像机、计算机等专用装备器材，确保工作正常开展。有条件的地方，应当为监督管理和执法监察人员办理人身意外伤害保险、给予工作津贴或者补助。

石油、天然气、煤层气矿产资源勘查开采监督管理继续按《矿产勘查及油气开采督察员工作制度》（国土资发〔2003〕99号）执行。

地方各级国土资源行政主管部门要充分认识矿产资源勘查开采监督管理和执法监察工作的重要性，增强责任感和紧迫感，根据本通知的要求，结合实际提出具体的实施意见，实施中的情况和问题，由省（区、市）国土资源行政主管部门及时汇总报部。

国土资源部
2009 年 10 月 28 日

保护性开采的特定矿种勘查开采管理
暂行办法

第一条 为加强对保护性开采的特定矿种勘查、开采的管理，保护我国优势矿产资源，不断提高优势矿产的合理开发利用水平，根据《中华人民共和国矿产资源法》及相关法律法规的规定，制定本办法。

第二条 本办法所称保护性开采的特定矿种，是指按照有关规定，由国家实行有计划勘查、开采管理的矿种。

第三条 保护性开采的特定矿种的勘查、开采实行统一规划、总量控制、合理开发、综合利用的原则。

第四条　国土资源部会同有关部门提出保护性开采的特定矿种的设立或撤销名单，经国务院批准后，公布实施。

第五条　国土资源部负责全国保护性开采的特定矿种勘查、开采的登记、审批。

国土资源部可根据需要，授权有关省（区、市）国土资源管理部门对保护性开采的特定矿种进行勘查、开采的登记、审批。

第六条　国土资源部负责组织全国保护性开采的特定矿种勘查、开采的监督管理。县级以上地方人民政府国土资源管理部门负责本辖区内保护性开采的特定矿种勘查、开采的监督管理。

第七条　国土资源部按照矿产资源规划，根据相关产业政策、资源储量变化、市场需求等因素，按年度分矿种下达保护性开采的特定矿种勘查、开采计划，依法设立探矿权、采矿权，并加强监管。

第八条　保护性开采的特定矿种资源调查评价和矿产地储备工作由国土资源部统一组织实施。

第九条　探矿权人在对其他矿种进行勘查活动时，应对共、伴生的保护性开采的特定矿种进行综合勘查评价，并单独估算资源储量。否则，地质储量报告不予评审、备案。

第十条　国土资源部按照规划对保护性开采的特定矿种实行开采总量控制管理，分年度下达分省（区、市）控制指标。综合开采、综合利用保护性开采的特定矿种的，纳入开采总量控制管理。

第十一条　各有关省（区、市）国土资源管理部门根据本辖区矿山企业的资源储量、开发利用情况、资源利用水平等，将控制指标分解落实到矿山企业，企业名单和指标分解情况应向社会公示，公示结果予以公告，并报国土资源部备案。国土资源部向社会公布全国控制指标分解落实情况。

各有关省（区、市）国土资源管理部门在分解下达控制指标时，上下级国土资源管理部门间应按照职责分工签订责任书，矿山所在地市或县级国土资源管理部门和矿山企业间签订合同书，明确各方的权利、义务和违约责任。责任书、合同书式样由各省（区、市）国土资源管理部门制定。

第十二条　保护性开采的特定矿种开采总量控制指标执行情况实行月报和季报统计制度。

矿山企业每月应按规定向当地国土资源管理部门报送保护性开采的特定矿种

开采总量控制指标执行情况；各有关省（区、市）国土资源管理部门每季度向国土资源部上报保护性开采的特定矿种开采总量控制指标执行情况。

保护性开采的特定矿种开采总量控制指标执行情况报表及报送时间等要求由国土资源部相关统计制度规定。

开采保护性开采的特定矿种的矿山企业应建立储量、产量、销售原始台账及开采总量控制相关管理制度。

第十三条　各有关省（区、市）国土资源管理部门每年 11 月底前向国土资源部上报当年指标完成情况（含预计完成情况）及下年度指标申请报告。

第十四条　保护性开采的特定矿种开采总量控制指标不得买卖和转让。特殊情况，由矿山所在地的省（区、市）国土资源管理部门在当地进行调配并报部备案。

第十五条　保护性开采的特定矿种与其他矿种共、伴生的，凡保护性开采的特定矿种资源储量达到中型以上，且占矿山全部资源储量达到 20% 的，按主采保护性开采的特定矿种设立采矿权，并执行保护性开采的特定矿种各项管理规定。

第十六条　不符合本办法第十五条规定的共、伴生情况的，矿山开采企业综合开采、综合利用保护性开采的特定矿种，应严格按照下达的保护性开采的特定矿种开采总量控制指标组织生产，其主采矿种的开采规模应与保护性开采的特定矿种的开采总量控制指标相适应，不得因开采主采矿种而导致保护性开采的特定矿种超开采总量控制指标生产。

经批准，主采矿种扩大开采规模，造成综合利用的保护性开采的特定矿种采出量超出开采总量控制指标的，采矿权人应妥善保存，不得超开采总量控制指标销售。

对暂不能开采、利用的矿体、尾矿，采矿权人应采取有效措施加以保护，不得随意丢弃、浪费或破坏保护性开采的特定矿种资源。

第十七条　开采非保护性开采的特定矿种的矿山企业在开采其他矿产过程中，新发现矿区内有共生或伴生保护性开采的特定矿种的，应当向当地国土资源管理部门报告，经资源储量评审备案后，依据评审结果，纳入矿产资源规划，并分别按照本办法第十五条或第十六条的有关规定办理。

第十八条　各级国土资源管理部门应切实加强本辖区内保护性开采的特定矿种的勘查、开采管理，加大开采总量控制指标执行情况的检查力度。矿山所在地的国土资源管理部门应按照责任书的有关要求，指派专人负责对矿山开采企业进行定期和不定期的检查，发现问题及时处理，确保开采总量控制指标执行到位，并建立加强开采总量控制管理的具体管理措施。

第十九条 违反本暂行办法的，按照有关法律法规规定进行处罚。

第二十条 外商投资企业申请保护性开采的特定矿种勘查、开采的，按照国家的外商投资产业指导目录办理。

第二十一条 本办法由国土资源部负责解释。

第二十二条 本办法自 2010 年 1 月 1 日起施行。

矿产资源规划编制实施办法

（2012 年 10 月 12 日国土资源部令第 55 号发布　根据 2019 年 7 月 16 日自然资源部第 2 次部务会议《自然资源部关于第一批废止和修改的部门规章的决定》修正）

第一章　总　则

第一条 为了加强和规范矿产资源规划管理，统筹安排地质勘查、矿产资源开发利用和保护，促进我国矿业科学发展，根据《中华人民共和国矿产资源法》等法律法规，制定本办法。

第二条 矿产资源规划的编制和实施适用本办法。

第三条 本办法所称矿产资源规划，是指根据矿产资源禀赋条件、勘查开发利用现状和一定时期内国民经济和社会发展对矿产资源的需求，对地质勘查、矿产资源开发利用和保护等作出的总量、结构、布局和时序安排。

第四条 矿产资源规划是落实国家矿产资源战略、加强和改善矿产资源宏观管理的重要手段，是依法审批和监督管理地质勘查、矿产资源开发利用和保护活动的重要依据。

第五条 矿产资源规划的编制和实施，应当遵循市场经济规律和地质工作规律，体现地质勘查和矿产资源开发的区域性、差异性等特点，鼓励和引导社会资本进入风险勘查领域，推动矿产资源勘查开发。

第六条 矿产资源规划是国家规划体系的重要组成部分，应当依据国民经济和社会发展规划编制。涉及矿产资源开发活动的相关行业规划，应当与矿产资源规划做好衔接。

第七条　矿产资源规划包括矿产资源总体规划和矿产资源专项规划。

第八条　矿产资源总体规划包括国家级矿产资源总体规划、省级矿产资源总体规划、设区的市级矿产资源总体规划和县级矿产资源总体规划。

国家级矿产资源总体规划应当对全国地质勘查、矿产资源开发利用和保护进行战略性总体布局和统筹安排。省级矿产资源总体规划应当对国家级矿产资源总体规划的目标任务在本行政区域内进行细化和落实。设区的市级、县级矿产资源总体规划应当对依法审批管理和上级自然资源主管各部门授权审批管理矿种的勘查、开发利用和保护活动作出具体安排。

下级矿产资源总体规划应当服从上级矿产资源总体规划。

第九条　自然资源部应当依据国家级矿产资源总体规划和一定时期国家关于矿产资源勘查开发的重大部署编制矿产资源专项规划。地方各级自然资源主管部门应当依据矿产资源总体规划和本办法的有关规定编制同级矿产资源专项规划。

矿产资源专项规划应当对地质勘查、矿产资源开发利用和保护、矿山地质环境保护与治理恢复、矿区土地复垦等特定领域，或者重要矿种、重点区域的地质勘查、矿产资源开发利用和保护及其相关活动作出具体安排。

国家规划矿区、对国民经济具有重要价值的矿区、大型规模以上矿产地和对国家或者本地区有重要价值的矿种，应当编制矿产资源专项规划。

第十条　自然资源部负责全国的矿产资源规划管理和监督工作。

地方各级自然资源主管部门负责本行政区域内的矿产资源规划管理和监督工作。

第十一条　省级自然资源主管部门应当建立矿产资源规划实施管理的领导责任制，将矿产资源规划实施情况纳入目标管理体系，作为对下级自然资源主管部门负责人业绩考核的重要依据。

第十二条　各级自然资源主管部门应当在矿产资源规划管理和监督中推广应用空间数据库等现代信息技术和方法。

第十三条　各级自然资源主管部门应当将矿产资源规划管理和监督的经费纳入年度预算，保障矿产资源规划的编制和实施。

第二章　编　制

第十四条　自然资源部负责组织编制国家级矿产资源总体规划和矿产资源专

项规划。

省级自然资源主管部门负责组织编制本行政区域的矿产资源总体规划和矿产资源专项规划。

设区的市级、县级自然资源主管部门根据省级人民政府的要求或者本行政区域内矿产资源管理需要，负责组织编制本行政区域的矿产资源总体规划和矿产资源专项规划。

第十五条 编制涉及战略性矿产资源的省级矿产资源专项规划应当经自然资源部同意。编制设区的市级、县级矿产资源专项规划，应当经省级自然资源主管部门同意。

第十六条 承担矿产资源规划编制工作的单位，应当符合下列条件：

（一）具有法人资格；

（二）具备与编制矿产资源规划相应的工作业绩或者能力；

（三）具有完善的技术和质量管理制度；

（四）主要编制人员应当具备中级以上相关专业技术职称，经过矿产资源规划业务培训。

有关自然资源主管部门应当依法采用招标等方式择优选择矿产资源规划编制单位，加强对矿产资源规划编制单位的指导和监督管理。

第十七条 编制矿产资源总体规划，应当做好下列基础工作：

（一）对现行矿产资源总体规划实施情况和主要目标任务完成情况进行评估，对存在的问题提出对策建议；

（二）开展基础调查，对矿产资源勘查开发利用现状、矿业经济发展情况、资源赋存特点和分布规律、资源储量和潜力、矿山地质环境现状、矿区土地复垦潜力和适宜性等进行调查评价和研究；

（三）开展矿产资源形势分析、潜力评价和可供性分析，研究资源战略和宏观调控政策，对资源环境承载能力等重大问题和重点项目进行专题研究论证。

编制矿产资源专项规划，应当根据需要做好相应的调查评价和专题研究等基础工作。

第十八条 编制矿产资源规划应当依照国家、行业标准和规程。

自然资源部负责制定省级矿产资源规划编制规程和设区的市级、县级矿产资源规划编制指导意见。省级自然资源主管部门负责制定本行政区域内设区的市级、县级矿产资源规划编制技术要求。

第十九条 各级自然资源主管部门应当根据矿产资源规划编制规程和技术要

求，集成矿产资源规划编制成果，组织建设并维护矿产资源规划数据库。

矿产资源规划数据库的建设标准由自然资源部另行制定。

第二十条　编制矿产资源规划，应当拟定矿产资源规划编制工作方案。

矿产资源规划编制工作方案应当包括下列内容：

（一）指导思想、基本思路和工作原则；

（二）主要工作任务和时间安排；

（三）重大专题设置；

（四）经费预算；

（五）组织保障。

第二十一条　编制矿产资源规划，应当遵循下列原则：

（一）贯彻节约资源和保护环境的基本国策，正确处理保障发展和保护资源的关系；

（二）符合法律法规和国家产业政策的规定；

（三）符合经济社会发展实际情况和矿产资源禀赋条件、切实可行；

（四）体现系统规划、合理布局、优化配置、整装勘查、集约开发、综合利用和发展绿色矿业的要求。

第二十二条　矿产资源总体规划的期限为五年至十年。

矿产资源专项规划的期限根据需要确定。

第二十三条　设区的市级以上自然资源主管部门对其组织编制的矿产资源规划，应当依据《规划环境影响评价条例》的有关规定，进行矿产资源规划环境影响评价。

第二十四条　矿产资源总体规划应当包括下列内容：

（一）背景与形势分析，矿产资源供需变化趋势预测；

（二）地质勘查、矿产资源开发利用和保护的主要目标与指标；

（三）地质勘查总体安排；

（四）矿产资源开发利用方向和总量调控；

（五）矿产资源勘查、开发、保护与储备的规划分区和结构调整；

（六）矿产资源节约与综合利用的目标、安排和措施；

（七）矿山地质环境保护与治理恢复、矿区土地复垦的总体安排；

（八）重大工程；

（九）政策措施。

矿产资源专项规划的内容根据需要确定。

第二十五条 对矿产资源规划编制中的重大问题，应当向社会公众征询意见。直接涉及单位或者个人合法权益的矿产资源规划内容，应当依据《国土资源听证规定》组织听证。

第二十六条 各级自然资源主管部门在编制矿产资源规划过程中，应当组织专家对主要目标与指标、重大工程、规划分区方案等进行论证，广泛征求相关部门、行业的意见。

第三章 实 施

第二十七条 下列矿产资源规划，由自然资源部批准：

（一）国家级矿产资源专项规划；

（二）省级矿产资源总体规划和矿产资源专项规划；

（三）依照法律法规或者国务院规定，应当由自然资源部批准的其他矿产资源规划。

省级矿产资源总体规划经省级人民政府审核后，由自然资源部会同有关部门按规定程序审批。

设区的市级、县级矿产资源规划的审批，按照各省、自治区、直辖市的有关规定办理。

第二十八条 矿产资源规划审查报批时，应当提交下列资料：

（一）规划文本及说明；

（二）规划图件；

（三）专题研究报告；

（四）规划成果数据库；

（五）其他材料，包括征求意见、论证听证情况等。

第二十九条 自然资源部或者省级自然资源主管部门应当依据本办法的有关规定对矿产资源进行审查，并组织专家进行论证。涉及同级人民政府有关部门的，应当征求同级人民政府有关部门的意见。发现存在重大问题的，应当退回原编制机关修改、补充和完善。对不符合法律法规规定和国家有关规程的，不得批准。

第三十条 矿产资源规划批准后，应当及时公布，但法律法规另有规定或者涉及国家秘密的内容除外。

第三十一条 矿产资源规划一经批准，必须严格执行。

地质勘查、矿产资源开发利用和保护、矿山地质环境保护与治理恢复、矿区土地复垦等活动，应当符合矿产资源规划。

第三十二条　矿产资源总体规划批准后，有关自然资源主管部门应当建立矿产资源总体规划的年度实施制度，对下列事项作出年度实施安排：

（一）对实行总量控制的矿种，提出年度调控要求和计划安排；

（二）对优化矿产资源开发利用布局和结构，提出调整措施和年度指标；

（三）引导探矿权合理设置，对重要矿种的采矿权投放作出年度安排；

（四）对本级财政出资安排的地质勘查、矿产资源开发利用和保护、矿山地质环境保护与治理恢复、矿区土地复垦等工作，提出支持重点和年度指标。

有关自然资源主管部门在实施矿产资源总体规划过程中，可以根据形势变化和管理需要，对前款第（二）项、第（三）项、第（四）项的有关安排作出动态调整。

省级自然资源主管部门应当在每年 1 月 31 日前将上一年度矿产资源总体规划实施情况及本年度实施安排报送自然资源部。设区的市级、县级自然资源主管部门应当根据省级自然资源主管部门的规定，报送上一年度矿产资源总体规划实施情况及本年度实施安排。

第三十三条　有关自然资源主管部门应当依据矿产资源规划鼓励和引导探矿权投放，在审批登记探矿权时对下列内容进行审查：

（一）是否符合矿产资源规划确定的矿种调控方向；

（二）是否符合矿产资源规划分区要求，有利于促进整装勘查、综合勘查、综合评价。

有关自然资源主管部门在审批登记采矿权时，应当依据矿产资源规划对下列内容进行审查：

（一）是否符合矿产资源规划确定的矿种调控方向；

（二）是否符合矿产资源规划分区要求，有利于开采布局的优化调整；

（三）是否符合矿产资源规划确定的开采总量调控、最低开采规模、节约与综合利用、资源保护、环境保护等条件和要求。

不符合矿产资源规划要求的，有关自然资源主管部门不得审批、颁发勘查许可证和采矿许可证，不得办理用地手续。

没有法定依据，下级自然资源主管部门不得以不符合本级矿产资源规划为由干扰上级自然资源主管部门审批发证工作。

第三十四条　各级自然资源主管部门应当严格按照矿产资源规划审查本级财

政出资安排的地质勘查、矿产资源开发利用和保护、矿山地质环境保护与治理恢复、矿区土地复垦等项目，不符合矿产资源规划确定的重点方向、重点区域和重大工程范围的，不得批准立项。

第三十五条　探矿权、采矿权申请人在申请探矿权、采矿权前，可以向有关自然资源主管部门查询拟申请项目是否符合矿产资源规划，有关自然资源主管部门应当提供便利条件。

探矿权、采矿权申请人向有关自然资源主管部门申请查询拟申请项目是否符合矿产资源规划时，应当提交拟申请勘查、开采的矿种、区域等基本资料。

第三十六条　各级自然资源主管部门应当组织对矿产资源规划实施情况进行评估，在矿产资源规划期届满时，向同级人民政府和上级自然资源主管部门报送评估报告。

承担矿产资源规划实施情况评估的单位，应当符合本办法第十六条规定的条件。

第三十七条　矿产资源规划期届满前，经国务院或者自然资源部、省级自然资源主管部门统一部署，有关自然资源主管部门应当对矿产资源规划进行修编，依据本办法有关规定报原批准机关批准。

第三十八条　有下列情形之一的，可以对矿产资源规划进行调整：

（一）地质勘查有重大发现的；

（二）因市场条件、技术条件等发生重大变化，需要对矿产资源勘查、开发利用结构和布局等规划内容进行局部调整的；

（三）新立矿产资源勘查、开发重大专项和工程的；

（四）自然资源部和省级自然资源主管部门规定的其他情形。

矿产资源规划调整涉及其他主管部门的，应当征求其他主管部门的意见。

第三十九条　调整矿产资源规划，应当由原编制机关向原批准机关提交下列材料，经原批准机关同意后进行：

（一）调整矿产资源规划的理由及论证材料；

（二）调整矿产资源规划的方案、内容说明和相关图件；

（三）自然资源部和省级自然资源主管部门规定应当提交的其他材料。

上级矿产资源规划调整后，涉及调整下级矿产资源规划的，由上级自然资源主管部门通知下级自然资源主管部门作出相应调整，并逐级报原批准机关备案。

矿产资源总体规划调整后，涉及调整矿产资源专项规划的，有关自然资源主管部门应当及时作出相应调整。

第四章　法律责任

第四十条　各级自然资源主管部门应当加强对矿产资源规划实施情况的监督检查，发现地质勘查、矿产资源开发利用和保护、矿山地质环境保护与治理恢复、矿区土地复垦等活动不符合矿产资源规划的，应当及时予以纠正。

第四十一条　依据本办法有关规定，应当编制矿产资源规划而未编制的，上级自然资源主管部门应当责令有关自然资源主管部门限期编制。

未按本办法规定程序编制、审批、调整矿产资源规划的，或者规划内容违反国家法律法规、标准规程和上级规划要求的，上级自然资源主管部门应当责令有关自然资源主管部门限期改正。

第四十二条　有关自然资源主管部门违反本办法规定擅自修编、调整矿产资源规划的，上级自然资源主管部门应当及时予以纠正，并追究有关人员的责任。

第四十三条　违反矿产资源规划颁发勘查许可证、采矿许可证的，颁发勘查许可证、采矿许可证的自然资源主管部门或者上级自然资源主管部门应当及时予以纠正，并追究有关人员的责任；给当事人的合法权益造成损害的，当事人有权依法申请赔偿。

第五章　附则

第四十四条　本办法自 2012 年 12 月 1 日起施行。

自然资源执法监督规定

（2017 年 12 月 27 日国土资源部令第 79 号发布　根据 2020 年 3 月 20 日自然资源部第 1 次部务会议《自然资源部关于第二批废止和修改的部门规章的决定》修正）

第一条　为了规范自然资源执法监督行为，依法履行自然资源执法监督职责，切实保护自然资源，维护公民、法人和其他组织的合法权益，根据《中华人民共和国土地管理法》《中华人民共和国矿产资源法》等法律法规，制定本规定。

第二条 本规定所称自然资源执法监督，是指县级以上自然资源主管部门依照法定职权和程序，对公民、法人和其他组织违反自然资源法律法规的行为进行检查、制止和查处的行政执法活动。

第三条 自然资源执法监督，遵循依法、规范、严格、公正、文明的原则。

第四条 县级以上自然资源主管部门应当强化遥感监测、视频监控等科技和信息化手段的应用，明确执法工作技术支撑机构。可以通过购买社会服务等方式提升执法监督效能。

第五条 对在执法监督工作中认真履行职责，依法执行公务成绩显著的自然资源主管部门及其执法人员，由上级自然资源主管部门给予通报表扬。

第六条 任何单位和个人发现自然资源违法行为，有权向县级以上自然资源主管部门举报。接到举报的自然资源主管部门应当依法依规处理。

第七条 县级以上自然资源主管部门依照法律法规规定，履行下列执法监督职责：

（一）对执行和遵守自然资源法律法规的情况进行检查；

（二）对发现的违反自然资源法律法规的行为进行制止，责令限期改正；

（三）对涉嫌违反自然资源法律法规的行为进行调查；

（四）对违反自然资源法律法规的行为依法实施行政处罚和行政处理；

（五）对违反自然资源法律法规依法应当追究国家工作人员责任的，依照有关规定移送监察机关或者有关机关处理；

（六）对违反自然资源法律法规涉嫌犯罪的，将案件移送有关机关；

（七）法律法规规定的其他职责。

第八条 县级以上地方自然资源主管部门根据工作需要，可以委托自然资源执法监督队伍行使执法监督职权。具体职权范围由委托机关决定。

上级自然资源主管部门应当加强对下级自然资源主管部门行政执法行为的监督和指导。

第九条 县级以上地方自然资源主管部门应当加强与人民法院、人民检察院和公安机关的沟通和协作，依法配合有关机关查处涉嫌自然资源犯罪的行为。

第十条 从事自然资源执法监督的工作人员应当具备下列条件：

（一）具有较高的政治素质，忠于职守、秉公执法、清正廉明；

（二）熟悉自然资源法律法规和相关专业知识；

（三）取得执法证件。

第十一条　自然资源执法人员依法履行执法监督职责时，应当主动出示执法证件，并且不得少于 2 人。

第十二条　县级以上自然资源主管部门可以组织特邀自然资源监察专员参与自然资源执法监督活动，为自然资源执法监督工作提供意见和建议。

第十三条　市、县自然资源主管部门可以根据工作需要，聘任信息员、协管员，收集自然资源违法行为信息，协助及时发现自然资源违法行为。

第十四条　县级以上自然资源主管部门履行执法监督职责，依法可以采取下列措施：

（一）要求被检查的单位或者个人提供有关文件和资料，进行查阅或者予以复制；

（二）要求被检查的单位或者个人就有关问题作出说明，询问违法案件的当事人、嫌疑人和证人；

（三）进入被检查单位或者个人违法现场进行勘测、拍照、录音和摄像等；

（四）责令当事人停止正在实施的违法行为，限期改正；

（五）对当事人拒不停止违法行为的，应当将违法事实书面报告本级人民政府和上一级自然资源主管部门，也可以提请本级人民政府协调有关部门和单位采取相关措施；

（六）对涉嫌违反自然资源法律法规的单位和个人，依法暂停办理其与该行为有关的审批或者登记发证手续；

（七）对执法监督中发现有严重违反自然资源法律法规，自然资源管理秩序混乱，未积极采取措施消除违法状态的地区，其上级自然资源主管部门可以建议本级人民政府约谈该地区人民政府主要负责人；

（八）执法监督中发现有地区存在违反自然资源法律法规的苗头性或者倾向性问题，可以向该地区的人民政府或者自然资源主管部门进行反馈，提出执法监督建议；

（九）法律法规规定的其他措施。

第十五条　县级以上地方自然资源主管部门应当按照有关规定保障自然资源执法监督工作的经费、车辆、装备等必要条件，并为执法人员提供人身意外伤害保险等职业风险保障。

第十六条　市、县自然资源主管部门应当建立执法巡查、抽查制度，组织开展巡查、抽查活动，发现、报告和依法制止自然资源违法行为。

第十七条 自然资源部在全国部署开展自然资源卫片执法监督。

省级自然资源主管部门按照自然资源部的统一部署，组织所辖行政区域内的市、县自然资源主管部门开展自然资源卫片执法监督，并向自然资源部报告结果。

第十八条 省级以上自然资源主管部门实行自然资源违法案件挂牌督办和公开通报制度。

第十九条 对上级自然资源主管部门交办的自然资源违法案件，下级自然资源主管部门拖延办理的，上级自然资源主管部门可以发出督办通知，责令限期办理；必要时，可以派员督办或者挂牌督办。

第二十条 县级以上自然资源主管部门实行行政执法全过程记录制度。根据情况可以采取下列记录方式，实现全过程留痕和可回溯管理：

（一）将行政执法文书作为全过程记录的基本形式；

（二）对现场检查、随机抽查、调查取证、听证、行政强制、送达等容易引发争议的行政执法过程，进行音像记录；

（三）对直接涉及重大财产权益的现场执法活动和执法场所，进行音像记录；

（四）对重大、复杂、疑难的行政执法案件，进行音像记录；

（五）其他对当事人权利义务有重大影响的，进行音像记录。

第二十一条 县级以上自然资源主管部门实行重大行政执法决定法制审核制度。在作出重大行政处罚决定前，由该部门的法制工作机构对拟作出决定的合法性、适当性进行审核。未经法制审核或者审核未通过的，不得作出决定。

重大行政处罚决定，包括没收违法采出的矿产品、没收违法所得、没收违法建筑物、限期拆除违法建筑物、吊销勘查许可证或者采矿许可证、地质灾害防治单位资质、测绘资质等行政处罚决定等。

第二十二条 县级以上自然资源主管部门的执法监督机构提请法制审核的，应当提交以下材料：

（一）拟作出的处罚决定情况说明；

（二）案件调查报告；

（三）法律法规规章依据；

（四）相关的证据材料；

（五）需要提供的其他相关材料。

第二十三条 法制审核原则上采取书面审核的方式，审核以下内容：

（一）执法主体是否合法；

（二）是否超越本机关执法权限；

（三）违法定性是否准确；

（四）法律适用是否正确；

（五）程序是否合法；

（六）行政裁量权行使是否适当；

（七）行政执法文书是否完备规范；

（八）违法行为是否涉嫌犯罪、需要移送司法机关等；

（九）其他需要审核的内容。

第二十四条 县级以上自然资源主管部门的法制工作机构自收到送审材料之日起 5 个工作日内完成审核。情况复杂需要进一步调查研究的，可以适当延长，但延长期限不超过 10 个工作日。

经过审核，对拟作出的重大行政处罚决定符合本规定第二十三条的，法制工作机构出具通过法制审核的书面意见；对不符合规定的，不予通过法制审核。

第二十五条 县级以上自然资源主管部门实行行政执法公示制度。县级以上自然资源主管部门建立行政执法公示平台，依法及时向社会公开下列信息，接受社会公众监督：

（一）本部门执法查处的法律依据、管辖范围、工作流程、救济方式等相关规定；

（二）本部门自然资源执法证件持有人姓名、编号等信息；

（三）本部门作出的生效行政处罚决定和行政处理决定；

（四）本部门公开挂牌督办案件处理结果；

（五）本部门认为需要公开的其他执法监督事项。

第二十六条 有下列情形之一的，县级以上自然资源主管部门及其执法人员，应当采取相应处置措施，履行执法监督职责：

（一）对于下达《责令停止违法行为通知书》后制止无效的，及时报告本级人民政府和上一级自然资源主管部门；

（二）依法没收建筑物或者其他设施，没收后应当及时向有关部门移交；

（三）发现违法线索需要追究刑事责任的，应当依法向有关部门移送违法犯罪线索；

（四）依法申请人民法院强制执行，人民法院不予受理的，应当作出明确记录。

第二十七条 上级自然资源主管部门应当通过检查、抽查等方式，评议考核下级自然资源主管部门执法监督工作。

评议考核结果应当在适当范围内予以通报，并作为年度责任目标考核、评优、奖惩的重要依据，以及干部任用的重要参考。

评议考核不合格的，上级自然资源主管部门可以对其主要负责人进行约谈，责令限期整改。

第二十八条 县级以上自然资源主管部门实行错案责任追究制度。自然资源执法人员在查办自然资源违法案件过程中，因过错造成损害后果的，所在的自然资源主管部门应当予以纠正，并依照有关规定追究相关人员的过错责任。

第二十九条 县级以上自然资源主管部门及其执法人员有下列情形之一，致使公共利益或者公民、法人和其他组织的合法权益遭受重大损害的，应当依法给予处分：

（一）对发现的自然资源违法行为未依法制止的；

（二）应当依法立案查处，无正当理由，未依法立案查处的；

（三）已经立案查处，依法应当申请强制执行、移送有关机关追究责任，无正当理由，未依法申请强制执行、移送有关机关的。

第三十条 县级以上自然资源主管部门及其执法人员有下列情形之一的，应当依法给予处分；构成犯罪的，依法追究刑事责任：

（一）伪造、销毁、藏匿证据，造成严重后果的；

（二）篡改案件材料，造成严重后果的；

（三）不依法履行职责，致使案件调查、审核出现重大失误的；

（四）违反保密规定，向案件当事人泄露案情，造成严重后果的；

（五）越权干预案件调查处理，造成严重后果的；

（六）有其他徇私舞弊、玩忽职守、滥用职权行为的。

第三十一条 阻碍自然资源主管部门依法履行执法监督职责，对自然资源执法人员进行威胁、侮辱、殴打或者故意伤害，构成违反治安管理行为的，依法给予治安管理处罚；构成犯罪的，依法追究刑事责任。

第三十二条 本规定自 2018 年 3 月 1 日起施行。原国家土地管理局 1995 年 6 月 12 日发布的《土地监察暂行规定》同时废止。

附录四
appendix 04

司法解释篇

最高人民法院、最高人民检察院
关于办理非法采矿、破坏性采矿刑事案件
适用法律若干问题的解释

（2016 年 9 月 26 日最高人民法院审判委员会第 1694 次会议、2016 年 11 月 4 日最高人民检察院第十二届检察委员会第 57 次会议通过，自 2016 年 12 月 1 日起施行）

为依法惩处非法采矿、破坏性采矿犯罪活动，根据《中华人民共和国刑法》《中华人民共和国刑事诉讼法》的有关规定，现就办理此类刑事案件适用法律的若干问题解释如下：

第一条　违反《中华人民共和国矿产资源法》《中华人民共和国水法》等法律、行政法规有关矿产资源开发、利用、保护和管理的规定的，应当认定为刑法第三百四十三条规定的"违反矿产资源法的规定"。

第二条　具有下列情形之一的，应当认定为刑法第三百四十三条第一款规定的"未取得采矿许可证"：

（一）无许可证的；

（二）许可证被注销、吊销、撤销的；

（三）超越许可证规定的矿区范围或者开采范围的；

（四）超出许可证规定的矿种的（共生、伴生矿种除外）；

（五）其他未取得许可证的情形。

第三条　实施非法采矿行为，具有下列情形之一的，应当认定为刑法第三百

四十三条第一款规定的"情节严重":

（一）开采的矿产品价值或者造成矿产资源破坏的价值在十万元至三十万元以上的；

（二）在国家规划矿区、对国民经济具有重要价值的矿区采矿，开采国家规定实行保护性开采的特定矿种，或者在禁采区、禁采期内采矿，开采的矿产品价值或者造成矿产资源破坏的价值在五万元至十五万元以上的；

（三）二年内曾因非法采矿受过两次以上行政处罚，又实施非法采矿行为的；

（四）造成生态环境严重损害的；

（五）其他情节严重的情形。

实施非法采矿行为，具有下列情形之一的，应当认定为刑法第三百四十三条第一款规定的"情节特别严重"：

（一）数额达到前款第一项、第二项规定标准五倍以上的；

（二）造成生态环境特别严重损害的；

（三）其他情节特别严重的情形。

第四条 在河道管理范围内采砂，具有下列情形之一，符合刑法第三百四十三条第一款和本解释第二条、第三条规定的，以非法采矿罪定罪处罚：

（一）依据相关规定应当办理河道采砂许可证，未取得河道采砂许可证的；

（二）依据相关规定应当办理河道采砂许可证和采矿许可证，既未取得河道采砂许可证，又未取得采矿许可证的。

实施前款规定行为，虽不具有本解释第三条第一款规定的情形，但严重影响河势稳定，危害防洪安全的，应当认定为刑法第三百四十三条第一款规定的"情节严重"。

第五条 未取得海砂开采海域使用权证，且未取得采矿许可证，采挖海砂，符合刑法第三百四十三条第一款和本解释第二条、第三条规定的，以非法采矿罪定罪处罚。

实施前款规定行为，虽不具有本解释第三条第一款规定的情形，但造成海岸线严重破坏的，应当认定为刑法第三百四十三条第一款规定的"情节严重"。

第六条 造成矿产资源破坏的价值在五十万元至一百万元以上，或者造成国家规划矿区、对国民经济具有重要价值的矿区和国家规定实行保护性开采的特定矿种资源破坏的价值在二十五万元至五十万元以上的，应当认定为刑法第三百四十三条第二款规定的"造成矿产资源严重破坏"。

第七条 明知是犯罪所得的矿产品及其产生的收益，而予以窝藏、转移、收购、代为销售或者以其他方法掩饰、隐瞒的，依照刑法第三百一十二条的规定，以掩饰、隐瞒犯罪所得、犯罪所得收益罪定罪处罚。

实施前款规定的犯罪行为，事前通谋的，以共同犯罪论处。

第八条　多次非法采矿、破坏性采矿构成犯罪，依法应当追诉的，或者二年内多次非法采矿、破坏性采矿未经处理的，价值数额累计计算。

第九条　单位犯刑法第三百四十三条规定之罪的，依照本解释规定的相应自然人犯罪的定罪量刑标准，对直接负责的主管人员和其他直接责任人员定罪处罚，并对单位判处罚金。

第十条　实施非法采矿犯罪，不属于"情节特别严重"，或者实施破坏性采矿犯罪，行为人系初犯，全部退赃退赔，积极修复环境，并确有悔改表现的，可以认定为犯罪情节轻微，不起诉或者免予刑事处罚。

第十一条　对受雇佣为非法采矿、破坏性采矿犯罪提供劳务的人员，除参与利润分成或者领取高额固定工资的以外，一般不以犯罪论处，但曾因非法采矿、破坏性采矿受过处罚的除外。

第十二条　对非法采矿、破坏性采矿犯罪的违法所得及其收益，应当依法追缴或者责令退赔。

对用于非法采矿、破坏性采矿犯罪的专门工具和供犯罪所用的本人财物，应当依法没收。

第十三条　非法开采的矿产品价值，根据销赃数额认定；无销赃数额，销赃数额难以查证，或者根据销赃数额认定明显不合理的，根据矿产品价格和数量认定。

矿产品价值难以确定的，依据下列机构出具的报告，结合其他证据作出认定：

（一）价格认证机构出具的报告；

（二）省级以上人民政府国土资源、水行政、海洋等主管部门出具的报告；

（三）国务院水行政主管部门在国家确定的重要江河、湖泊设立的流域管理机构出具的报告。

第十四条　对案件所涉的有关专门性问题难以确定的，依据下列机构出具的鉴定意见或者报告，结合其他证据作出认定：

（一）司法鉴定机构就生态环境损害出具的鉴定意见；

（二）省级以上人民政府国土资源主管部门就造成矿产资源破坏的价值、是否属于破坏性开采方法出具的报告；

（三）省级以上人民政府水行政主管部门或者国务院水行政主管部门在国家确定的重要江河、湖泊设立的流域管理机构就是否危害防洪安全出具的报告；

（四）省级以上人民政府海洋主管部门就是否造成海岸线严重破坏出具的报告。

第十五条　各省、自治区、直辖市高级人民法院、人民检察院，可以根据本地区实际情况，在本解释第三条、第六条规定的数额幅度内，确定本地区执行的具体数额标准，报最高人民法院、最高人民检察院备案。

第十六条　本解释自 2016 年 12 月 1 日起施行。本解释施行后，《最高人民法院关于审理非法采矿、破坏性采矿刑事案件具体应用法律若干问题的解释》（法释〔2003〕9 号）同时废止。

最高人民法院、最高人民检察院关于办理环境污染刑事案件适用法律若干问题的解释

（2016 年 11 月 7 日最高人民法院审判委员会第 1698 次会议、2016 年 12 月 8 日最高人民检察院第十二届检察委员会第 58 次会议通过，自 2017 年 1 月 1 日起施行）

为依法惩治有关环境污染犯罪，根据《中华人民共和国刑法》《中华人民共和国刑事诉讼法》的有关规定，现就办理此类刑事案件适用法律的若干问题解释如下：

第一条　实施刑法第三百三十八条规定的行为，具有下列情形之一的，应当认定为"严重污染环境"：

（一）在饮用水水源一级保护区、自然保护区核心区排放、倾倒、处置有放射性的废物、含传染病病原体的废物、有毒物质的；

（二）非法排放、倾倒、处置危险废物三吨以上的；

（三）排放、倾倒、处置含铅、汞、镉、铬、砷、铊、锑的污染物，超过国家或者地方污染物排放标准三倍以上的；

（四）排放、倾倒、处置含镍、铜、锌、银、钒、锰、钴的污染物，超过国

家或者地方污染物排放标准十倍以上的；

（五）通过暗管、渗井、渗坑、裂隙、溶洞、灌注等逃避监管的方式排放、倾倒、处置有放射性的废物、含传染病病原体的废物、有毒物质的；

（六）二年内曾因违反国家规定，排放、倾倒、处置有放射性的废物、含传染病病原体的废物、有毒物质受过两次以上行政处罚，又实施前列行为的；

（七）重点排污单位篡改、伪造自动监测数据或者干扰自动监测设施，排放化学需氧量、氨氮、二氧化硫、氮氧化物等污染物的；

（八）违法减少防治污染设施运行支出一百万元以上的；

（九）违法所得或者致使公私财产损失三十万元以上的；

（十）造成生态环境严重损害的；

（十一）致使乡镇以上集中式饮用水水源取水中断十二小时以上的；

（十二）致使基本农田、防护林地、特种用途林地五亩以上，其他农用地十亩以上，其他土地二十亩以上基本功能丧失或者遭受永久性破坏的；

（十三）致使森林或者其他林木死亡五十立方米以上，或者幼树死亡二千五百株以上的；

（十四）致使疏散、转移群众五千人以上的；

（十五）致使三十人以上中毒的；

（十六）致使三人以上轻伤、轻度残疾或者器官组织损伤导致一般功能障碍的；

（十七）致使一人以上重伤、中度残疾或者器官组织损伤导致严重功能障碍的；

（十八）其他严重污染环境的情形。

第二条 实施刑法第三百三十九条、第四百零八条规定的行为，致使公私财产损失三十万元以上，或者具有本解释第一条第十项至第十七项规定情形之一的，应当认定为"致使公私财产遭受重大损失或者严重危害人体健康"或者"致使公私财产遭受重大损失或者造成人身伤亡的严重后果"。

第三条 实施刑法第三百三十八条、第三百三十九条规定的行为，具有下列情形之一的，应当认定为"后果特别严重"：

（一）致使县级以上城区集中式饮用水水源取水中断十二小时以上的；

（二）非法排放、倾倒、处置危险废物一百吨以上的；

（三）致使基本农田、防护林地、特种用途林地十五亩以上，其他农用地三十亩以上，其他土地六十亩以上基本功能丧失或者遭受永久性破坏的；

（四）致使森林或者其他林木死亡一百五十立方米以上，或者幼树死亡七千五百株以上的；

（五）致使公私财产损失一百万元以上的；

（六）造成生态环境特别严重损害的；

（七）致使疏散、转移群众一万五千人以上的；

（八）致使一百人以上中毒的；

（九）致使十人以上轻伤、轻度残疾或者器官组织损伤导致一般功能障碍的；

（十）致使三人以上重伤、中度残疾或者器官组织损伤导致严重功能障碍的；

（十一）致使一人以上重伤、中度残疾或者器官组织损伤导致严重功能障碍，并致使五人以上轻伤、轻度残疾或者器官组织损伤导致一般功能障碍的；

（十二）致使一人以上死亡或者重度残疾的；

（十三）其他后果特别严重的情形。

第四条　实施刑法第三百三十八条、第三百三十九条规定的犯罪行为，具有下列情形之一的，应当从重处罚：

（一）阻挠环境监督检查或者突发环境事件调查，尚不构成妨害公务等犯罪的；

（二）在医院、学校、居民区等人口集中地区及其附近，违反国家规定排放、倾倒、处置有放射性的废物、含传染病病原体的废物、有毒物质或者其他有害物质的；

（三）在重污染天气预警期间、突发环境事件处置期间或者被责令限期整改期间，违反国家规定排放、倾倒、处置有放射性的废物、含传染病病原体的废物、有毒物质或者其他有害物质的；

（四）具有危险废物经营许可证的企业违反国家规定排放、倾倒、处置有放射性的废物、含传染病病原体的废物、有毒物质或者其他有害物质的。

第五条　实施刑法第三百三十八条、第三百三十九条规定的行为，刚达到应当追究刑事责任的标准，但行为人及时采取措施，防止损失扩大、消除污染，全部赔偿损失，积极修复生态环境，且系初犯，确有悔罪表现的，可以认定为情节轻微，不起诉或者免予刑事处罚；确有必要判处刑罚的，应当从宽处罚。

第六条　无危险废物经营许可证从事收集、贮存、利用、处置危险废物经营活动，严重污染环境的，按照污染环境罪定罪处罚；同时构成非法经营罪的，依照处罚较重的规定定罪处罚。

实施前款规定的行为，不具有超标排放污染物、非法倾倒污染物或者其他违法造成环境污染的情形的，可以认定为非法经营情节显著轻微危害不大，不认为是犯罪；构成生产、销售伪劣产品等其他犯罪的，以其他犯罪论处。

第七条　明知他人无危险废物经营许可证，向其提供或者委托其收集、贮存、利用、处置危险废物，严重污染环境的，以共同犯罪论处。

第八条　违反国家规定，排放、倾倒、处置含有毒害性、放射性、传染病病原体等物质的污染物，同时构成污染环境罪、非法处置进口的固体废物罪、投放危险物质罪等犯罪的，依照处罚较重的规定定罪处罚。

第九条　环境影响评价机构或其人员，故意提供虚假环境影响评价文件，情节严重的，或者严重不负责任，出具的环境影响评价文件存在重大失实，造成严重后果的，应当依照刑法第二百二十九条、第二百三十一条的规定，以提供虚假证明文件罪或者出具证明文件重大失实罪定罪处罚。

第十条　违反国家规定，针对环境质量监测系统实施下列行为，或者强令、指使、授意他人实施下列行为的，应当依照刑法第二百八十六条的规定，以破坏计算机信息系统罪论处：

（一）修改参数或者监测数据的；

（二）干扰采样，致使监测数据严重失真的；

（三）其他破坏环境质量监测系统的行为。

重点排污单位篡改、伪造自动监测数据或者干扰自动监测设施，排放化学需氧量、氨氮、二氧化硫、氮氧化物等污染物，同时构成污染环境罪和破坏计算机信息系统罪的，依照处罚较重的规定定罪处罚。

从事环境监测设施维护、运营的人员实施或者参与实施篡改、伪造自动监测数据、干扰自动监测设施、破坏环境质量监测系统等行为的，应当从重处罚。

第十一条　单位实施本解释规定的犯罪的，依照本解释规定的定罪量刑标准，对直接负责的主管人员和其他直接责任人员定罪处罚，并对单位判处罚金。

第十二条　环境保护主管部门及其所属监测机构在行政执法过程中收集的监测数据，在刑事诉讼中可以作为证据使用。

公安机关单独或者会同环境保护主管部门，提取污染物样品进行检测获取的数据，在刑事诉讼中可以作为证据使用。

第十三条　对国家危险废物名录所列的废物，可以依据涉案物质的来源、产生过程、被告人供述、证人证言以及经批准或者备案的环境影响评价文件等证据，结合环境保护主管部门、公安机关等出具的书面意见作出认定。

对于危险废物的数量，可以综合被告人供述、涉案企业的生产工艺、物耗、能耗情况，以及经批准或者备案的环境影响评价文件等证据作出认定。

第十四条 对案件所涉的环境污染专门性问题难以确定的，依据司法鉴定机构出具的鉴定意见，或者国务院环境保护主管部门、公安部门指定的机构出具的报告，结合其他证据作出认定。

第十五条 下列物质应当认定为刑法第三百三十八条规定的"有毒物质"：

（一）危险废物，是指列入国家危险废物名录，或者根据国家规定的危险废物鉴别标准和鉴别方法认定的，具有危险特性的废物；

（二）《关于持久性有机污染物的斯德哥尔摩公约》附件所列物质；

（三）含重金属的污染物；

（四）其他具有毒性，可能污染环境的物质。

第十六条 无危险废物经营许可证，以营利为目的，从危险废物中提取物质作为原材料或者燃料，并具有超标排放污染物、非法倾倒污染物或者其他违法造成环境污染的情形的行为，应当认定为"非法处置危险废物"。

第十七条 本解释所称"二年内"，以第一次违法行为受到行政处罚的生效之日与又实施相应行为之日的时间间隔计算确定。

本解释所称"重点排污单位"，是指设区的市级以上人民政府环境保护主管部门依法确定的应当安装、使用污染物排放自动监测设备的重点监控企业及其他单位。

本解释所称"违法所得"，是指实施刑法第三百三十八条、第三百三十九条规定的行为所得和可得的全部违法收入。

本解释所称"公私财产损失"，包括实施刑法第三百三十八条、第三百三十九条规定的行为直接造成财产损毁、减少的实际价值，为防止污染扩大、消除污染而采取必要合理措施所产生的费用，以及处置突发环境事件的应急监测费用。

本解释所称"生态环境损害"，包括生态环境修复费用，生态环境修复期间服务功能的损失和生态环境功能永久性损害造成的损失，以及其他必要合理费用。

本解释所称"无危险废物经营许可证"，是指未取得危险废物经营许可证，或者超出危险废物经营许可证的经营范围。

第十八条 本解释自2017年1月1日起施行。本解释施行后，《最高人民法院、最高人民检察院关于办理环境污染刑事案件适用法律若干问题的解释》（法释〔2013〕15号）同时废止；之前发布的司法解释与本解释不一致的，以本解释为准。

其他规范性文件和标准

国务院关于将钨、锡、锑、离子型稀土矿产列为国家实行保护性开采特定矿种的通知

国发〔1991〕5 号

各省、自治区、直辖市人民政府，国务院各部委、各直属机构，解放军总后勤部，武警总部：

有色金属矿产对我国社会主义现代化建设具有重大作用，其中钨、锡、锑、离子型稀土是我国的优势矿产，在世界上具有举足轻重的地位。但是，近年来大量的集体、个体（含联户）采矿者，对正在开采的全民所有制矿山、国家规划矿区和勘探区内的有色金属和离子型稀土矿产资源乱采滥挖，甚至盗窃、哄抢全民所有制矿山企业的矿产品及其设备器材，破坏生产设施，使国家的矿产资源受到严重破坏，地质单位的探矿权和全民所有制矿山企业的采矿权受到严重侵犯，勘查矿区和矿山企业的生产、生活秩序和社会治安受到严重干扰，矿山的安全生产受到严重威胁，流通秩序混乱，走私贩私猖獗，使国家和人民利益遭受严重损失。为了合理开发利用和保护国家的宝贵资源，推动矿业秩序的治理整顿，根据《矿产资源法》第十五条的规定，国务院决定将钨、锡、锑、离子型稀土矿产列为国家实行保护性开采的特定矿种，从开采、选冶、加工到市场销售、出口等各个环节，实行有计划的统一管理。为此，特通知如下：

一、钨、锡、锑和离子型稀土矿产分别由中国有色金属工业总公司和国

务院稀土领导小组协助国家计委做好分管矿产资源开发的中长期规划和矿区规划，实行有计划的开采，按照先中央后地方的原则，开办全民所有制矿山企业；不适于开办全民所有制矿山企业的零星分散资源，允许集体所有制矿山企业开采；禁止个体（含联户）开采。

二、国家禁止全民所有制、集体所有制矿山企业与外资合作、合资开采离子型稀土矿产。未经国务院稀土领导小组批准，任何单位和个人不得接待没有中华人民共和国居民身份证的人员进入离子型稀土矿区，或向其提供矿山的地质资料、矿石样品及生产工艺技术。

三、凡开采钨、锡、锑、离子型稀土矿产或以开采这些矿产为主的全民所有制矿山企业、集体所有制矿山企业，需经中国有色金属工业总公司、国务院稀土领导小组审查批准。凭批准文件，按《矿产资源法》第十三条、十四条的规定办理开办矿山企业审批手续。向全民所有制矿山企业颁发采矿许可证，按照《全民所有制矿山企业采矿登记管理暂行办法》和《国务院关于修改〈全民所有制矿山企业采矿登记管理暂行办法〉的决定》的规定办理；向集体所有制矿山企业颁发采矿许可证，按照《矿产资源法》第十四条规定，由省、自治区、直辖市人民代表大会常务委员会授权的机构办理。

对本通知下发前开办的钨、锡、锑和离子型稀土矿产的矿山企业要进行清理整顿。符合办矿条件，有合法采矿许可证的，分别到中国有色金属工业总公司和国务院稀土领导小组补办审批手续后，原采矿许可证有效，可继续开采；不符合办矿条件的，应区别不同情况，由省、自治区、直辖市人民政府限期整顿或令其停止开采。上述工作要在一九九一年底以前完成。对已持有采矿许可证的个体（含联户）采矿者，由县人民政府和原批准单位会同地质矿产主管部门、行业主管部门进行清理，由原发证机关限期收回采矿许可证和营业执照。对于无证开采者，立即取缔。

四、中国有色金属工业总公司和国务院稀土领导小组分别制定钨、锡、锑和离子型稀土的矿产品、冶炼产品及钨加工（含硬质合金）产品的生产总量计划和有关省、自治区、直辖市的分量计划，并组织实施。

凡从事钨、锡、锑和离子型稀土矿产品冶炼及钨加工（含硬质合金）的全民所有制企业，须分别经中国有色金属工业总公司和国务院稀土领导小组审查批准，由国家技术监督局根据批准文件及有关规定颁发生产许可证。

　　国家禁止集体所有制企业和个体（含联户）从事钨、锡、锑和离子型稀土矿产品的冶炼及钨加工（含硬质合金）。已开办的冶炼、加工厂，由所在地的县人民政府会同有关部门限期予以关闭，由原发证机关收回营业执照。

　　五、钨、锡、锑矿产品及其冶炼产品（指钨精矿、低度钨、钨酸、仲钨酸铵、钨酸钠、钨粉、钨铁、三氧化钨、碳化钨、兰钨、锡精矿、精锡、焊锡、锑精矿、硫化锑、精锑、氧化锑及其他锑品）和离子型稀土矿产品，分别由中国有色金属工业总公司、国务院稀土领导小组会同国家工商行政管理局指定收购单位，实行统一收购。

　　钨、锡、锑矿产品及冶炼产品的国内销售，由中国有色金属工业总公司统一管理。离子型稀土矿产品的国内销售，由国务院稀土领导小组制定指令性计划，统一管理。严禁自由买卖。

　　开采其他矿产资源为主的矿山企业，对共生、伴生的钨、锡、锑、离子型稀土矿产要综合开采，合理利用，其矿产品应向指定的收购单位销售。

　　上列矿产品及其冶炼产品均作为一类出口商品管理，由经贸部会同中国有色金属工业总公司、国务院稀土领导小组制定出口计划，指定出口单位，并制定出口管理办法。出口计划报国家计委批准后由经贸部下达。出口许可证由经贸部根据出口计划按有关规定发放。严禁计划外出口，严厉打击走私贩私活动。

　　六、加强钨、锡、锑和离子型稀土矿产的主要矿区的治安保卫工作，公安部门根据具体情况设立派驻的公安机构，保护国家的矿产资源，维护矿区的社会治安秩序。矿山企业要切实加强内部的安全保卫工作。

　　七、有关省、自治区、直辖市人民政府和国务院有关主管部门要根据以上各条立即制定实施办法，认真贯彻执行。

　　对目前仍然存在矿业纠纷的矿区，地方人民政府要继续抓好治理整顿，切实保障全民所有制矿山企业的主体地位，保障已取得合法采矿权的全民所有制矿山企业的合法权益。对于《矿产资源法》公布后进入全民所有制矿山企业矿区范围内采矿的单位，要限期无条件撤出；《矿产资源法》公布前进入的，按本通知第三条规定，由中国有色金属工业总公司或国务院稀土领导小组决定是否保留。要做好相应的定点划界、发放采矿许可证的工作。要按照有关部门制定的政策措施做好善后工作。

　　钨、锡、锑和离子型稀土矿产的主要矿区，由国务院组织工作组进行执法大检查，协助地方人民政府贯彻本通知的精神，搞好治理整顿，严肃查处大案、要案，坚决煞住乱采滥挖的歪风。

八、解放军、武警、司法部门开办的钨、锡、锑、离子型稀土矿山企业及冶炼企业，由军矿主管部门、武警总部和司法部按本通知的规定，办理审批领证手续，搞好矿山秩序的治理整顿。其生产计划纳入行业主管部门的统一计划。

九、本通知自发出之日起施行。其他有关规定与本通知规定不符时，按本通知规定执行。

国务院

1991 年 1 月 15 日

环境保护部关于加强稀土矿山
生态保护与治理恢复的意见（节选）

环发 ［2011］ 48 号

一、稀土矿山生态保护与治理恢复总体要求

各级环境保护行政主管部门要进一步提高对加强稀土矿山生态保护与治理恢复重要性、必要性和紧迫性的认识，坚持保护优先、综合治理、多策并举、标本兼治的方针，强化企业主体责任，落实政府和部门监管职责，切实加强稀土矿山生态保护与治理恢复工作。坚决清理整顿稀土开采中的各种生态破坏等环境违法违规活动，进一步健全和完善稀土开采过程中的生态监管机制。严格实施生态保护和治理恢复措施，全面落实矿山生态环境保护与治理恢复保证金制度，积极探索生态补偿机制，形成稀土开发生态保护与治理恢复的长效机制，努力保障区域生态环境安全。

二、坚决清理整顿稀土开采生态破坏等违法活动

省级环境保护行政主管部门要会同有关部门，认真组织、详细排查辖区内稀土开采活动。排查的主要内容包括：项目基本情况，环境影响评价审批（含辐射环境影响专篇或相关内容），清洁生产审核实施，矿山生态环境破坏，矿山生态环境保护与治理恢复工程，矿山生态环境治理恢复方案编制及生态恢复保证金征收等情况（具体见附表）。有关稀土开采中的环境污染问题，应根据《稀土企业环境保护核查办法》（环办函〔2011〕362号）规定执行。清理整顿的工作重点：

（一）环境保护行政主管部门会同有关部门提请当地人民政府，依法关闭在自然保护区、文化自然遗产、风景名胜区、森林公园、地质公园、重要水源地以及其他国家和地方政府划定的禁止开发区内的稀土开采活动。

（二）清理整顿禁止开发区之外的各种稀土开采违法活动，对造成严重生态破坏以及存在重大环境风险隐患的，必须依法进行停产整顿，并给予相应处罚，停产整顿达不到预期目标的，应依法严肃查处，并书面告知国土资源行政主管部门建议予以吊销采矿许可证。加强对限制开发区或其他环境敏感区内稀土开采活动的重点监管。

（三）对环境影响评价文件未经批准的采矿企业，由具有审批权的环保部门依法责令其停止建设；对采矿企业环保设施未报经环保部门验收合格而主体生产设施擅自投入生产的，由环保部门依法责令其停止生产。有关省、自治区、直辖市环保厅要将本辖区的排查和清理整顿结果于2011年9月1日前报送我部。我部将根据各地清理整顿情况，适时公布一批违法稀土开采企业，挂牌督办，并组织开展专项执法行动。

三、严格落实企业责任，实施生态保护与治理恢复工程

为落实《国务院关于切实加强中小河流治理和山洪地质灾害防治的若干意见》（国发〔2010〕31号）关于"进一步明确和落实责任主体，建立矿山环境治理和生态恢复责任制"的要求，各地要抓紧建立矿山环境保护责任制度，由采矿权人与项目所在地县级或县级以上人民政府签订稀土矿山生态保护与治理恢复责任书，明确矿山治理恢复责任、具体目标、任务和要求。

所有稀土开采企业必须根据《财政部 国土资源部 国家环保总局关于

逐步建立矿山环境治理和生态恢复责任机制的指导意见》（财建［2006］215号）（以下简称《指导意见》）的要求，编制矿山生态保护与治理恢复方案并严格执行。其中正在从事采矿作业的采矿权人，应将编制的矿山生态保护与治理恢复方案作为健全日常生态环境管理制度的主要内容上报省级环境保护行政主管部门审查。采矿权申请人申请办理新建项目、扩大开采规模、变更矿区范围或者开采方式的环评文件审批时，应编制矿山生态保护与治理恢复方案，并根据实施情况适时修编。环境保护行政主管部门应会同有关部门，对矿山生态保护与治理恢复方案进行论证，并将其作为矿山项目环境影响报告书的组成部分和矿山生态保护日常管理的基本要求。

采矿权人应按照矿山生态保护与治理恢复方案，根据"边开采、边治理"的原则，实施生态保护与治理恢复工程，针对含伴生放射性稀土矿山，还要采取相应的辐射防护和放射性污染防治措施。在矿山闭坑、停办和关闭前，矿山企业应完成生态保护与治理恢复任务，并向省级环境保护行政主管部门提交矿山生态保护与治理恢复评估报告，申请验收。环境保护行政主管部门应会同有关部门，对稀土矿山生态保护与治理恢复工作进行阶段性检查和验收。对检查和验收不合格的，要求采矿权人按相关要求进行整改，对于没有实施生态治理恢复任务的，以及整改后仍然达不到要求的，依法追究采矿权人的责任。

所有稀土开采企业要加强环境应急管理，积极构建防范与应急处置体系，强化应急监测能力建设，落实各项应急措施；建立和完善预测预警机制，开展环境风险评估，加强环境风险隐患排查和整治；按相关规定编制突发环境事件应急预案；一旦发生突发性环境事件要及时报告并采取有效应急处置措施。

四、推进生态环境保护与治理恢复保证金制度，建立稀土矿山生态补偿机制

为落实国务院关于促进稀土行业持续健康发展的有关意见提出的"落实矿山生态环境保护与治理恢复保证金制度，严格企业生态环境保护与治理恢复的经济责任"的要求，各级环境保护行政主管部门要加强同财政、国土等部门的合作，明确分工，落实责任，按照《指导意见》加快推进稀土矿山生态环境治理恢复保证金制度的实施。稀土开采企业必须依据矿山生态保护与

治理恢复方案，按照不低于矿山生态保护与治理恢复费用的原则缴纳保证金，将保证金等费用列入矿山企业的生产成本。

为重点解决稀土开发造成的历史遗留和区域性环境污染、生态破坏问题以及环境健康损害赔偿问题，应积极探索建立政府主导、企业和社会参与的稀土矿山生态补偿机制。各地要研究制定稀土开发生态补偿标准，推动建立稀土矿山生态补偿基金。对废弃矿山的生态环境恢复与治理，按照"投资者受益"的原则，鼓励通过市场机制多渠道融资方式，加快治理与恢复的进程。

五、加大稀土开发生态环境监管力度

（一）加强组织领导，强化责任落实

各级环境保护行政主管部门要在当地政府的领导下，把稀土矿山生态保护与治理恢复纳入重要工作日程，加强组织领导。进一步明确和落实政府矿区生态环境保护与治理恢复保证金制度与企业责任，建立稀土矿山生态保护和治理恢复的责任制，依法加强对稀土开采活动的监管，从源头防治生态破坏和环境污染，确保稀土矿山生态保护与治理恢复取得实效。

（二）加强稀土矿山的环境管理与执法检查

各级环境保护行政主管部门要定期对稀土矿山生态保护与治理恢复工作进行监督检查，及时掌握稀土矿山生态保护与治理恢复情况，督促采矿权人在稀土开采活动中履行 生态环境保护责任和义务，加强环境风险防范工作。要认真组织开展稀土开采环保专项执法检查，加大查处力度，依法纠正和查处采矿权人在稀土开采活动中的违法行为，情节严重的应移交司法部门，依法追究其刑事责任。

（三）开展稀土企业环保核查和协同监管机制

各级环境保护行政主管部门要定期开展稀土采矿企业的环保核查，会同有关部门实行绿色信贷、绿色贸易等协同机制。采矿企业所在地的市级环保部门应当对采矿企业的建设、开采等生产经营活动中的环境守法情况进行严格审核。对存在违反环保法律法规建设、超标准排放污染物，造成环境污染事故、严重破坏生态环境等违法情形的采矿企业，除依据环保法律法规处罚外，还应将环保核查和处罚情况及时抄送银行、贸易等主管部门。

（四）建立稀土矿山生态功能评估机制

各级环境保护行政主管部门要加强稀土矿山生态环境监测监管与评估能力建设，建立并完善生态监管和评估队伍，研究制订矿山开发生态环境评估指南，规范评估技术方法，完善监管与评估体系。开展稀土矿山生态破坏和环境污染、矿山周边环境质量监测，对有放射性的稀土矿山开展原矿、尾矿（渣）和排放废水中放射水平监测。定期对稀土矿山生态环境状况和生态功能恢复情况进行评估。

（五）加强稀土矿山环境保护科技支撑能力

各级环境保护行政主管部门要加大科技投入，促进科技创新，选择典型稀土矿山开展清洁生产试点工作。加强稀土矿山生态恢复技术研究，制定矿山生态保护与治理恢复指南，提高稀土矿山生态环境保护与治理恢复科技水平，努力将稀土开采造成的生态破坏降至最低。

（六）深入宣传教育，发挥典型示范作用

各地要大力宣传稀土矿山生态保护的重要意义，提高企业和公众的法制观念和环保意识，营造良好的舆论氛围。充分发挥新闻媒体舆论导向和监督作用，曝光稀土矿山生态环境破坏违法行为，宣传推广先进经验，发挥典型示范引导作用。

矿山生态环境保护与恢复治理方案（规划）
编制规范（试行）

HJ652—2013　　2013 年 7 月 23 日起实施

1. 适用范围

本标准规定了矿山生态环境保护与恢复治理方案（规划）编制的原则、程序、内容和技术要求。

本标准适用于新建、改（扩）建矿山及生产和闭坑矿山编制矿山生态环境保护与恢复治理方案（规划）。

2. 规范性引用文件

本标准内容引用了下列文件中的条款。凡是不注明日期的引用文件，其有效版本适用于本标准。

HJ651 矿山生态环境保护与恢复治理技术规范（试行）

3. 术语与定义

下列术语与定义适用于本标准。

3.1 矿山生态环境

指矿区内生态系统和环境系统的整体，包括地表植被与景观、生物多样性、大气环境、水环境、声环境、土壤环境、地质环境等。

3.2 矿山生态环境保护

指采取必要的预防和保护措施，避免或减轻矿产资源勘探和采选矿造成的生态破坏和环境污染。

3.3 矿区生态环境恢复

指对矿产资源勘探和采选矿过程中造成的各类生态破坏和环境污染采取人工促进措施，依靠生态系统的自我调节能力与自组织能力，逐步恢复与重建其生态功能。

3.4 露天采矿场

开采所形成的采坑、台阶和露天沟道总称为露天采矿场。

3.5 地下采矿

指采用竖井、斜井和平硐方式从地下矿床采出有用矿物过程。

3.6 排土场

指矿山剥离和掘进排弃物集中排放的场所，包括外排土场和内排土场，又称为废石场、排岩场或弃渣场。

3.7 矸石场

指煤矿采选过程中产生的含炭岩石及其岩石等固体废弃物的集中排放和处置场所。

3.8 选矿场

指采用物理、化学、生物等各类方法将有用矿物与脉石矿物分开，以获得工业原料的分选场所。

3.9 尾矿库

指由筑坝拦截谷口或围地构成的、用于贮存经选矿场选别后排出尾矿的场所。

3.10 矿山沉陷区

指矿山开采导致采空区之上覆岩层发生冒落、断裂、弯曲等移动变形，最终导致地表形成下沉盆地和裂隙等的沉陷区域。

4. 方案（规划）编制的基本原则和工作程序

4.1 基本原则

4.1.1 保护优先，防治结合

矿山企业要遵循在开发中保护、在保护中开发的理念，坚持"边开采、边治理"的原则，从源头上控制生态环境破坏，减少对生态环境影响。对矿产资源开发造成的生态功能破坏和环境污染，通过生物、工程和管理措施及时开展恢复治理。

4.1.2 景观相似，功能恢复

根据矿山所处的区域、自然地理条件、生态恢复与环境治理的技术经济条件，按"整体生态功能恢复"和"景观相似性"原则，宜耕则耕、宜林则林、宜草则草、宜藤植藤、宜景建景、注重成效，因地制宜采取切实可行的恢复治理措施，恢复矿区整体生态功能。

4.1.3 突出重点，分布实施

坚持矿产资源开发与生态环境恢复治理同步进行，按照轻、重、缓、急，分步实施，优先抓好生态破坏与环境污染严重的重点恢复治理工程。以典型示范和以点带面的方式，有计划地推广试点经验，稳步推动《方案》的全面实施。

4.1.4 科技引领，注重实效

坚持科学性、前瞻性和实用性相统一的原则，鼓励广泛应用新技术、新方法，选择适宜的保护与治理方案，努力提高矿山生态环境保护和恢复治理成效和水平。

4.2 方案（规划）编制的工作程序

矿山生态环境保护与恢复治理方案（规划）编制的工作程序如图1所示。

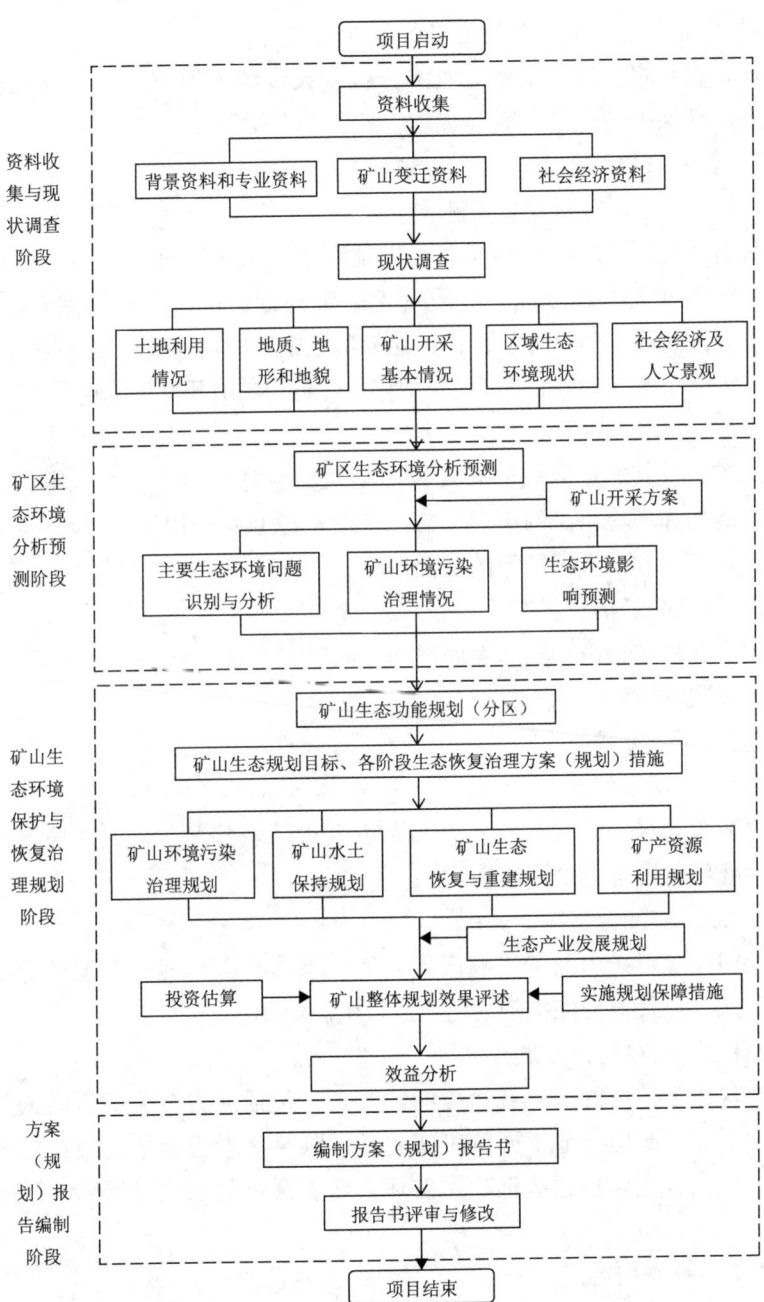

图1　矿山生态环境保护与恢复治理方案（规划）编制的工作程序

5. 方案（规划）编制背景资料收集与现状调查

通过资料收集、现场踏勘、监测分析、人员访谈等方式开展调查，确定矿山生态环境保护与恢复方案（规划）范围、时限。

5.1 资料收集

5.1.1 背景资料和专业资料

矿区自然地理资料、地质资料；土地利用、农业、林业、城乡建设等规划资料；矿山开发利用规划、地质灾害防治规划；矿产资源开发利用方案、矿产资源开发建设项目环评、矿山土地复垦方案、矿山地质环境保护与恢复治理方案、水土保持方案等生态环境保护相关资料；矿山开发相关政府文件等。

5.1.2 矿山变迁资料

反映矿山及其邻近区域的开发及活动状况航片或卫片，其他有助于评价矿区生态破坏和环境污染的历史资料；矿山资源开发利用变迁过程中的建筑、设施、工艺流程和产生污染等的变化情况。

5.1.3 社会经济资料

矿山所在地的经济现状和发展规划、人口密度和分布、敏感目标分布等。

5.2 现状调查

5.2.1 调查方式

5.2.1.1 现场踏勘

应对矿山开采工艺过程、矿山及周边生态环境状况、自然环境及人文景观、社会经济状况进行全面踏勘。

5.2.1.2 监测分析

必要时，应对矿山及受影响区域大气、水体、声环境、土壤环境质量状况进行监测，以及对受保护的动植物进行生态监测。

5.2.1.3 人员访谈

访谈对象为矿山的现状或历史的知情者，包括地方政府的行政人员、矿山及周边居民、矿山土地不同阶段使用者、以及熟悉当地情况或矿山的第三方等。访谈内容主要包括矿区生态破坏、环境污染的历史及现状、社会经济状况等。

5.2.2 调查内容

5.2.2.1 土地利用现状

踏勘和记录矿区土地功能和性质；土地利用的类型；废弃地恢复利用情

况等。

5.2.2.2 地质、地形和地貌

踏勘和记录矿山及其周围区域的水文、地质与地形地貌。

5.2.2.3　矿山开采基本情况

踏勘和记录矿山范围、矿床赋存条件、采选矿工艺与设备、尾矿及废石（矸石）处理与处置和生产能力、水耗、电耗等矿山工程项目的基本情况。

5.2.2.4　区域生态环境现状

踏勘和记录矿区大气、水体、土壤、固体废弃物污染及环境质量状况；动植物分布状况；植被破坏、地表沉陷等生态破坏状况；矿山开采历史遗留的环境污染问题等。

5.2.2.5　社会经济及人文景观情况

踏勘和记录矿山所在地的工农业总产值、人口数量、人均耕地、人均收入、三大产业组成比例，重点发展产业、周边景观位置及分布，以及区域所在地的经济现状和发展规划等。

6. 方案（规划）生态环境影响分析与预测

6.1　主要生态环境问题识别与分析

结合矿区生态环境现状调查，分析大气、水体、土壤等环境污染及生态破坏的范围、程度。包括对矿区生态系统和生物多样性的影响与分析（主要是对动物、植物、森林、草地资源等的影响）；矿山生产对大气污染影响与分析；矿山生产对水体（地表水、地下水）的影响与分析；矿山生产对土壤质量及污染的影响与分析；水土流失影响与分析、地表沉陷对土地资源的破坏、生态功能下降的情况、工业场地"三废"排放对环境的污染情况，以及人文景观的防护措施等。新、改（扩）建矿山可根据环境影响评价预测结果说明方案实施期内生态环境破坏情况。

6.2　矿山环境污染治理情况分析

根据调查结果，分析矿山目前环保装备水平、"三同时"履行情况、运行状况、污染治理技术水平、污染物排放情况、是否满足现行环保标准要求和总量控制要求等，分析存在的主要环境问题。

6.3　生态环境影响预测

结合矿床开拓布局和采掘规划或计划，对采矿活动在方案（规划）期内不同年份造成的生态破坏和环境污染进行预测，包括生态破坏和环境污染的范围和强度。明确矿山生态恢复与污染治理的重点，确定重点治理区、次重点治理区和一般治理区。

7. 方案（规划）编制要点

7.1 范围与时限

规划以矿区为基准，包括其生态环境影响范围。编制含矿山服务年限在内的规划，一般分近期、中期和矿山服务期满（闭坑）后三个阶段。

方案期限。对于新建和改（扩建）矿山，方案编制应以矿山基本建设完成、未投产前的年份为基准年，对于已投产矿山，方案编制以前一年为基准年。方案应根据不同矿种特点原则上 3-5 年为一个周期，滚动编制、审批、实施和验收。

7.2 方案（规划）分区

分区应根据矿山企业生态破坏与环境污染状况现状调查、评价与预测确定，按照重点治理区、次重点治理区和一般治理区进行分区。

重点治理区一般指排土场、尾矿库、塌陷区等。一般治理区指矿山生活区、办公区等。其他为次重点治理区。

7.3 方案（规划）目标

编制规划，应按照国家和地方对矿山清洁生产、污染控制、水土保持、生态恢复治理等方面的要求提出生态环境保护与恢复治理的总体目标、阶段目标和具体指标，制定各阶段规划的切实可行目标指标体系。

制定方案，应根据矿山企业生态破坏与环境污染状况及相关技术政策和标准，分阶段确定目标和指标。

7.3.1 清洁生产指标

包括采选矿生产工艺先进性及装备技术水平、资料能源利用指标、综合利用指标、环境管理要求，并符合相应的国家和地方环境保护标准要求。

7.3.1.1 资源能源利用指标

采矿回采率（%）、采矿贫化率（%）、选矿金属回收率（%）、耗水量 m^3/t、电耗 kw·h/t 等。

7.3.1.2 综合利用指标

采矿废石（矸石）利用率（%）、矿坑（露天、井下）涌水利用率（%）、选矿尾矿综合利用率（%）、选矿水重复利用率（%）等。

7.3.2 污染控制指标

包括工业废水排放达标率（%）、工业废气排放达标率（%）、作业环境粉尘合格率（%）、固体废弃物安全处置率（%）、生活垃圾无害化处理率（%）、生活污水处理率（%）、环境空气质量达标率（%）、地表水环境质量达标率（%）、声环境质量达标率（%）等。

7.3.3 水土保持指标

包括扰动土地整治率（%）、水土流失总治理度（%）、林草覆盖率（%）等。

7.3.4 生态恢复指标

包括矿山损毁土地恢复率（%）、工业广场及办公生活区绿化率（%）、污染场地治理达标率（%）等。

7.4 方案（规划）工程措施

方案（规划）应对各类生态环境保护与恢复治理工程所采取的技术措施、技术指标、实施时间等进行说明，对各类生态环境保护和恢复治理的要求应当符合 HJ651 规定。

7.4.1 污染防治工程

7.4.1.1 大气污染防治工程

包括采选矿生产过程粉尘污染控制及有害气体防治等工程。

7.4.1.2 水污染防治与水资源保护工程

包括采选矿过程中产生的矿坑水、排土场淋溶水、选矿废水及生活污水等治理。根据矿山废水形成的条件和原因，从减源、减量、减时三个方面进行预防或减轻其危害程度，采取截流减源、减少疏干水量、改进工艺减少废水产生量、废水循环利用等工程措施，保护矿区地表水和地下水资源。

7.4.1.3 固体废弃物处理与处置利用工程

包括排土场、尾矿库有价值元素选别、建筑及其他材料应用；固体废弃物处理与处置包括安全贮存、植被复垦等。

7.4.1.4 噪声与振动控制工程

包括矿山生产爆破冲击波与爆破振动；采选矿设备及道路运输噪声等控制工程。

7.4.2 生态恢复与重建工程

包括采矿表土资源管理、采矿过程生态恢复与重建（含采矿坑或沉陷区生态恢复与重建）、排土（矸石）场生态恢复与重建、选矿场及尾矿库生态恢复与重建、工业场地生态恢复与重建，以及必要的土壤污染治理工程等。

7.4.3 水土保持建设工程

包括土地整治、拦渣、防洪排导、植被复垦等工程。

7.4.4 地质环境保护与治理恢复工程

包括矿山开采过程中和服务期满后矿山地质灾害防治措施（地面塌陷、地裂缝的预防措施，滑坡、崩塌的预防措施，泥石流的预防措施等）；地下含水层保护措施；矿区地形地貌景观（包括人文景观）保护与恢复工程措施等。

7.4.5 生态产业工程

可产生经济效益的生态产业，如建材业（固废利用）、花卉苗圃园等。

7.5 矿山生环境监测与评估

提出矿山生态环境监测（地面与遥感）方案和生态环境评估方法等。

7.6 矿山生态环境保护与恢复治理效果

依据建设工程和生态监测绘制矿山生态环境保护与恢复治理工程实施后的生态恢复与重建效果，并附效果图。

7.7 投资估算

包括生态恢复与重建、环境污染治理、水土保持、资源综合利用（固废资源）、生态产业发展等工程所需要的资金估算，工程实施与执行计划（含资金计划）。

7.8 效益分析

效益主要体现在社会、经济及生态环境效益三个方面。

7.9 实施方案（规划）保障措施

包括组织管理措施、技术保障措施、资金保障措施（资金来源、渠道、责任主体）等。

8. 方案（规划）报告编制

8.1 报告书文本内容

矿山生态环境保护与恢复治理方案（规划）报告书的内容结构参见附录A-1方案（规划）报告编写大纲。可根据矿山实际情况适当增、减有关内容。

8.2 资料性附件

报告书的资料性附件参见附录A-2方案（规划）报告书附件，可根据矿山实际情况适当增、减有关内容。

地质勘查活动监督管理办法（试行）

（自然资办发［2021］42号）

为贯彻落实党中央、国务院"放管服"改革要求，加强地质勘查活动监督管理，促进地质勘查行业发展，根据《国务院关于取消一批行政许可事项的决定》（国发［2017］46号）、《国务院关于加强和规范事中事后监管的指导意见》（国发［2019］18号）等相关文件，制定本办法。

一、在中华人民共和国领域和中华人民共和国管辖的其他海域从事下列地质勘查活动的法人或其他组织（以下统称地质勘查单位），应当遵守本办法：

（一）地质调查；

（二）矿产勘查；

（三）地质灾害调查评价、危险性评估勘查设计等。

二、监督管理坚持职责法定、信用约束、协同监管、社会共治的原则，通过加强监督管理构建地质勘查单位自治、行业自律、社会监督、政府监管的社会共治格局。

三、自然资源部负责组织开展全国地质勘查活动的监督管理工作，统一建设"全国地质勘查行业监管服务平台"（以下简称监管平台），组织制定、修订地质勘查国家及行业标准和技术规范，统筹地质勘查单位情况统计工作，指导推动全国地质勘查技术鉴定与服务工作。

四、省、自治区、直辖市自然资源主管部门负责本行政区内地质勘查活动"双随机、一公开"监督检查，组织地质勘查单位的信息填报及公示，管理地质勘查单位异常名录和严重失信主体名单，调查处理地质勘查活动有关投诉举报事项，组织制定、修订地质勘查地方标准和技术规范，组织开展相关统计工作，指导推动本行政区地质勘查技术鉴定与服务工作，指导市县自然资源主管部门开展日常监督管理工作。

五、地质勘查单位应当遵纪守法、诚实守信，按照标准规范开展地质勘查活动。按规定填报公示信息，及时报送地质勘查成果及单位情况，配合自然资源主管部门监督检查。

六、地质勘查行业的学会、协会依照章程对会员单位进行自律管理，建立行业信用体系，开展信用评价，健全信用档案，惩戒失信会员。

七、公民、法人或者其他社会组织对地质勘查单位的违法违规及严重失信行为，有权向县级以上自然资源主管部门举报；对提供基本事实线索，县级以上自然资源主管部门核实后，由省级以上自然资源主管部门予以处理，并为举报人保密。

八、省级以上自然资源主管部门在门户网站设立"监管平台"专栏，依法归集共享地质勘查单位基本信息、地质勘查活动信息以及政府监管信息，接受社会监督。

地质勘查单位应按本办法规定，在监管平台上填报公示本单位有关信息，做好信息维护，公示信息每年更新不少于1次。公示内容不得涉及公共安全、国家秘密、商业秘密和个人隐私。

九、地质勘查单位在监管平台填报公示信息主要包括：

（一）单位名称、法定代表人、从业范围等基本信息；

（二）地质勘查从业人数、地质勘查设备等情况；

（三）承担的地质勘查项目情况；

（四）其他反映单位勘查能力的相关信息。

十、省级自然资源主管部门应当建立监督检查对象名录库和监督检查人员名录库。监督检查对象名录库由监管平台公示的地质勘查单位组成。监督检查人员名录库包括相关的行政管理人员、具有行政执法资格的工作人员和从事日常监管工作的人员。

十一、省级自然资源主管部门按照"双随机、一公开"的方式，开展监督检查。每年抽查比例不低于检查对象名录库总数的5%。自抽查结束之日起20个工作日内，将抽查结果在监管平台公示。检查人员与被检查对象或者检查事项有直接利害关系的，应当回避。检查人员要按照有关要求如实记录、归集监督抽查全过程情况。

十二、省级自然资源主管部门对地质勘查单位以下内容开展监督检查：

（一）遵守有关地质勘查法律法规、标准规范情况；

（二）质量和安全内部管理制度建设及落实情况；

（三）地质勘查活动诚实守信情况；

（四）信息公示情况；

（五）地质勘查活动投诉举报等其他事项。

十三、省级自然资源主管部门对地质勘查活动存在的突出问题，开展有针对性的专项检查。针对投诉举报、转办交办、数据异常等情况，要及时核查和处理。

十四、省级自然资源主管部门要探索建立地质勘查活动监管与市场监管等相关部门联合抽查机制，提升监管效能，减少对地质勘查单位正常生产经营活动的干预。

十五、县级以上自然资源主管部门通过监督检查和投诉举报发现，地质勘查单位存在下列情形之一的，应当在核实后，由省级以上自然资源主管部门在 20 个工作日内作出将其列入异常名录的决定，通过监管平台公示，并责令其限期整改，履行相关义务：

（一）假工程、假报告、假材料等弄虚作假行为的；

（二）安全生产管理制度不健全、落实不到位的；

（三）拒绝和阻碍自然资源主管部门监督检查的。

对从事地质勘查活动但未在监管平台填报公示信息的，县级以上自然资源主管部门应提醒其限期改正。

十六、地质勘查单位被列入异常名录之日起 3 年内，按要求整改到位或已履行相关义务的，可向作出决定的自然资源主管部门提出核实申请。经自然资源主管部门核实后，作出是否将其移出异常名录的决定，并在监管平台公示。

十七、地质勘查单位被列入异常名录满 3 年仍未按规定整改或履行相关义务的，自然资源主管部门应当在核实后将其列入严重失信主体名单，并通过监管平台公示。

十八、省级以上自然资源主管部门在作出将地质勘查单位列入异常名录或严重失信主体名单的决定前，应告知其拟被列入异常名录或严重失信主体名单的事由、依据和当事人依法享有的权利。

十九、地质勘查单位被列入严重失信主体名单后已按规定整改或履行相关义务且未再发生第十五条规定情形的，可向作出处理的自然资源主管部门提出核实申请。自然资源主管部门经核实后，作出是否将其移出严重失信主体名单的决定，并在监管平台公示。

二十、地质勘查单位对被列入异常名录或严重失信主体名单有异议的，可以自公示之日起 20 日内通过监管平台向作出决定的自然资源主管部门提出申诉。自然资源主管部门及时将核实结果书面告知申请人，经核实存在错误的，应当及时予以纠正。

二十一、省级自然资源主管部门对被列入异常名录和严重失信主体名单期间的地质勘查单位，每年实地检查至少 1 次。

二十二、县级以上自然资源主管部门在财政出资项目安排、授予荣誉奖励等工作中，应通过监管平台查询地质勘查单位信用信息，对被列入异常名单的地质勘查单位应依法予以限制；对被列入严重失信主体名单的地质勘查单位应依法予以禁入。

二十三、省级以上自然资源主管部门应发挥门户网站、行业报刊及新媒体的作用，加大对严重失信主体名单的曝光力度。加强与国家企业信用信息公示系统、"信用中国"网站、国家"互联网+监管"等系统的信息共享，及时推送列入严重失信主体名单的地质勘查单位信息。

二十四、地质勘查单位在地质勘查活动中存在违法行为的，县级以上自然资源主管部门应及时立案查处。构成犯罪的，应当将案件移送有关机关，依法追究责任。

二十五、各省级自然资源主管部门应当依托行业协会或者公益性地质勘查单位，整合专家资源，指导构建本行政区内地质勘查活动技术鉴定与市场服务机制，并加强业务指导，相关鉴定结果可纳入监管平台进行管理。自然资源部可根据各地实践情况，指导构建全国地质勘查活动技术鉴定与市场服务机制。具体工作规则由相应主管部门依法另行制定。

二十六、地质勘查技术鉴定与服务工作具体范围包括：

（一）受行政管理机关委托，就监督检查或处理投诉举报等事项中的技术问题进行鉴定；

（二）受人民法院委托，就有关案件中的地质勘查专业问题进行鉴定；

（三）受地质勘查市场当事人委托，就地质勘查项目中的质量纠纷等进行技术鉴定。

地质勘查技术鉴定与服务工作应当公平公正、廉洁高效，不得违法违规操作，影响鉴定的质效。

二十七、县级以上自然资源主管部门应为监督管理工作提供必要的财政经费保障，加强监督管理能力建设，强化业务培训，提高监督管理队伍政治素质、业务能力，健全依法履职、尽职免责的保障机制。

二十八、省级自然资源主管部门可结合实际制定实施细则，统筹市县管理力量，合理安排监督检查时间、频次和抽查比例。每年按要求向自然资源部报送本行政区上一年度地质勘查活动监督管理工作报告。

本办法自下发之日起实施，有效期三年。

最高人民法院
关于充分发挥环境资源审判职能作用
依法惩处盗采矿产资源犯罪的意见

法发〔2022〕19号

党的十八大以来，以习近平同志为核心的党中央把生态文明建设作为关系中华民族永续发展的根本大计，高度重视和持续推进环境资源保护工作。矿产资源是国家的宝贵财富，是人民群众生产、生活的物质基础，是山水林田湖草沙生命共同体的重要组成部分。盗采矿产资源犯罪不仅破坏国家矿产资源及其管理秩序，妨害矿业健康发展，也极易造成生态环境损害，引发安全事故。为充分发挥人民法院环境资源审判职能作用，依法惩处盗采矿产资源犯罪，切实维护矿产资源和生态环境安全，根据有关法律规定，制定本意见。

一、提高政治站位，准确把握依法惩处盗采矿产资源犯罪的根本要求

1. 坚持以习近平新时代中国特色社会主义思想为指导，深入贯彻习近平生态文明思想和习近平法治思想，紧紧围绕党和国家工作大局，用最严格制度、最严密法治筑牢维护矿产资源和生态环境安全的司法屏障。坚持以人民为中心，完整、准确、全面贯彻新发展理念，正确认识和把握惩罚犯罪、保护生态与发展经济、保障民生之间的辩证关系，充分发挥司法的规则引领与价值导向功能，服务经济社会高质量发展。

2. 深刻认识盗采矿产资源犯罪的严重社会危害性，准确把握依法打击盗采矿产资源犯罪的形势任务，增强工作责任感和使命感。严格依法审理各类盗采矿产资源案件，紧盯盗采、运输、销赃等各环节，坚持"全要素、全环节、全链条"标准，确保裁判政治效果、法律效果、社会效果、生态效果相统一。

3. 坚持刑法和刑事诉讼法的基本原则，落实宽严相济刑事政策，依法追究盗采行为人的刑事责任。落实民法典绿色原则及损害担责、全面赔偿原则，注重探索、运用预防性恢复性司法规则，依法认定盗采行为人的民事责任。支持和保障行政主管机关依法行政、严格执法，切实追究盗采行为人的行政责任。贯彻落实全面追责原则，依法妥善协调盗采行为人的刑事、民事、行政责任。

4. 突出打击重点，保持依法严惩态势。落实常态化开展扫黑除恶斗争部署要求，持续依法严惩"沙霸""矿霸"及其"保护伞"，彻底斩断其利益链条、铲除其滋生土壤。结合环境保护法、长江保护法、黑土地保护法等法律实施，依法严惩在划定生态保护红线区域、大江大河流域、黑土地保护区域以及在禁采区、禁采期实施的盗采矿产资源犯罪。立足维护矿产资源安全与科学开发利用，依法严惩针对战略性稀缺性矿产资源实施的盗采犯罪。

二、正确适用法律，充分发挥依法惩处盗采矿产资源犯罪的职能作用

5. 严格依照刑法第三百四十三条及《最高人民法院、最高人民检察院关于办理非法采矿、破坏性采矿刑事案件适用法律若干问题的解释》（以下简称《解释》）的规定，对盗采矿产资源行为定罪量刑。对犯罪分子主观恶性深、人身危险性大，犯罪情节恶劣、后果严重的，坚决依法从严惩处。

6. 正确理解和适用《解释》第二条、第四条第一款、第五条第一款规定，准确把握盗采矿产资源行为入罪的前提条件。对是否构成"未取得采矿许可证"情形，要在综合考量案件具体事实、情节的基础上依法认定。

7. 正确理解和适用《解释》第三条、第四条第二款、第五条第二款规定，对实施盗采矿产资源行为同时构成两种以上"情节严重"或者"情节特别严重"情形的，要综合考虑各情节，精准量刑。对在河道管理范围、海域实施盗采砂石行为的，要充分关注和考虑其危害堤防安全、航道畅通、通航安全或者造成岸线破坏等因素。

8. 充分关注和考虑实施盗采矿产资源行为对生态环境的影响，加强生态

环境保护力度。对具有破坏生态环境情节但非依据生态环境损害严重程度确定法定刑幅度的，要酌情从重处罚。盗采行为人积极修复生态环境、赔偿损失的，可以依法从轻或者减轻处罚；符合《解释》第十条规定的，可以免予刑事处罚。

9. 正确理解和适用《解释》第十三条规定，准确把握矿产品价值认定规则。为获取非法利益而对矿产品进行加工、保管、运输的，其成本支出一般不从销赃数额中扣除。销赃数额与评估、鉴定的矿产品价值不一致的，要结合案件的具体事实、情节作出合理认定。

10. 依法用足用好罚金刑，提高盗采矿产资源犯罪成本，要综合考虑矿产品价值或者造成矿产资源破坏的价值、生态环境损害程度、社会影响等情节决定罚金数额。法律、行政法规对同类盗采矿产资源行为行政罚款标准有规定的，决定罚金数额时可以参照行政罚款标准。盗采行为人就同一事实已经支付了生态环境损害赔偿金、修复费用的，决定罚金数额时可予酌情考虑，但不能直接抵扣。

11. 准确理解和把握刑法第七十二条规定，依法正确适用缓刑。对盗采矿产资源犯罪分子具有"涉黑""涉恶"或者属于"沙霸""矿霸"，曾因非法采矿或者破坏性采矿受过刑事处罚，与国家工作人员相互勾结实施犯罪或者以行贿等非法手段逃避监管，毁灭、伪造、隐藏证据或者转移财产逃避责任，或者数罪并罚等情形的，要从严把握缓刑适用。依法宣告缓刑的，可以根据犯罪情况，同时禁止犯罪分子在缓刑考验期限内从事与开采矿产资源有关的特定活动。

12. 准确理解和把握法律关于共同犯罪的规定，对明知他人盗采矿产资源，而为其提供重要资金、工具、技术、单据、证明、手续等便利条件或者居间联络，结合全案证据可以认定为形成通谋的，以共同犯罪论处。

13. 正确理解和适用《解释》第十二条规定，加强涉案财物处置力度。对盗采矿产资源犯罪的违法所得及其收益，用于盗采矿产资源犯罪的专门工具和供犯罪所用的本人财物，坚决依法追缴、责令退赔或者没收。对在盗采、运输、销赃等环节使用的机械设备、车辆、船舶等大型工具，要综合考虑案件的具体事实、情节及工具的属性、权属等因素，依法妥善认定是否用于盗采矿产资源犯罪的专门工具。

14. 依法妥善审理国家规定的机关或者法律规定的组织提起的生态环境保

护附带民事公益诉讼，综合考虑盗采行为人的刑事责任与民事责任。既要依法全面追责，又要关注盗采行为人的担责能力，保证裁判的有效执行。鼓励根据不同环境要素的修复需求，依法适用劳务代偿、补种复绿、替代修复等多种修复责任承担方式，以及代履行、公益信托等执行方式。支持各方依法达成调解协议，鼓励盗采行为人主动、及时承担民事责任。

三、坚持多措并举，健全完善有效惩治盗采矿产资源犯罪的制度机制

15. 完善环境资源审判刑事、民事、行政审判职能"三合一"体制，综合运用刑事、民事、行政法律手段惩治盗采矿产资源犯罪，形成组合拳。推进以湿地、森林、海洋等生态系统，或者以国家公园、自然保护区等生态功能区为单位的环境资源案件跨行政区划集中管辖，推广人民法院之间协商联动合作模式，努力实现一体化司法保护和法律统一适用。全面加强队伍专业能力建设，努力培养既精通法律法规又熟悉相关领域知识的专家型法官，不断提升环境资源审判能力水平。

16. 加强与纪检监察机关、检察机关、公安机关、行政主管机关的协作配合，推动构建专业咨询和信息互通渠道，建立健全打击盗采矿产资源行政执法与刑事司法衔接长效工作机制，有效解决专业性问题评估、鉴定，涉案物品保管、移送和处理，案件信息共享等问题。依法延伸审判职能，积极参与综合治理工作，对审判中发现的违法犯罪线索、监管疏漏等问题，及时向有关单位移送、通报，必要时发送司法建议，形成有效惩治合力。

17. 因应信息化发展趋势，以人工智能、大数据、区块链为依托，促进信息技术与执法办案、调查研究深度融合，提升环境资源审判的便捷性、高效性和透明度。加速建设全国环境资源审判信息平台，构建上下贯通、横向联通的全国环境资源审判"一张网"，为实现及时、精准惩处和预防盗采矿产资源犯罪提供科技支持。

18. 落实人民陪审员参加盗采矿产资源社会影响重大的案件和公益诉讼案件审理的制度要求，积极发挥专业人员在专业事实查明中的作用，充分保障人民群众知情权、参与权和监督权。着力提升巡回审判、典型案例发布等制度机制的普法功能，深入开展法治宣传和以案释法工作，积极营造依法严惩盗采矿产资源犯罪的社会氛围，引导人民群众增强环境资源保护法治意识，共建天蓝、地绿、水清的美丽家园。